競馬妄想辞典

言いたいのはそこじゃない

Eiichi Norimine
乗峯栄一

aozora

まえがき

コタツに入ってテレビの競馬中継を見ていた。「クソッ」と言いながら外れ馬券を破ったときに電話が鳴った。

スポニチ（関西）のレース部長からで、「予想コラムを書いてみないか」という望外の提案だった。部長との初対面の日、「ぼくのような無名作家でいいんですか？」と聞いたら、「毎週コラムを書けるようなヒマな作家がほかにいないんです」と言われ、話が決まった。

長く続いたスポニチ連載がそろそろ終わりかけ、荷造りアルバイトに復帰かと思っていたら、『週刊競馬ブック』から声がかかった。レース予想は必要なく、好きなことを書いてくれればいいという、ありがたいオファーだった。

競馬マスコミ末端に加わったときから、自分が書くものについては、「競馬の話から始めない」と決めていた。『週刊競馬ブック』でもそうさせてもらった。「競馬週刊誌にどうして、こんな競馬のことが書かれていないコラムが連載されるんだ」という批判が届いていることは知っていた。だが、編集長は「あなたのコラムはこれでいいんです」と懐《ふところ》の広いところを見せてくれた。

昨年、旧知の編集者から「単行本出してやろう」という万馬券のよう申し出があって、この本が生まれた。２５０本を超える『競馬ブック』の連載（「理想と妄想」）から60本ほどを選び、そこに過去スポニチその他に書いたものや、いま同時に連載しているウェブサイト『スポーツ・ナビ』、園田競馬広報サイト『チャージ』のコラムのエッセンスなども加えた。もちろん、この本のための新原稿も少なくない。ちょっと大げさに言えば、競馬ライター乗峯栄一の集大成だと思っている。

書くものについて決めていたことがもう一つあった。誰も信じないだろうが、地の底・宇宙の果てからレース結果を動かしているような競馬原理を提起する、ということだ。たとえば、「潮汐・月の引力理論」「小倉競馬ムササビ理論」「地底競馬右回り理論」「重力空間歪み理論」「ポアンカレ理論」「火星ＷＩＮＳ理論」などなど。しかし、これらの革命的競馬理論は読者からは黙殺されている。この本ではそれらの再挑戦も試みた。

「単行本出してやろう」と言ってくれた、あおぞら書房の編集長はまったく競馬を知らず（よくこんな本を出す気になってくれたものだ）、事あるごとに「初心者にも分かるように」と言うので、欄外に「ＪＲＡ（日本中央競馬会）初心者向けパンフレット」の〝乗峯版〟みたいな競馬ガイダンスも入れた。

さて、競馬の話から始めない妄想競馬ライターが書き、競馬を知らない編集者がつくった本、読んでくれる人がどれぐらいいるだろうか。

競馬妄想辞典

言いたいのはそこじゃない

もくじ

まえがき　1

1
ニッポン競馬改革試案
妄想競馬にようこそ……9
キャッチ・アンド・リリース競馬　10
カネ返せ競馬　13
ヒューマニズム競馬　17
勇気を持ってゆっくり競馬　21
プライバシー侵害競馬　25
突然ですが逆転フケ馬券　29
払い戻し有効期間千年馬券　33
「おめでとうございます」払戻機　37
「わたしが裁決しました」払戻機　41
「取ったも同然」払戻機　45
競馬バイアスロン　49
年利20％国債ステークス　53

2
競馬の社会学
これからのギャンブルの話をしよう……57
歓迎される客はどっちだ？　58

カネ嫌い世界の競馬 63
拾った馬券を換金したら 67
細胞数多数決による民主主義 71
JRAにポリシー変更を勧告する 75
乗馬と競馬はリスペクトしあうべし 79

3 エロスこそ競馬の原点 83

競馬の生物学

悲しや競馬界の齧歯類 84
泳ぎが速いのは名馬の条件 88
馬はなぜ走るのか 92
馬はなぜシッポを振るのか 97
鶴の恩返しと寄生の紙一重 101
女を待たせない血統です 106
カギを握るのは血統ではなく精子だ 109
美しき夢見て汚きわざを 113
液体競馬を極めるべし 117
ゼラチンは愛の証し 121
不倫の気勢、打突、残心 125
婦人科と泌尿器科 129
馬の個体識別 132

4
競馬の物理学
馬は走る、地球は回る……135
浮き世忘れのサイエンス談義 136
アインシュタインの着順判定 140
月曜のあなたと話がしたい 144
コリオリの力で馬がヨレる 147
月の引力競馬予想 151
ばんえい競馬の「通過算」 156
「さかなへん予想」と「リーマン予想」 159
気象は予報士、競馬は予想屋 164
ゼッケンと素数 168

5
競馬の歴史学
競馬街道をゆく……173
騎馬民族征服王朝説 174
河原をナメてはいけない 181
最高敬語はほどほどに 185
ニイタカヤマノボレと紫電改 189
府中に競馬場がある理由 193
桜の季節に菊水賞 197
なぜ有馬〝温泉〟記念ではないのか 200
競馬場もある街 204

6
競馬の文学
書を持って競馬場へ……207
茂吉は故郷の馬を詠わず 208
小説は本当のことを書け 211
山本周五郎と菊池寛の夏の陣 214
撃ちてしやまむ 218
言霊の幸はふ国 222
悲劇のランナー 226
忘れて日が暮れりゃあ明日になる 229
上品と下品の表裏一体 233
馬名を問わぬ者、馬名に泣く 237
恐れるな、わたしだ 241
あなたの隣りにいる神の使い 245

7
競馬の心理学
人生に必要なことは競馬で学んだ……249
日常にひそむ意味不明 250
当たれば自分の力、負ければ騎手のせい 254
競馬と女と車の運転 258
人生は残りの5パーセントで決まる 261
ギャンブル依存症診断 265

キンシャサの奇跡　269
野球部監督の秘めたる願い　273

8

競馬ライター稼業
汗と涙と恥の日々を語ろう……277

運転なんかしたくない　278
人生の不条理を噛みしめる　282
百万馬券は取ったけれど　286
競馬新聞をはじめて買った日　290
競馬予想の舞台裏　292
フリーランスはどこへ行きゃいいんだ？　295
困ったときは祈ればよい　297
ある厩務員と馬の物語　300
弱みを見せなかった男　303
それが質問？　306
女子中学生がやって来た　311

あとがき　316

装丁＝吉林優
イラスト＝もとき理川

1

妄想競馬にようこそ

ニッポン競馬改革私案

キャッチ・アンド・リリース競馬

ぼくはこれまで小学生たちに幾多の訓戒を与えてきた。

息子の小学校時代、友だち数人が遊びに来た時にはスポニチを開き、何気ないこのおっちゃんが新聞にコラムを連載している男だと教えた。

おっちゃんは「乗峯栄一の賭け*」のタイトルをボールペンでさりげなく叩く。

「へえ、おっちゃんや」と子どもらが顔写真を見て驚く。

はははは、他愛ないものだ。

「これ乗峯栄一のマけ?」と一人が言う。

「うん?」

「これって〃乗峯栄一のマけ〃って読むんやろ?」

温厚なおっちゃんの顔が一瞬こわばる。

「どこの予想コラムに〃マけ〃なんてタイトルがあるんじゃ。泣かすぞ!」

子どもらが逃げ帰ったあと、おっちゃんはほんとに一人さめざめ泣いた。

＊「乗峯栄一の賭け」＝以前スポニチ（関西）で土曜と日曜に連載していたコラムのタイトル。後に白夜書房が『乗峯栄一の賭け――天才競馬コラムニストの栄光と苦悩』の題で単行本化してくれた。『本の雑誌』で、編集長の藤代三郎さんが「競馬本大賞」という部門をわざわざ設けてくれ、〃第1回競馬本大賞〃に輝いたのだが、絶版になってしまった。装画・挿画は『編集王』や『ありゃ馬こりゃ馬』の作画で有名な土田世紀さん（故人）が描いてくれた。

ぼくが小学生に与えた訓戒の中でも、とりわけ深いのは〝遊び〟についてだ。

小学生の息子のところに女子グループがやってきて、「ノリミネー！（最近は女子から男子へも呼び捨てだ）今日遊べるか？」と玄関で叫ぶ。

昼寝していた息子が目をこすりながら出てきて、「今日はアカン」と言う。

だめだ、小学生といっても男女の会話の基本を知らなさすぎる。

ぼくは玄関に出て、まず息子の頭をはたき、

「女の子から〝遊べる？〟と聞かれて〝アカン〟はない。お父さんなら〝遊びはできない。本気じゃダメか〟って、こう答える」

そこまで言って、今度は女の子のほうを向き、

「キミらもな、〝今日遊べる？〟はよくない。〝今日は遊びでいいから〟と言いなさい。おじちゃんの経験では、女言葉の中でこれがいちばん効果的や。〝ノリミネ、今日は遊びでいいから〟。はい、言ってみなさい」

それ以後、その女子グループは二度とうちに来なくなった。*

そうなのだ。ぼくは昔から〝遊び〟には一家言持っていた。

ということで、ここでは〝遊び競馬〟について書きたい。

「このレースは遊びよ。遊びでちょこっと買っただけ、はは」などと言う人は多い。


*この話、競馬好きの快楽亭ブラック師匠がぼくのコラムを愛読してくれていて、「乗峯さんの、子どもの所に来た女の子の遊びの話、あれ高座のマクラで時々使わせてもらってるよ」と言ってくれたときは嬉しかった。

東スポなどで「快楽亭ブラックの風俗探訪」みたいな記事は読んでいたが、高座を見たことはなかった。誰かの仮の名で、実在しないんじゃないかと失礼な想像さえしていたのだが、アメリカと日本のハーフという珍しい落語家だ。立川談志の弟子で、ちゃんとした古典落語もやる。

しかし、「遊びだから当たっても関係ない」と、その場で当たり馬券を破り捨てる人はいない。

釣りの場合はこうじゃない。釣りは人類発生以来、何万年もかけて「生活」から「遊び」にシフトしてきた。たとえば琵琶湖では、食べてうまいホンモロコやニゴロブナより、釣るとき快感のブラックバスのほうに重点が移ってきた。〝衣食足って（釣る時の）快感〟を知った。

「あなた、いまこの当たり馬券捨てませんでした？」

ヒットしたばかりの当たり馬券を手放すと、隣りのおじさんがそれを取り上げて不審そうに聞く。

「見られてしまいましたか？　わたし、実は競馬はキャッチ・アンド・リリースなんです。当たりの醍醐味を味わうためにやってるんです。いい引きでしたよ、ははは」

真の遊び馬券師がなかなか現れないのは、ＪＲＡ*と競馬客の力関係が対等ではないからだ。*巨大興行主ＪＲＡが、「店子《たなこ》（客）たち、好きなだけ遊んで行きなさい」と扇子片手に涼しい顔なのに対し、店子たちが全員「親方様があぁ言って下さってる、ここは頑張んねばならねえ」と血マナコになっているからだ。

いつの日か興業主と客が対等になれば、〝どちらも遊び〟、キャッチ・アンド・リリース競馬の日が来る。

＊ＪＲＡ＝日本中央競馬会(Japan Racing Association)。競馬法に基づいて、中央競馬の運営に関する一切の業務を行う団体。従業員数約1600人。日本国政府が資本金の全額を出資する特殊法人で、農林水産省生産局畜産部競馬監督課の監督を受ける。

＊力関係が対等ではない＝わが家の家計はＪＲＡの監督を受けている。ぼくの銀行口座の出金・入金は土日ばかりだ。その週に入ってきたカネはとりあえず全額、週末にＪＲＡに預けることになっている。預けると、日曜午後4時半、「今週はこれだけ持って帰っていいよ」と彼らは許可をくれる。

それは半分のこともあれば、1割のこともあるし、ときには倍にして返してくれることもある。でもとにかくカネは彼らに一度預けないといけない。ぼくの馬券代は年収とほぼ同じだ。馬券代にすぐ追いつかれる年収が悲しい。

カネ返せ競馬

ディープスカイ*のダービー征覇をはじめ、2008年は「昆厩舎《こんきゅうしゃ》*」がハイライトワードだった。でも全然別の所でぼくは一人ドキッとする。「困窮者」の字面が浮かび、「この困窮者！」と、ダービーを取った富裕層に指さされるイメージに悩まされた。

しかし、この〃コンキュウシャ〃にもいい時期はあった。

今は昔の2005年。メジロマントル*鳴尾記念で生涯初の百万馬券を取り、ハーツクライ*、ディープインパクト*の有馬3万馬券も1000円取って「今月だけで200万儲けた」とスポーツ紙のコラムにも書き、競馬場でも会う人ごとに満面笑顔で吹聴した。

おかげで競馬場の知り合いからは借金まで申し込まれた。

「いくら？」

「10万？　10万がだめなら5万でも。1カ月後には返せるから」

*ディープスカイ＝牡。昆貢《こんみつぐ》厩舎。07－09年。17戦5勝。08年にダービーとNHKマイルカップでGⅠを2勝。

*昆厩舎＝元騎手・昆貢調教師の厩舎。2008年はディープスカイがダービー、毎日杯、NHKマイルカップ、神戸新聞杯を勝ち、ローレルゲレイロが東京新聞杯、阪急杯を制した。

*メジロマントル＝牡。大久保洋吉厩舎。00－06年。41戦8勝。唯一の重賞勝利が05年鳴尾記念。

*ハーツクライ＝牡。橋口弘次郎厩舎。04－06年。19戦5勝。GⅠ勝利は05年有馬記念、06年ドバイシーマ・クラシック。

「10万でいいの?」

いつも「貧しい」と書くし、事実、生活困窮者だったから、つらつら考えるに10万というまとまった貸与は人生初めての経験だ。よくぞ、この貧乏乗峯を選んでくれたと嬉しい気さえした。

しかし反動はすぐにやってきた。翌年夏、急激に困窮生活に逆戻りしたころ、その借財申込者から久々に電話が入る。「10万返そうっていうわけか、口座番号聞きたいんやな、ありがたい」と早合点。「UFJ銀行の」とぼくが言いかけたのをさえぎり、「前の10万は2週後に返します。返しますが、その前に5万貸してくれません?」

半年前にカネがあったのを「乗峯は恒久的にカネがある」と曲解してしまったわけだ。もっと人間をよく見ろ!

その最後の電話があってからすでに久しい。「UFJ銀行」の口座番号はついに言わないまま終わりそうだ。

向こうはもう忘れたろうけど、ぼくはまだ覚えている。「所詮10万にこだわる人生か、オレは」と自己嫌悪に陥り、「あのオッサン、この数年、競馬場でも会わなくなった、会わないようにしてるんだろ、10万ぐらいで会わなくなってもいいと思ってたんだ、オレのこと。それが悲しい」などとあれやこれや拘泥する。向こうは忘

＊ディープインパクト＝牡。池江泰寿厩舎。04－06年。14戦12勝成し(国内13戦12勝)。05年に三冠を達成し(皐月賞・ダービー・菊花賞勝利)、06年にも天皇賞、宝塚記念、ジャパンカップ、有馬記念を勝ってGⅠを7勝。日本競馬史上最高とも言われる成績を残す(全レースで騎手は武豊)。生涯獲得賞金14億5455万円。ディープに、05年有馬記念で国内唯一の黒星を付けたのがハーツクライである。
ちなみに、ハーツクライとディープインパクトは、ともに父がサンデーサイレンスの兄弟馬。

アメリカから社台《しゃだい》グループが輸入した種牡馬サンデーサイレンスは、産駒デビューの1995年から死亡する2002年に種付けした馬たちまで途切れることなく活躍馬を出し続け、13年間にわたって日本競馬を席巻する。

95年にはタヤスツヨシ(ダービー馬)、ジェニュイン(皐月賞馬)の2頭を出して驚かせたが、最晩年にもディープインパクトという傑出馬を出す。ディープとハーツ

れているのにこっちはこだわる。それが悔しい。

　ところで、「カネ返せ」には多くの含蓄がある。好きな言葉だ。五音だから有名俳句を、

「閑かさや岩に染みいるカネ返せ」
「朝顔に釣瓶取られてカネ返せ」
「夏草やつわものどもがカネ返せ」

などと言い替えて、「おおリアリティ出てきた」と一人悦に入ったりしている。

　昔のギャンブル場では〝カネ返せ〟は赤穂浪士の「山・川」みたいな、いわば符丁だった。

　しかし、このギャンブル場を代表するヤジに対して、数人の騎手*が「あなたにカネを借りた覚えはない」と反論を試みた。まったく正当な反論だ。〝競馬場ヤジおやじ〟の痛いところを突いた。

　ここでおやじのほうが「いいや、貸していないようで実は貸している」とさらに追及すればハイテンションは維持されたが、「そう言われれば貸してないような……」とムニャムニャ腰砕けになったので、騎手側の圧勝態勢になった。〝カネ返せ〟は強力な反論に会い、行き場をなくしてウロウロしている。

の2頭を〝サンデー最晩年の傑出馬〟として並び称することが多い。

*騎手＝個人事業主。中央競馬の騎手となるためには試験に合格して騎手免許を取得する必要がある。合格者はＪＲＡ競馬学校騎手課程（3年間）を卒業したか、地方競馬や外国競馬で抜群の成績を収めたか、ほぼどちらかに限られる。

　20代前半の若い騎手は、どこかの厩舎に所属し、そこの調教師を師匠として騎乗技術を磨きながら、厩舎作業も手伝うことがほとんどである。

　収入はレースでの騎乗手当と、上位入賞したときの賞金の5％。騎乗依頼は騎手の生命線である。依頼は本来は馬主がするものだが、実際は馬主の依頼で調教師が行うことも多い。

　数年前から、騎手にエージェントが付き、有力馬の騎乗依頼を取り付けてくるという話も聞く。

当たり馬券はＪＲＡに対する債権、つまりぼくらがＪＲＡにカネを貸したことの証文だ。しかしこの債権、金額が決定（確定ランプ点灯）した途端、債務者ＪＲＡが、それこそ寸刻の遅滞もなくバババと払ってしまう。どうかしたら「60日*超したらあんた、その債権無効だからね」と、債務者が債権者に義務まで課す。

　そんな状況を変えるために、年に一度でも、ファンサービスとして〝取り立てデー〟というのをつくれないだろうか。

「すいません、確定ランプは灯ったんですけど、支払い、来月まで待ってもらえませんか」と払戻機の前でＪＲＡ支払い課長が頭を下げるのである。

　債権者は「なにーっ！」と怒ったりしない。

「おうおうＪＲＡさんよお、あんたら、その一カ月の間に破産宣告でもしようってんじゃねえだろうな。俺たち馬券取立屋も慈善事業でやってるわけじゃねえんだぜ」

「いえ、そのようなことは決してございません。一カ月後には必ずお支払いいたしますので、何とかひとつ」と支払い課長は何度も頭を下げる。

　日ごろ客が被るカネの痛みに無頓着なＪＲＡにこう言わせることができるなら、ディープスカイ単勝３６０円の配当を1カ月待つ価値はある。

　昆厩舎と困窮者、真逆の懐具合をつなぐキーワードは「カネ返せ」で決まりだ。

＊60日＝的中馬券の払い戻し期間は、以前は「レース後1年間」だったが、1992年に「レース後60日間」に短縮された。60日を過ぎれば、どんなに泣きついても払い戻してくれない。「そこを何とか」と競馬場事務所に入り込んでも「無理！」の一言で追い返される。
　逆に、「1日払い戻しを待ってくれ」とか「来週にさせてくれ」とJRAが言ったことはいまだかつてない。
　最近は銀行口座を使ったインターネット投票が盛んだが（全馬券購入額の60％以上を占める）、ネット投票では「確定」と同時に配当金が振り込まれる。「要らない」と言っても振り込んでくる。「返そう」と思っても返す方法が分からない

ヒューマニズム競馬

古い話になるが、小倉競馬場*（北九州市）に行ったとき「場内ＡＴＭはないんですか？」と聞くと、「あ、場内にはないんですよ」と案内のおねえさんが申し訳なさそうに答えた。

「あ、なくていいです。午前中に手持ちのカネ3倍にしますから、全然ＡＴＭは必要ないんです、むしろ、なくて安心したと言ってもいい、ははは」などとわけの分からないことを言いながら通り過ぎる。

昼過ぎにもう一度寄ると、おねえさんは立ち上がり、「あ、最寄りのＡＴＭですね？」と勝手にドンドン説明する。「案の定、オッサン午前中に有りガネすったな」という内なる思いが表情に見え隠れする。

おねえさんからもらったコンビニ案内図を見て、汗拭きながら最寄りのファミマに向かう。小倉南区北方《きたがた》のファミマについて知りたかったらオレの所に来い。

＊小倉競馬場＝小倉を含め、ＪＲＡ主催レースが開催される競馬場は全国に左記の10場がある。

《中央競馬・開催競馬場》
①札幌競馬場（北海道・札幌市）
②函館競馬場（北海道・函館市）
③福島競馬場（福島県・福島市）
④中山競馬場（千葉・船橋市）
⑤東京競馬場（東京・府中市）
⑥新潟競馬場（新潟・新潟市）
⑦中京競馬場（愛知・豊明市）
⑧京都競馬場（京都・京都市）
⑨阪神競馬場（兵庫・宝塚市）
⑩小倉競馬場（福岡・北九州市）
（地方公共団体が主催する競馬場は全国に15場。209ページ参照）。

関東関西４場*に場内ＡＴＭができたのは最近で、それまでは場内にＡＴＭがあるというイメージ自体が浮かばなかった。だいたい日曜にカネを引き出せるということがこの十数年の出来事で、それまでは金曜夕方までに「日曜分」などと書いた茶封筒に軍資金を用意したものだ。便利さは過去をすぐに忘れさせる。

しかし場内ＡＴＭというのは、払戻機とは違うドラマを生む。

最も悲惨なのはダービー直後の目黒記念*のときだ。「ダービーこそ命、もちろん有りガネ勝負！」とだれもが勇ましく宣言するが、その10分後には、「やっぱり目黒記念買いたいし……」などと泣きごとを言うオヤジたちで、新スタンドＡＴＭコーナーに南米ジャングルを這い回る大蛇アナコンダのような列ができる。

場内ＡＴＭに並ぶ者はそこまでのレースでスッカラカンになったヤツだ。「シッツモーン、競馬ってどうやったら外れるの？」などと鬱陶しいこと言うヤツはＡＴＭには並ばない。だから同じ行列でも払戻機とＡＴＭでは天と地ほど違う。周囲の視線も羨望と蔑み、両極端のものになる。なると思っていた。

しかし春天皇賞*の日、ぼくは意外な状況を目撃した。

天皇賞の1レース前の上賀茂ステークス。「ボクノタイヨウ*がキミの太陽だった」というささいな手違いがあって、ＡＴＭに向かったときのことだ。ＡＴＭ前にはす

＊関東関西４場＝中央競馬10場のうち拠点となる中山、東京、阪神、京都の４競馬場。

＊ダービー直後の目黒記念＝ダービーの日の最終レースに目黒記念を設定したのは２００６年から。目黒記念も伝統のあるＧⅡレースでファンの馬券購入意欲は高い。ＪＲＡは、表彰式中に客が帰ってしまうのを防ぐ、帰宅ラッシュを分散させる、もしくは〝ダービーの後祭り〟という感じで設定したのだろうが、客にとっては軍資金の問題が起きる。

ダービーが人気馬で決まれば〝ＡＴＭパニック〟は起きないが、大穴が出たりすると、ありガネをなくした万単位の客がＡＴＭに殺到することになる。

＊春天皇賞＝天皇賞は春（京都）と秋（東京）の２回ある。

優勝盾は1つで、春と秋に東京-京都間を移動する。盾が金庫の外に出るのはこの移動と表彰式のときだけ。

でに行列ができていた。

「お前らなあ、天皇賞資金は別にちゃんと確保しとかんかい」と毒づくが、もうそんなこと言ってる場合じゃない。早くしないと、もうじき天皇賞出走馬たちの本馬場入場だ。

しかし、どうもATMの列の進行が遅い。見ると2人前のオッサンが機械前で逡巡している。「何しとんねん」とイラついてのぞくと、ATM画面に「紙幣を投入して下さい」と出ている。入金？　入金すんの？　競馬場来て入金するんかい！

人にはそれぞれ事情がある。競馬場で、それも天皇賞というビッグレースの直前に、急に入金しないといけない事情を抱え込んだ人もいるかもしれない。

「おたくのお母さんね、もう助かる道は心臓バイパス手術しかないのよ、でもちょっと治療費かさむのよ、今日の午後3時半までに50万振り込んでくれる？」という電話が悪徳病院からかかってきたんだ、きっと。

「よし、この手元の10万を上賀茂ステークス、人気薄和田竜二*のテイエムザエックス*で5倍にして母さんに手術受けてもらおう」と決心したに違いない。

「お母さんの手術費が要るんなら競馬場になんか行っちゃいけない」と説教する人間は、まだヒューマニズム競馬に目覚めてない者だ。

親の手術費用とか、子どもの痴漢えん罪弁護士料とか、工場の手形不渡り差し

*ボクノタイヨウ＝牡。白井寿昭厩舎。07—12年。30戦5勝。09年上賀茂ステークス、2番人気5着で〝キミの太陽〟となる。

*和田竜二＝1999年から2001年まで世紀をまたいで日本競馬界に君臨したのがテイエムオペラオー（個人的に〝ミレニアム馬〟と呼んでいるが世間に浸透していない）。GⅠを通算7勝し、2000年には年間重賞8戦無敗という日本記録もつくった。このテイエムオペラオーの生涯26戦すべてに騎乗したのが和田竜二だ。

その縁もあり、和田竜二は「テイエム」の馬名冠《ばめいかんむり》（同じ馬主を意味する）の馬への騎乗が多い。しかしテイエムオペラオー以外でのGⅠ勝利がなく、それが目下の和田竜二の課題だ。

*テイエムザエックス＝牡。福島勝厩舎→木原一良厩舎。06—11年。35戦4勝。09年上賀茂ステークス、和田竜二騎乗で2着。

止め金とか、そういう切迫金のとき、競馬場は最大限暖かい手を差し伸べるシステムになっている。特にカンボジア地雷除去とか、チェルノブイリ放射能後遺症救済とか、北極海の白クマ救援とか、そういうＡＣ公共広告機構推奨・普遍的ヒューマニズムになれば、これはもう１００パーセント競馬場は支援する。全力で支援する。騎手も馬もそうだ。

「え、北極海の白クマが馬券買ってる？」

レース前にそう聞けば、騎手も馬も、地球温暖化の危機から白クマを救うために一肌脱いでくれるはずだ。

ヒューマニズム競馬を信用しないのは、単にキミがまだヒューマニズムを信じてないことに起因する。

「みちのくの＊　母のいのちを　一目見ん、一目見んとぞ　和田竜二」

と、母親の手術費が必要なときはこの短歌を口ずさむ。特に和田竜二はこの歌に弱い。この歌聞いたらふだんの3倍ぐらいの力を出して勝ちに行く。

「よっしゃ、母さん！　和田竜のおかげで手術費できたよ！　いますぐ振り込むからね」と言いながらＡＴＭに向かうオッサンに、「競馬場で入金するんかい、このオヤジ！　天皇賞買われへんやないか」と後ろから叫んでいいのかどうか。

ヒューマニズム競馬の問題はそこにある。

＊みちのく＝この場合、母親の入院先は静岡でも富山でもどこでもかまわない。とにかく死にそうな母親は〝みちのく〟だ。

みちのくの
母のいのちを　一目見ん
一目みんとぞ　ただにいそげり
（斎藤茂吉）

勇気を持ってゆっくり競馬

北京オリンピック。北島康介の１００メートル平泳ぎ決勝前、平井伯昌《のりまさ》コーチは「勇気を持ってゆっくり行け」とアドバイスした。

準決勝までのタイムではダーレ・オーエンのほうがよかった。われわれ素人なら「もっとスピード上げろ」と言いたくなるが、平井コーチは真逆のことを言う。北島はその通り前半50メートルを16ストロークに下げ（準決勝は19ストローク）、しかも準決勝を上回るタイムで勝利し、五輪２連覇を果たした。

この場合、「ゆっくり行け」に「勇気を持って」を付け加える点が重要だ。「ゆっくり」だけだと、ネタみソネみの強い選手なら、「〝お前の実力なんかしれてるから飛び出すな〟って言ってるんじゃないか？」と勘ぐる恐れがある。「勇気を持って」だと「そうそう、オレ実力出すとグングン行っちゃうから、敢えて押さえるんだな」と自尊心までくすぐられていい気持ちになる。

「ゆっくりゆっくり」は、実はぼくもよく使っている。

「ゴーゴーゼット*、ゆっくりゆっくり」とか「リンカーン*、ゆっくりゆっくり」とか、馬券生活40年で何度この言葉を叫んだか分からない*。

しかし、「リンカーン、勇気を持ってゆっくり行け」と言ったことはない。ゴール後、「最後までゆっくり行ってどうすんねん!」と吐き捨てることばかりだ。

つまり、ぼくの「ゆっくりゆっくり」は、「お前は気性難《きしょうなん》*だからゆっくり行かないとレースにならん、そこ自覚しろ」という、どちらかというとさげすみの言葉だ。真の応援じゃない。平井コーチの「ゆっくり」は、「北島、お前は気性難の選手だ、自覚しろ」と注意したわけじゃない。

先日、テレビの動物ドキュメンタリーで、スリランカのジャングルにいるスレンダーロリスの生態が紹介されていた。スレンダーロリスはメガネザルなどと体長も姿もよく似た小型ザルだが、生活態度はまったく違う。

メガネザルが木から木へ俊敏に飛び移り、獲物を超えるスピードで捕食するのに対し、ロリスはとにかく〝ゆっくり〟が身上だ。目の前の枝にとまっている昆虫一匹を捕るのに30分もかける。ほんとに止まってるんじゃないかと錯覚するスローモーさで獲物に手を伸ばす。あまりのゆっくりさに、昆虫のほうが危険を感じ取れない仕組みになっている。

*ゴーゴーゼット=牡。新井仁厩舎。93—96年。33戦6勝。

*リンカーン=牡。音無秀孝厩舎。02—06年。23戦6勝。

*何度この言葉を叫んだか=競輪の客の叫びも聞いてみよう。

競輪では客がコーチングを行う。発車機の上で精神統一している選手に向かい「ええか、××」と大声で呼びかける(競輪場は観客席が近いので、金網にへばりつけば本当に選手に声が届く)。

「赤板(2周前)ホームで前の○○を押えて、ジャン(1周半前)でイン切りや。最終ホームでさらに○○が先行してきたら番手飛び付け。ええか、すでに踏み脚のなくなったお前は策略で勝つしかない。××、聞こえたら返事や」とエラそうに事細かく指示する。

運よくその選手が勝つと〝指示オヤジ〟は「よっしゃ、そんでええんや。やればできるやないか」と周りを見てふんぞり返る。勝利インタビューで、その選手が「ファンの皆さんのお陰です」などと言おうものなら、「礼はええ。ただワシも毎回は来られんからな。次からは自分で考えてレースせぇよ」と金網を握って大声を出す。

メガネザルのような卓越したスピードはないが、目の前の昆虫を捕るのに30分かけられるというスレンダーロリス。これもまた大変な才能ではないか。

われわれは最も速い馬を当てるゲームをやっているし、馬券購入だって迅速さが求められる。四の五の言っている暇はない。レース間の20分で次のレース予想をして馬券を買わないといけない。

「ああ〝間もなく締め切ります〟とねえちゃんが言ってる。だいたい、これだけ塗って3連単何点になるんや？　カネ足りるんか？　あ、わ、エンピツの芯折れた、あかん、ベルが鳴ってる！」

と、これはとてもスレンダーロリスにできる芸当ではない。

そこで提案。夏の間だけでも、薄暮競馬の最後に「北島康介金メダル記念・勇気を持ってゆっくり特別」をつくれないものか。

「本日の最終、ゆっくり特別は2004年有馬記念となります」と場内放送。

「2004年有馬って、ゼンノロブロイ*、タップダンスシチー*で決まったやつやろ？　そんなもん外れるやつおるんか？　泥棒みたいなもんやないか」と客はウヒョウヒョ言ってシートを塗り始める。

＊気性難＝騎手の意図に従わない、予想外の行動をする馬の性格を指して言うが、そこには哲学的な問題が潜んでいる。

二人の人間（あるいは馬）がいて、一人が相手のケツをムチで打ったとする。このとき叩かれたほうの反応としては、①「何するの⁉　痛いことはやめて」と目を剥いて抗議するか、②「この人は叱咤激励してくれているのね。ここで頑張らなきゃ」の2つがある。

人間界では①が普通で、②は性格がおかしいと言われるが、競馬界では、①を気性難と呼び、②を気性良《きしょうよし》と呼ぶ。

＊ゼンノロブロイ＝牡。藤沢和雄厩舎。03－05年。20戦7勝。04年有馬記念を含めGⅠを3勝。

＊タップダンスシチー＝牡。佐々木晶三厩舎。00－05年。42戦12勝。GⅠ2勝。04年有馬記念2着。

「なお最終レースの締切は3時間後でございます」

「3時間？　こんなもん1分で書けるわ、5分後にせえや」

答えも分かっている、シートもすぐ塗れる、でもゆっくり特別はここからが大変だ。〝スレンダーロリスの才〟を競うレースだからだ。

昆虫を待ちかまえている間、ロリスがチラッとも動かないように、窓口おばちゃんが正面向いている間、客は微動だにしてはいけない。ちょろっとでも動けば警備員につまみ出されて二度と馬券は買えない。

「あんた、帰りスーパー寄んの？」と窓口おばちゃんが後ろの同僚から聞かれ、「寄る、卵とトリ肉買わなあかん、あしたうちの子、弁当の日やねん」などと答えて後ろを振り向いたときだけ、馬券客は窓口に近づける。

あれ？　と正面向き直ったトリ肉おばちゃんは、さっきより一歩近づいたように見える数百人の客をにらみつける。これはつまり、千早城の石垣を這い上る蟻んこのような鎌倉幕府軍をにらみつける楠木正成《くすのきまさしげ》の目だ。

スロー能力に欠けた馬券おやじたちは、3時間の遅々とした歩みに耐えられず、一人また一人と脱落していく。勇気を持ってゆっくり行けた、ほんの一握りの馬券戦士だけが馬券を取れる。*

＊フロリダのワニガメも馬券を取れる。ワニガメはカミツキガメ科のカメで、この科には「カミツキガメ」と「ワニガメ」の2大スターが存在する（危険な外来種として問題になっているのはカミツキガメのほう）。
ワニガメは体調（1メートル）も寿命（50年）もカミツキガメの2倍。特に捕食行動は正反対だ。カミツキガメが凶暴に水中生物を補食するのに対して、大きなワニガメは徹底して〝待ち〟だ。

水底の泥の中で大きく口を開けて20分、30分、ただもうそのまま待つ。ワニガメの舌には赤い肉片があって糸ミミズのようにヒラヒラする。口の周辺は顔も歯もドロ色で、小魚には「岩の隙間に糸ミミズが動いている」としか見えない。魚が「ラッキー、糸ミミズだ」と思って接近したら、バクッと口を閉じたワニガメの餌食になる。

うつむいて競馬場に行っているお父さんたち、レースのゴール前では「来い！」などと叫ばずじっと待て。

プライバシー侵害競馬

うちのマンションの前にちょっとした高台があり、そこに高層マンションが建つことになった。高台の上の高層マンションだから、勢いこっちの旧式マンションは見下ろされることになる。

「あることないこと覗《のぞ》かれるじゃないか」と、うちのマンションの住人数人が怒り、その新マンション建設業者相手に説明会を求め、「目隠しルーバーを付けろ」「窓をすりガラスにしろ」などの要求を出した。

うちのマンションの利益のための要求である。それは重々分かっている。しかし高台新マンションとの交渉中、ぼくは、「ああダメ、またわたしのこと見てるのね。プライバシーの侵害よ、ダメー」などと女言葉の幻聴が耳に響く。

うちの家は嫁も子どももよく外出していて、家にいるのはもっぱらわたくしである。その中年男がふとしたはずみからあらぬことをする。これはまあよくあることだ。そのときふと目を上げると高台のマンションからこっちを覗いている人がいる。

「あ、ダメーっ、何見てるの！　プライバシーの侵害なんだからあ」と言ってしまうのだ（どういうわけか、こういう場合、女言葉になる）。

「いけない、みんな生活権を真剣に主張してるのに」と、会議の席であわてて腿《もも》のあたりを叩く。すると「ほんとにダメな奴だ、こうお仕置きしてやる、あ、痛ーい」などと意味不明の新たな幻聴が続く。困った。

どうも〝プライバシー侵害〟という言葉は、「許さんぞ」という反応とともに、「ダメー、見ちゃイヤってあれほど言ってるのにぃ」という女言葉反応が一緒になって出てくる。なぜだろう。


馬券窓口も、いずれカード決済という形に変わっていくんだろう。ドロ沼にはまるんじゃないかという危惧もあるが、このデジタルカード決済には大きなメリットもある。個人情報*が蓄積される。

たとえば、ネットで馬券が買える「クラブＪＲＡネット」というサイトでは、いつでも過去の自分の馬券成績を閲覧できる。つまり投票の結果は全部ＪＲＡに掌握されているわけだが、これが嫌かというと、全然そんなことはない。

「あなた、過去にこんな大穴取ってますよ、もう凄いんだから」などと言われると、もう死ぬまで馬券買ってやるぞという気になる。

＊個人情報＝実際にこの目で見たことはなく、話に聞いただけだが、1千万を超える配当をもらった客はガードマンが競馬場出口まで警護するらしい。この話が本当なら、かえって「こいつ大金持ってるぞ」という個人情報の漏洩にならないか。

このサイト、万馬券だと白、十万馬券だと銀、百万馬券だと金の「的中証明書」まで出してくれる。

ぼくも過去に一度だけ百万馬券を当てたことがある（２００５年鳴尾記念のメジロマントルだ、と軽く自慢）。そのときはこの金色的中証明書をプリントアウトし、リュックにぶら下げてウロウロした。トレセン*でも競馬場でも、

「乗峯さん、何かぶら下がってますよ」

「あ、見られてしまった？　百万馬券的中証明書、まいったなあ」

というのを基本会話にした。

つまり〝見ていてあげる〟こと、これがこれからのカード決済ＪＲＡにとって最大の売りになるのだ。

「あ、田中さん」と阪神競馬場の仲間由紀恵が声をかける。シックなスーツの胸には「ケースワーカー・仲間」の名札が見える。どうしてオレの名前が分かるんだと驚いてはいけない。仲間由紀恵にはＡ18区画の常連客２０００人すべての名前がインプットされている。

「あのね、田中さん、少しいい？」と仲間由紀恵は田中さんを柱の陰に導き、「今月購買料が増えてるみたいだけど、何かあったの？」と小声で聞く。

＊トレセン＝トレーニングセンター。西の栗東（滋賀県栗東町）と東の美浦（茨城県美浦村）の2つがある。広大な敷地の中に、競走馬を管理するための厩舎、調教のためのトラックや坂路馬場、スイミングプール、調教師や厩務員の居住区画などがある。東西それぞれに２０００頭以上の馬がいる。

「何でオレの馬券代のことを……」

「ごめんなさい、見てたの、わたし、田中さんのことをずっと」

「え？　見てたの、オレのことを？」

「ごめんなさいね、でもお願い、何かあるんだったら由紀恵に言ってみて」

仲間由紀恵*は自分の〝ケースワーカー〟の名札を少し前に出し、はずみで胸のふくらみも一緒に突き出す。

「嫁が〝能なし、ヤドロク〟とか言いやがって、クーッ、いまに見てろ」

田中さんは仲間由紀恵の手を握ったまま嗚咽《おえつ》する。

「いけない、田中さん自暴自棄になっちゃ。競馬場じゃわたしのこと奥さんだって考えてくれない？　だめ？　由紀恵じゃ？」

ああ仲間由紀恵がケースワーカーなら個人情報全部知られて構わない。一度でいいから手を握られて説教されたい。プライバシーばんばん侵害してくれ。

＊競馬場には仲間由紀恵もケースワーカーもいないが、場内案内嬢がいる。揃いの制服を着て、場内の各案内所で客の質問に答える。JRAが競馬場ごとに人材派遣会社に委託し、そこで選ばれて派遣されるようだ。
　花形は、重賞表彰式のときに、馬主や騎手に渡す優勝カップやメダルなどを運ぶ女性たちだ。背も高く、スタイルもよい女性が6〜7人、案内嬢たちの中から選抜される。

　この仕事をしたことがあるという女性と個人的に話す機会があったが、その人は表彰台で蹴つまづいて転び、優勝カップを馬主の前に放り出すという失態をやった。前代未聞のことだったらしい。

突然ですが逆転フケ馬券

最近は競馬場美化が進んできて、平場スタンドにいるぼくの周りには、ブルーの帽子の清掃オバチャンがよくやってくる。「このオヤジ、どうもゴミを出しそうだ」という雰囲気が漂っているのか？　オレはハエ男か。

おかげでぼくの周りは綺麗だ。しかしふと振り返ると、柱の陰のゴミ収集場にはうず高くゴミが積まれている。

よく「ゴミがなくなった」という言い方をするが、あれは間違いだ。ゴミはなくなってない。集まっただけだ。10箇所に散らばっていたゴミが1箇所に集まり、9箇所の人間は「ゴミがなくなったなあ」と言うが、1箇所の人間は「めちゃくちゃゴミが集まったなあ」と言う。自分の周りが綺麗になったと感じたときは、「ゴミがなくなったり、集まったりしたなあ」と言わなければいけない。

そう考えると、「カネがなくなった」という言葉もおかしい。あなたのカネはなくなっていない。どこかに行っただけだ。「今日もカネがなくなったり、集まったりしたなあ」*と言いつつ帰らないといけない。

パソコンの中をゴソゴソしていると「花札ゲーム」が出てきた。いわゆる〝バカッ花〟だ。松や鶴が20点、カス札が1点というやつだ。

酎ハイ飲みながら「け、合計15点しかない、機械にまでバカにされんのか」とグチっていると、突然「フケ成立！*　あなたの大勝利ぃ！」などと音声が入り、画面上の他の3人の顔がいっぺんに曇る。

カネがぼくのところに集まるのは、こんなゲームしかないのかもしれない。

「お前、3連単100点も買ってよく外せるなあ」は最近よく言われるセリフだが、もっと究極まで行き、「17頭ボックスのレースで3連単4000点買って（理論上のパターンは全部で17×16×15＝4080通り）、当たりがなければフケ！」というのはどうだ。

「マイルチャンピオンシップ*、3連単配当1万5000円。大したことないけど、まあ当たるのが第一だから」などと払戻しの列に並んでいると、「みなさま大変です！　フケが出ましたあ！」という場内放送とともに突然払戻機が閉鎖される。

「マイルチャンピオンシップの3連単売上げ50億、払戻しはすべてこの方のものになりました！」

*カネがなくなったり集まったり＝馬券の売上げは、総額の約75％が配当金として払い戻される（残りの約10％が国庫納付金、約15％がＪＲＡの懐に入る）。
　たとえば秋華賞後の総観客撤収時を考えてみる。なべて2万ずつ持ってきた5万人（総額10億円）のうち、当たり馬券を買ったのが100人だったら、750万ゲット者（1人当たり平均額）と4万9900人のスッカラカンに分かれるという、それだけのことだ。カネの総体は変わらない。

*フケ成立＝麻雀でも、最後までカス牌ばかり捨て続けたら〝流し満貫〟という思わぬ福がある。

*マイルチャンピオンシップ＝Ｇ－レースのひとつ。以下に競馬のレースについて簡単に説明しておこう。

4000点買ってことごとく外れた馬券を持ったおじさんが、「すんまへんな、フケなんですわ」とスポットライトを浴びる。

「お前、年収100万？　そんなのでよく暮らせるなあ」とバカにされても、人生80年、ただの1年も年収100万を超えなかったら、これは立派ではないか。〝フケ人生賞〟だ。「おじいちゃん、総理大臣表彰やで。〝日本一の人生〟って言ってテレビ取材もいっぱい来てるで」と言われながら死んでいく。そういうのはどうだ。

ぼくのコラムは「日本一当たらない予想コラム」と言われたこともあり、厩舎スタッフからも「馬の調子は抜群なのに何で負けたのかと思ったら、あんたが本命にしてるやないか」と言われたこともある。

しかし、そこまで強い〝負の力〟を持つなら、これはこれで凄いことだ。厩舎の前を歩きながら「本命にしちゃおうかなあ」とつぶやけば、「それだけはやめてくれ」と一封をもらい、裕福に暮らせる。たぶん、「当たらない、当たらない」と言われながら、たまに当たっているのが問題なのだ。〝フケ予想家〟にもなりきれていない。

ところでフケと言えば、競馬人間には馴染みのフケ（牝馬《ひんば》の発情）がある。競馬スラングにもだんだん慣れてきたが、語源は知りたい。語源を知るともっと余裕を

《競馬のレースについて》

●グレード制＝賞金や伝統などの観点からGⅠ、GⅡ、GⅢの3段階に区分されている。「G」は「Grade」（格）。GⅠレースの一覧は50ページ参照。

●重賞（競走）＝賞金が高額で重要なレース。多くはGⅠ、GⅡ、GⅢのいずれかに区分される。

●特別競走＝特別登録を必要とするレース。すべてレース名が付く。

●一般競走＝特別競走以外のレース。平場戦ともいう。賞金額で区分されるレースのほか、「新馬戦」「未勝利戦」などがある。勝てば上のクラスへの出場権が得られる。

●新馬戦＝レース未出走の2・3歳馬によるレース。勝てば次のクラスに進み、勝てなかった馬は未勝利戦で戦うことになる。

●未勝利戦＝①出走して1着になったことがなく、かつ②重賞で2着にもなったことのない馬によるレース。未出走馬も出走できる。

持って使えそうな気がする。

「カンパイ（発走やり直し）はカムバックという英語から来た」というのはそうだろうと思うが、「ボロ（馬糞）はお椀のｂｏｗｌから来た」とか、「調教師を意味するテキは騎手をひっくり返した〝手騎〟から来た」とかは、ほんとか？と思う。

でもいちばん分からないのは、花札にも通じるこの「フケ」だ。名著『馬の科学』*によると、もともと東北地方で使われていた、ケモノなどの発情を意味する「フケる」が馬産地北海道に伝わったということだが、たとえば岩手近辺では「深い」を「フケぇ」と発音するらしいから、そこから来たということはないだろうか？

「花札のフケ」と「発情のフケ」と「頭のフケ」は同じ語源なのかどうか、いまはこれが気になる。

東北の人が、20点以下の花札を見て「フケー（深い）」と溜息をつき、牝馬がムラムラしているのを見て「これもフケー（深い）」と言い、頭の白アカを見て「これもフケー（深い）」と漏らす。ひょっとして感性深い人間に感動を与える単語が「フケ」かもしれない。

＊『馬の科学』中央競馬会競走馬総合研究所編（講談社ブルーバックス）

払い戻し有効期間千年馬券

①２０１５年、イギリス・リバプール駅近くの地下鉄工事現場から数十体の人骨が出たが、これは14世紀のペストの流行によるものだろうと結論された。

②２０１４年、鳥取砂丘から縦一列に並んだ人骨４体が発見されたが、鳥取大学医学部で鑑定の結果、江戸末期から明治初年に埋葬されたもので、海難事故で漂着した遺体を地元民が埋葬したものだろうという結論になった。

③２０１６年９月14日、東京町田市のＪＲ線工事中に人骨が出てきて、これは約10年前のものと判断され、事件の可能性もあるとして町田署が鑑定を行っている。

④同月19日、長野県縄文遺跡から約８０００年前の人骨が出土し、縄文人の生活を知るのに貴重だと、国学院大・研究チームが意欲をもって調べている。

⑤沖縄、硫黄島など太平洋戦争激戦地では毎年のように遺骨収集が行われている。この場合は遺骨が発見されれば、できるだけ身元を調べ遺族のもとに返す。他殺か、自殺か、事故死か、というような鑑定は行わない。

以上から気づく大事なことは、死後経過年数によって、人骨の意味が変わってくるということだ。半年前の白骨化した遺体なら警察が出てきて、戦争中の遺体なら厚労省戦没者援護局が出てくるし、弥生時代の人骨なら、それが自然死だろうと自殺だろうと他殺だろうと、警察は出てこず、考古学研究所が出てくる。２０１０年の法改正で殺人など凶悪犯についての公訴時効はなくなったが、弥生時代の殺人事件を現代警察は捜査しない。

ひょっとしたら卑弥呼ではなかと言われている倭迹迹日百襲姫命《ヤマト・トトヒ・モモソヒメノミコト》は、大物主神《オオモノヌシノカミ》に陰部を箸《はし》で突かれて死んだと日本書紀に書かれているが、この猟奇的殺人事件を警察は捜査していない。奈良県桜井市発掘調査委員会というその道のエキスパートですら、モモソヒメの遺体が埋まっているという箸墓《はしはか》古墳を発掘して遺体検証をやろうとはしない。「〝死人に口なし〟は許さない、被害者の遺恨を晴らすのが警察や法医学者の務めだ」とみんな言っているが、モモソヒメの遺恨を晴らす気はない。

蘇我馬子《そがのうまこ》を殺した中大兄皇子《なかのおおえのおうじ》は殺人犯ではないのか、比叡山を焼き討ちした織田信長は放火殺人犯ではないのか。これらは歴史学者があれこれ論じることはあっても、罪に問われることはない。

３カ月前に行方不明になった人が白骨化して発見されると「怖いわねえ」、30年前に行方不明になった一人暮らしの人が白骨で発見されると「さびしいわねえ」、500万年前の人骨が発見されると「凄いわねえ、わたしも〝原人まんじゅう〟作って売ろうからしら」ということになる。人骨とはそういうものだ。

奈良・明日香村《あすかむら》キトラ古墳にカビがきて、四方四神《しほうしじん》の貴重な壁画が崩落しそうになった。文化庁では剥ぎ取って修理するという入念な作業に着手している。蓋さえ開けなければ、もっとずっと保《たも》たれていたはずだ。1300年無事だった壁画が蓋を開けたばっかりに20年でダメになった。

近くの高松塚古墳も同様だ。補修作業の文化庁職員が普段着のまま行ったとか行かなかったとか。そのせいかどうかカビが繁殖して、みんな「エー、まさかそんなことを！」と大変な騒ぎになり、壁ごと修理工場に搬出して、10年がかりで保存修理作業をやることになった。1300年無事だったものが発見後30年でカビにやられた。

しかし、じゃあ土中深く埋もれたまま誰もその存在を知らず、キトラの玄武も高松塚の飛鳥美人《あすか》も何千年か過ぎて自然消滅すればよかったのかというと、そういうものでもなかろう。

「あなたが扉を開けたばかりに、わたしの顔はこんなにカビだらけに」と無惨な姿になった飛鳥女がつぶやく。

「ほんとに申し訳ないことをした」と平成の考古学者が謝る。

「ううん、ウソ」と飛鳥女はカビだらけの顔をほころばせる。「あなたに扉を開けてもらって幸せだった。カビだらけになっても、あなたに会えて幸せだった」と、そう言って飛鳥女は息絶えようとしている。


競馬の世界は「すみやかな確定、すみやかな払い戻し」を目指してきた。それはファンの念願でもあるし、主催者にとっても回転力アップとして売り上げ増につながる。しかし、「キミの愛の言葉は不変か？」という問いも大事だ。

「凱旋門賞《がいせんもんしょう》＊馬券だけは有効期限１０００年。お好きな払戻年度をお選びください。1年につき０・５％の利息が付きます」というのはどうだ。

冒頭、①の例でリバプール駅の白骨の話題を出したのも、英国馬にポストポンド＊というマカヒキ＊最大のライバルがいるからだ。払戻期間１０００年なら、14世紀に無念の疫病で死んだリバプールの競馬ファンもきっと喜ぶ。もちろんジョン・レノンも喜ぶ（彼が競馬ファンだったかどうかは知らないが）。

千年の凱旋門賞、どうだ。

＊凱旋門賞＝フランスのロンシャン競馬場で毎年10月の第1日曜日に開催される。英国ダービーやケンタッキーダービーと並ぶ世界最高峰の競走の一つ。
＊ポストポンド＝牡。アイルランド産。13－17年。15年キング・ジョージ6世カップ、16年ドバイ・シーマ・クラシック勝利。
＊マカヒキ＝牡。友道康夫厩舎。15年－現役。12戦5勝。16年ダービー勝利。16年凱旋門賞では14着。

「おめでとうございます」払戻機

ＪＲＡは払戻機にどうして「おめでとうございます」を言わせないのか？

「この投票券は的中していません」は、あれほど大きな声で言うのに。

もし「おめでとうございます、すごーい」などと、たとえばジョージア・コーヒーの片瀬那奈みたいに耳元で言われたら、そりゃ一応「やめろよ、恥ずかしいやないか」と言って周りは見るが、決して悪い気はしない。競馬人間なんておだてられりゃアホほど馬券買うのに、なんで〝おめでとう〟を出し惜しみする？*

正月に年賀状3等「ふるさと小包」が当たった。「何だ、3等か」じゃない。2等は1万本に1本、そうそう当たらんぞ。賞品は「かに味噌が欲しい」と言う嫁の首を絞めて「カレーセット」に決め、当たりはがきを持って鼻息荒く郵便局へ向かう。

カランカランと鐘が鳴り、「出ましたぁ、3等大当たりー」と局内に声が響いたりしたら恥ずかしい、どうしようと心配したが、「はい、じゃ、この書類に名前書いて」と女子局員がペンを差し出す。まるで運転免許の更新のようだ。ちょっとガッ

＊〝おめでとう〟を出し惜しみする払戻機＝現在、ほとんどの払い戻しは機械で行われている。一度に20枚までの投票券（馬券）を挿入できるが、一枚ずつ機械が検証し、ハズレ馬券の場合「この投票券は的中していません」の大声とともに馬券が突き返される。

的中の場合は「的中！」とも「おめでとうございます！」とも言わない。画面に払戻総額だけが提示され、的中馬券は機械に呑み込まれる。「精算」ボタンを押すと、札と硬貨が別々の箇所から吐き出される。

つまり払戻機とは、不的中のときは大声を出して馬券を突き返し、的中のときには無言でカネを出す、愛想の悪い信用金庫のねえちゃんのような機械なのである。

カリした。

でも考現学おじさんはここで考える。

じゃあ何で免許更新の警察官は「おめでとうございます」と言わないんだ？　毎年の誕生日で「おめでとう」と言われるのは、「1年無事に過ごせてよかった」という意味だろう。免許更新は基本5年だ。「5年もの長い間、よくぞご無事で、おめでとうございます」の一言があっていいんじゃない？

つまりJRA払戻機が「おめでとう」を言わないのは、免許更新の警察官が「おめでとう」を言わないのと同じ状況ということではないか。

われわれは、たとえば誰かが豪邸*を建てたり、1000万馬券当てたり、直木賞を取ったりしたとき、「おめでとう」と言う。「わが事のように嬉しい」などとも言う。しかし、このとき心底おめでとうと思っているかというと、そうでもない。どちらかというと「悔しい、テメエ出し抜きやがって」という気持ちが強い。

たとえば北米太平洋岸にいるゾウアザラシのことを考えてみよう。

アザラシやオットセイという海獣目は、繁殖期に巨大ハーレムをつくるが、特にゾウアザラシの場合はオス2トンにメス500キロと男女で大きな体格差があり、ハーレムもメス数百頭を抱える巨大なものになる。

＊昔のことだが、『私は競馬で家を建てました』みたいなタイトルで、表紙に白亜の豪邸と、ベンツに手を置く著者の写真が載った本が贈られてきたことがある。中は「私がいかにして馬券で大儲けしたか」の自慢話である。
「どうだ、参ったか」という勝利宣言をするための贈呈だったのだろうか？　あるいは「おめでとうございますと言え」という半ば強制のための贈呈だったのだろうか？

ハーレム王になるには、オス同士の壮絶な覇権争いに勝たなくてはならない。前年まで王として君臨していた実力者も、急成長した若いオスに敗れれば、血みどろ、傷だらけになって海に逃げ帰り、失意のうちに絶命する。

　このときメスたちはどうするか。前日まで「あなた命」と言っていたんだから、アザラシ版・柴田勝家とお市だ。*「地獄の果てまであなたと一緒です」と付き従い、海の底で「来世こそ、添い遂げます」と言って差し違えて自害かと思いきや、そんな、前王に付き従うような殊勝なメスアザラシは一頭もいない。すぐに新しい男に向き直り、「わたし、前からあなたのこと力強い方だと陰ながら思ってたんです」と擦り寄る。クッソーと思い、テレビ画面に雑巾ぶつけた。

　いや、言いたいのはそこじゃない。

　大事なのは、このとき海に逃げ帰る老ボスは、若いオスに向かって「おめでとう」とは決して言わないということだ。ただひたすら悲鳴をあげ、体のあちこちから血を滴らせて、のたうち回って逃げる。

　つまり、「おめでとう」は「悔しい」をオブラートに包んで表現する人間社会の知恵だ。「おめでとう」と言うのは、「この野郎いまに見てろ」と思う者だけだ。

　パチンコ屋は客に景品出すのが悔しい。悔しいから「おめでとうございます」と言う。JRAが「おめでとう」と言わないのは悔しくないからだ。誰がいくら持っ

*お市の方は織田信長の妹で、近江の大名・浅井長政に輿入れする。政略結婚である。しかし長政が信長から裏切り者認定され、姉川の戦いのあとで自害すると、お市は長政との間にできた3人の娘とともに信長の元に戻る。
　本能寺の変で信長が死んだあと、羽柴秀吉の意図で、かねてから美人の誉れ高いお市の方に思いを寄せていた織田家の重鎮・柴田勝家の元に3人の娘とともに輿入れする。2度目の政略結婚である。しかし賤ケ岳《しずがたけ》の戦いで勝家が秀吉に敗れると、3人の娘を秀吉に預け、お市は勝家とともに自害する。
　信長の意図での浅井家輿入れ。秀吉の意図での柴田家輿入れ。お市の方にまったく恋愛の自由はなかったというのが大方の見方だが、人間は、あるいはゾウアザラシさえも、〝状況下の恋愛〟をするものである。
　お市の方は本気で浅井長政に惚れて3女児を設け、次に本気で柴田勝家に惚れてともに自害したと考えるべきだ。「生き物は状況下において自由恋愛をする」と主張したい。

ていこうと、右から左に移すだけだから、別にどうでもいいと思っているからだ。

いや、でも、と最近ちょっと思い直すところもある。

あの海に逃げ帰る巨大ゾウアザラシ、ひょっとしたら心の中では若いボスに「おめでとう」と言っているかもしれない。

「ついに敗れた。あの若いやつ、意外に強いじゃないか。あいつならいいボスになるだろう。オレの栄光の日々は終わった。大丈夫、これが現世の定めよ。おめでとう」と言いながら、血だらけで死んでいくのかもしれない。その〝心の中のおめでとう〟なら〝口に出すおめでとう〟より数段深い。

「クッソー、またこの払戻機、〝おめでとう〟のひと言も言いやがらへん」と腹を立て、機械の横っ腹にゴンゴン蹴りを入れるとき、機械は涙を流しているかもしれない。

「このオジサン、また的中してる。きっとこれから競馬界をリードしていくのはこの人だ。もうわたしたち払戻機の栄光の時代は終わった。次からはこのオジサンが立派なボスになっていく。おめでとう」と言っているんじゃないだろうか。

でもそれを声に出して言うと、単なる〝悔しさ〟の表現になってしまう。払戻機は懊悩《おうのう》し、沈黙し、一人静かに水底に帰ろうとしているのかもしれない。

「わたしが裁決しました」払戻機

全国的にはどうか分からないが、関西のJRでは数年前、それまでの「駆け込み乗車はおやめ下さい。まもなくドアが閉まります」というホームの案内を、「まもなくドアを閉めます」という能動態のアナウンスに変えた。

ワイドショーでは「どちらが効果的か」などと話し合ったりしていたが、「閉めます」に決まっている。

もっと言えば、「閉めます」の前に「わたしが」という主語を入れるべきだ。

日本語というのは古来、伝統的に主語を省略する性質を持つ。謙譲語と尊敬語を使い分けて、誰がやったのかを推察できるようにしている。それで足りなければ「陛下」「殿下」「閣下」など、もともと場所を示す単語を使って主体を推量させたりする。

しかし、「ドアを閉めさせていただきます」などと言って、聞き手に〝婉曲《えんきょく》の美学〟を解してもらおうと期待していたら、図々しい客がいくらでも乗り込んでくる。

競馬場では「まもなく第10レースの発売窓口を締め切ります」という能動態アナ

ウンスが行われている。「締め切られます」という受動態案内はあまり記憶にない。

これはいいことだが、競馬場窓口というのはカネを賭けた現代の戦場だ。それを考えると、もっと凛々しくあってもいい。

「まもなく第10レースの窓口を、このわたくしが、この小倉競馬場総務課の女無法松*、工藤ゆり子が締め切ります。締め切るといったら締め切る。泣きごと言ってきたってあとの祭りの祇園太鼓たい、観念せんとね」というアナウンスとともに、晒しモモヒキにねじり鉢巻きの女無法松が窓口前に仁王立ちする。これは「あきらめよう」という気になる。

① 「ドアが閉まります」や「窓口が閉め切られます」の受動態を、「閉めます」「締め切ります」の能動態に改める。

② そこに「わたしが」を入れる。

③ その上に「わたくし総務課工藤ゆり子が」と固有名詞を入れる。

ここまで来れば完璧のようだが、それで終わるほど世の中甘くはない。

時代劇を見ていていつも不思議に思うのは、悪漢に囲まれた武士は、だいたい刀の柄などに手を添えて、「貴様ら何ヤツだ！　拙者を会津藩・馬廻り番組頭《くみがしら》・佐伯

＊無法松＝一本気で誠実な小倉の人力車夫・無法松（富島松五郎）を描いた「無法松の一生」は戦中戦後にわたって何度も映画化されている。その中でも１９５８年、稲垣浩監督、三船敏郎主演で作成された第２作目は国際的にも評価の高い名作である。

ただ、この映画、どうでもいいことだが、個人的に気になっている所がある。

亡くなった吉岡大尉の恩を忘れず、良子未亡人（高峰秀子）と、その息子・敏男に対して一心に尽くす無法松（三船敏郎）だが、自分の中の良子に対する恋愛感情を抑えきれなくなる。

ある晩、縁側にじっとたたずむ三船敏郎に対して高峰秀子が「どうしたの？　松さん」と問う。じっと黙っていた三船敏郎は「奥さん、ワシは汚い」とだけ言い残して走り去り、二度と吉岡家には立ち寄らなくなる。良子・敏男あての預金通帳を残したまま、行方不明となり、飲んだくれて野垂れ死にする。カッコいい。プラトニックラ

新之丞と知っての狼藉《ろうぜき》か」などと叫ぶ。

どうして名乗るんだろう？　「何のかんの言って自分の役職とか言いたいんじゃないの？」と画面に向かってツッコむが、でもここは考えてみるべき場面だ。

この場合、被害者のほうから先に名乗っている。いま世の中は「少年だからといって重罪犯の名前が出ないのはおかしい、加害者の名前を明かせ」という議論が盛んだ。しかし武士は被害者から名乗る。つまり、満員電車で尻を触られた女性がその男の手をつかみ、「わたしを吹田市豊津セブンイレブン江坂《えさか》店勤務、山本潤子と知っての悪行なの？」と怒鳴るということだ。

被害者のほうから先に職業・氏名をペラペラ喋るという、会津藩・佐伯新之丞あるいはセブンイレブン江坂店・山本潤子の教える〝意味不明プライバシー暴露〟こそ、何にも勝る最強兵器となるんじゃないか。

最終レース終了後、夕闇迫る払戻窓口に一人のオジサンが馬券を一枚一枚投入する。「この投票券は的中しておりません」「この投票券は的中」「この投票券は」「この投」「この」「この」「この」「この」……と、空しい機械音声が延々と続く。* オッサン、当たりかどうか確認してから払い戻しに来いよ！　と列の後ろから舌打ちが出る。

問題はこの時だ。

ブの極みだ。でも、何度見ても、この場面「ワシは汚い（奥さんに恋心を持っている）」のセリフが「ワシのは汚い」に聞こえる。「ワシのは汚い」となると、未亡人は「あら、汚いのがステキなのよ、松さん。見せてごらんなさい」と言って、これは完全にアダルトビデオの世界に入っていく。こんなふうに「無法松の一生」を観てしまうワシは汚い。

＊「この」「この」「この」＝払戻機は一度に20枚まで馬券を入れることができる。外れ馬券は「この投票券は的中していません」の機械音声とともに突き返されるが、「この投票券」の「この」のあたりで出てくる。

その日買った馬券を全部機械に入れてみようとするオジサンは、自分でも外れていることが分かっているので、外れ馬券が突き返されるやいなや、すぐにその馬券をひったくって横に置く。したがって列の後ろに並ぶ者には「この」「この」「この」の機械の声しか聞こえてこなくなる。

弱冠17歳の平敦盛《たいらのあつもり》は一ノ谷の合戦で関東武者・熊谷直実《くまがいなおざね》に組み伏せられ、喉に刃を突きつけられて兜《かぶと》を取られる。あまりの幼さに戸惑う直実に対し、「修理長官《しゅりのかみ》・平経盛《たいらのつねもり》が末子・平大夫《たいらのたいふ》敦盛。そのほうの手柄になる。即、首を撥《は》ねよ」と名乗り、薄ら笑いを浮かべたばかりに敦盛は夭折《ようせつ》する。しかし直実はこれを機に発心出家《ほっしんしゅっけ》、自らの生き方を悔い続ける人生となる。

払戻機から喉元に刃をつきつけられたおじさんもブツブツと名乗り始める。「東大阪市溝の端2の2の85、山口洋一郎、58歳、子どもは男と女、2人いて、上の息子はストリッパーのヒモやってて、東北の温泉場回ってます。娘は3年前にカンボジアの男と結婚すると言って東南アジアに行きました。嫁と2人でナット工場30年やってきて、去年不渡り出しました」

払戻機の横から顔を出した窓口おばちゃん*は、「また東大阪のおっちゃんかいな、あんた、ええ加減にしいや、あんたの名前や子どもの行き先なんか聞いて、そんなもんで外れ馬券が当たり馬券に変わるかいな」とバタンと扉を閉め、おっちゃんは仕方なくトボトボ帰る。

名乗ったばかりにおじちゃんは、馬券負けた上にさらに鞭打たれることになる。しかし鞭打ったおばちゃんも、これから一生悔悟の念の旅を歩む。このように、名乗ることで人は人生の深淵に触れることになる。

要するに「この」「この」「この」は、「万が一ということはないか」という、諦めきれないオジサンのうめき声なのである。

払戻機に「『そこを何とかボタン』を付け、押すと機械が「お気持ちは分かるんですけどねえ」と言うようにするのはどうか。さらに押すと、「お客さん、競馬は来週もありますから。来週こそ、お客さんの出番のような気がしますよ」と癒してくれれば完璧だ。

＊窓口おばちゃん＝発売窓口にいる女性は〝窓口おばちゃん〟と呼ばれているが、たまに若い女性もいる。特に札幌と函館の窓口には、なぜか女子大生のような若い女性が多く、安室奈美恵や深田恭子のような美人もいた記憶がある。当然その窓口は、1回で買えばいいのに、１００円ずつ5回に分けて買いに来るようなオッサンもいて(ワシや！)混雑する。

しかし発券機・払戻機などの機械に押されて、いま〝窓口おばちゃん〟は激減している。

「取ったも同然」払戻機

有馬がダメで、逆転望みの東京大賞典も競輪グランプリ*も撃沈する。「ああ、もう酒飲んで寝る、寝てりゃ正月は来る」と布団かぶったところに電話が鳴った。

ＪＲＡ関連職の若者Ｆくんだ。

「園田行きましょうよ、園田」

「園田は先週のゴールドトロフィー*でやられたばっかりや」

「ぼくは昨日仕事納めで、今日の夜、帰省するんです。今年の名残りにせめて園田行こうという人間に冷たいじゃないですか」

ちょっとズキッときた。

「そりゃ確かに、今日の園田で密かに狙ってるレースあるけど」

「でしょ？　てっきりそうだと思いました」

さすがＪＲＡ関連職員、勧誘にそつがない。

待ち合わせの「園田屋」（園田競馬場パドック奥）おでん台の前で熱燗やりながら、

＊ＫＥＩＲＩＮグランプリ＝毎年12月30日に開催される競輪のレース。選ばれた9人のＳ級選手による一発勝負。

＊ゴールドトロフィー＝正式名称は「農林水産大臣賞典兵庫ゴールドトロフィー」。ダート１４００メートル。

「狙いは9レースの大晦日特別や」と園田専門紙を叩く。

「このレース、元中央のキーミヤビ*が人気で頭は固い。でも狙いは永島太郎騎乗のトウケイトロイ*や。全然人気ないけど、一発がある。キーからトロイへの馬単《うまたん》*がおいしい」

「はあ、なるほど」とFもうなずく。

寒い寒い大晦日で、客はみな首をすくめて観戦する。9レース、キーミヤビが大名抜けをしたところで後方馬群からトロイが出る。狙い通りだ。

「ほら見てみぃ、来たやろ、トロイが。来い、永島、来い、来い！」

と叫ぶと、なんとキーミヤビまでかわしてトロイが1着に入ってしまった。

「どこまで来るねん、永島。来過ぎや。きみは〝キスギたかお〟か」

隣りでFが「取った、取った」と騒ぐ。

「え？　何で？」と見上げると、

「ぼくはキーとトロイ2頭軸の3連複《さんれんぷく》、1万6000円付きます、300円買ってます」とガッツポーズだ（9番人気トロイの単勝《たんしょう》は4600円、3連単《さんれんたん》は8万4000円ついた）。

贔屓《ひいき》の永島太郎だ。ウィナーズサークル*まで祝福に行かねばならない。そこでまさか「なんで1着まで来るねん」とは言えない。「太郎ちゃん、おめでとう」と絞

＊キーミヤビ＝牡。吉行龍穂厩舎。07—09年。15戦2勝。

＊トウケイトロイ＝せん馬。鹿戸明厩舎。07—10年。38戦4勝。

＊馬単がおいしい＝基本的な馬券の種類を紹介しておこう。

●単勝＝1着を当てる。

●馬単《うまたん》＝1・2着を着順通り当てる。

●馬連《うまれん》＝着順に関係なく1・2着の2頭を当てる。「うまれん」。

●3連単＝1・2・3着を着順通り当てる。

●3連複＝着順に関係なく1・2・3着の3頭を当てる。

馬券の買い方（勝馬の投票方法）には「流し」というのがある。

馬連の場合、たとえば②③、②④、②⑤と買った場合、全部に②が入っているので「②を軸に流す」などと言う。

馬単だと②③、②④、②⑤と買った場合、必ず②が1着に来ないと的中じゃないから「②を頭で流す」などと言う（的中した場合の配当は馬連より当然高い）。

り出すが、声に張りがない。「ありがとうございます」と永島太郎はもちろん明るい。

ぼくの横でFが柵から身を乗り出し「取りましたよ、永島さん、高配当ありがとうございます」と永島に握手を求め、気さくな永島太郎が応じる。

永島太郎は「乗峯さんは？」とこっちを見る。

「あ、もちろん。もう取ったも同然よ」などと意味不明の答えを返した。

競馬やって40年。競馬には「取った」か「取らなかった」か、そのどちらしかない。「取ったも同然」なんか、あるわけないだろうと恥じ入った。

でもある日思いつく。つくりゃいいじゃないか。「取った」と「取らなかった」の間に「取ったも同然」の払戻口を。


話は変わるが、ハリネズミをご存知だろうか。手の平に乗るほどの小さい哺乳類だが、メスの意思表示が明快だ。迫ってくるオスが嫌だと、針を立ててそのオスを血だらけにする。好ましいオスだと、針を畳んで「どうぞ」と顔を赤らめる。分かりやすい。そこにいくと人間女性は複雑だ。「イヤー、ヤメテ」と言われて本当にやめると、「意気地なし」と軽蔑されたりする。

都合により話はさらに変わるが、中国女子卓球に「丁寧《ていねい》」*という有名選手がいる。名前から想像するに、周囲への気遣いが素晴らしい人に違いない。

＊ウイナーズサークル＝レース後、勝利馬と騎手、馬主、調教師などが祝福され、記念撮影などが行われる場所。特別レース以上（だいたいその日の8レース以降）になると表彰式が行われる。
賞金は80％が馬主の懐に入る（たとえば1着賞金3億円の有馬記念を勝てば2億4千万円）。残りは10％が調教師、5％が騎手、5％が担当厩務員に配分される。

勝利馬は賞状をもらっても嬉しくないから、褒美のニンジンなどをもらう。数千万儲けてもニンジン1本ぐらいだ。

＊丁寧《ディン・ニン》＝五輪、世界選手権、ワールドカップの3大会のシングルスで優勝した。いわゆる大満願の達成者。1990年生まれ。
中国卓球といえば、1950年に生まれ、2013年に72歳で死んだ荘則棟《ツァン・ツートン》を思い出す。

60年代、世界選手権3連覇し、敵なしだったが、折からの文化大革命でひたすら自己批判文を書かされる。それでも71年の名古屋世

ぼくが考えているのは、払戻口に「〝丁寧〟という名のハリネズミ」を配置するという大人事異動だ。

払い戻しの列に並んでいると、その日買った全部の馬券を一枚ずつ投入し、「この投票券は的中していません」「この投票券は」「この投票券」「この」「この」とやるヤツが必ずいる。こういうヤツには「丁寧ハリネズミ」もギッと針を立てて、「的中かどうか調べてから並べ！」と怒る。

でもたとえば、「この穴馬ね、2着には来るんじゃないかと馬単ヒモに抜擢したんだけど、なぜか頭まで突き抜けてしまったんです」と、半ば泣きながら馬券を挿入すると、「丁寧ハリネズミ」は針を引っ込めて腕組みする。

「そりゃ、ほとんど当たったも同然ですね」と言う。「普段はどうなんですか？」と腕組みハリネズミは直接馬券に関係ないことも聞く。丁寧だからだ。

「普段もそうなんです」

「女性とかにもですか？」

「はい、女性なんか特にそうです。当たった！　と思ったらスルッと抜けていって」と、そこまで言うと「丁寧ハリネズミ」がカランカランと大きな鈴を鳴らして、「出ました！　〝当たったも同然〟賞！」と払戻所全体に響く声を出して、事前オッズ＊分の配当をくれる。

界選手権で復帰。このとき米国選手団を当時国交のなかった中国に招いたことで、いわゆる〝ピンポン外交〟を実現させた。

その外交の立役者も、文革後の四人組支配崩壊の中で、今度は四人組賛同者として批判され、役職を奪われ、妻子とも別れる。

そんな波乱の人生を歩んだ荘則棟の代名詞は「前陣速攻」だ。ペンホルダーグリップで台のすぐ近くに立ち、打球の速さより、打ち返しの早さで勝負して、卓球界に革命をもたらした。

後ろに下がってチャンスを待つのではなく、前に出て〝捌《さば》く〟のは、卓球に限った話ではなく、競馬そして恋愛の極意だ。

＊オッズ（odds）＝勝ち目、勝算、見込み、確率。ギャンブルでは、賭けた金が何倍になって払い戻されるかをオッズと呼ぶ。「万馬券」は、100円に対して1万円以上の配当がある当たり馬券のことで、オッズは100倍以上ということになる。

競馬バイアスロン

小林慎一郎《コバシン》は子どものころから知っている唯一の騎手だ。2010年フェブラリー・ステークス、グロリアスノア＊騎乗でGⅠ初挑戦を果たし、5着と健闘した。よく健闘したが、残念だ。コバシンはピアノが弾ける。5着までの騎手でピアノを弾かせれば恐らくナンバー・ワンだ。これを何とか活かせられないものか。

ところで、冬のオリンピックにはバイアスロンという複合競技＊がある。鉄砲かついでスキーし、所定の所に来ると的を撃ち、外せば罰ゲームで周回パドックのような所を余計に走る。なんでスキーしながら鉄砲撃つのか。

北欧では冬はスキー履いて原野で狩猟していて、それがスポーツ化したなどということだが、北欧の狩猟方法なんていうのはある種の習俗じゃないか。

「長年〝北欧バイアスロン〟が続いたので、今回は〝日本磐梯バイアスロン〟にします。磐梯の人たちは冬場はみんなスキーを履いて猪苗代湖に行ってワカサギを釣ります。今回は鉄砲ではなく釣り竿と氷穴用ドリルを背負い、バンクーバーのアル

＊グロリアスノア＝牡。小西一男厩舎。08−16年。16戦5勝。10年根岸ステークス（GⅢ）勝利。

＊複合競技＝夏季オリンピックでは近代五種という競技がある。馬術、射撃、フェンシング、水泳、ランニングを全部競って、総合得点で順位を争うのだが、続けてすべての競技をやる訳ではないのでテレビ中継がしにくい。歴史は古いらしが、盛り上がりに欠けるので、除外競技の対象にもなっている。複合競技はいっぺんに続けてやらないと面白くない。

タ・レイクまで行ったらドリルで穴を開けてワカサギを釣ってもらいます。10匹釣れたら次行っていいです」とか、よく分からん競技になってもおかしくない。

調べてみると、バイアスロンとは、トライアスロンが「3競技組み合わせ」という意味なのと同様、「2競技組み合わせ」というだけの意味であって、「スキーと鉄砲」でないといけないという理由はどこにもない。

つまりもう分かってもらえると思うが、ぼくが言いたいのは、「騎手が背中に携帯ピアノを背負い、1周目の正面まで来たら馬から下りて1曲弾き、弾けた者から次に行く、そういう競馬バイアスロン〝ピアノ・ホース〟はどうだ?」という提案だ。

これならコバシンはがぜん大本命になる。

だが「ピアノも弾ける騎手」には強敵がいる。「馬にも乗れるピアニスト」だ。

〝ピアノホース〟第1回世界選手権が発表されたとたん、「え? オレ、馬にも乗れるけど」と手を上げるピアニストが何人か出てくる。

ジャズ・ピアノの大御所ハービー・ハンコック。主婦を泣かせるポピュラー・ピアノの名手リチャード・クレイダーマン。それにクラシック・ピアノの巨人、ロシアのウラジーミル・アシュケナージ。このあたりは、「え? 馬? 乗れるよ、だってオレ、乗馬は趣味だもん」と手を上げてくるはずだ。

＊Gレース一覧＝本文とは関係ないが、本書全体を通して何度も出てくるGレースについて、レース名・開催競馬場・開催月を書き出しておく。

●フェブラリーS　東京（2）
●高松宮記念　中京（3）
●大阪杯　阪神（4）
●桜花賞　阪神（4）
●中山グランドジャンプ（JGI）　中山（4）
●皐月賞　中山（4）
●天皇賞（春）　京都（4）
●NHKマイルカップ　東京（5）
●ヴィクトリアマイル　東京（5）
●オークス（牝馬優駿）東京（5）
●日本ダービー（東京優駿）　東京（5）
●安田記念　東京（6）
●宝塚記念　阪神（6）
●スプリンターズS　中山（9）
●秋華賞　京都（10）
●菊花賞　京都（10）
●天皇賞（秋）　東京（10）
●エリザベス女王杯　京都（11）
●マイルチャンピオンシップ　京都（11）
●ジャパンカップ　東京（11）

レースは予想通り武豊、クリストフ・ルメール、*小林慎一郎の順位で進んでいく。ハービー・ハンコックは「この馬、テーマからアドリブへの移行ができてない」などとわけの分からないことを言いながらスタート直後の馬上で苦闘する。

アシュケナージはゲート開放音を聞いたとたん「ツェーのディミニッシュをどうして主和音にしない」と発走委員*に怒鳴って前へ出ようとしない。70歳を超えたアシュケナージ、意外と怒りっぽい。

おーっと武豊、予想通りトップで1周目の演奏コーナーへ。馬から下りて裁決委員*から課題曲楽譜を渡される。「え?」と、おっと武豊にしては珍しく楽譜を見て目を丸くする。背中から携帯ピアノを下ろしながら「ラフ……ラフ、なんて?」などと、さらに楽譜を覗き込む。

続いて到着したルメールも渡された楽譜を見て「ラフマ……? ケスクセ?」とつぶやいている。どうやら課題曲は20世紀最大の難曲と言われる「ラフマニノフ・ピアノコンチェルト第3番」のようだ。どうしてこんなに難しい曲を課題にするのか。

続いて到着した小林慎一郎はどうだ? 騎手界ナンバー・ワンのピアノ力と言われているが、うん? 小林慎一郎何か言っている。「エリーゼのため」か? そうだ、「エリーゼのためになら弾けるのに」と小林慎一郎、グチっているようだ。「ラフマ

●チャンピオンズカップ 中京(12)
●阪神ジュベナイルフィリーズ 阪神(12)
●朝日杯フューチュリティS 阪神(12)
●中山大障害(JGⅠ) 中山(12)
●有馬記念 中山(12)
●ホープフルS 中山(12)
レース名のSは「ステークス」、Cは「カップ」。レース名の下は開催競馬場と開催月。

*クリストフ・ルメール＝1979年、フランス生まれ。JRA所属騎手。

*発走委員＝安全で公正な発走に関わる業務全般を担当する。スタートの赤旗を振るのも発走委員。発走委員が発走に問題ありと判断したらスタートのやり直しとなる。

*裁決委員＝着順の確定、失格または降着の申立ての裁決、競馬の公正を害する行為の取締り等に関する事務を行う。

ニノフは指幅が30センチ要るんや」とも吐き捨てた。うーん、残念、小林慎一郎でもラフマニノフは無理か?

こうなると、アシュケナージが断然有利になってきたか? あ、でもアシュケナージはスタート直後、あまりの怒りのため落馬してしまっている。まだ手綱は持っているが、ああ、どうやらアシュケナージ、落馬のときに大事な指をケガした模様だ。指を掲げて「ニェーット!」とロシア語で大声を出している。これは大変なことになりました。大混戦です。

ハービー・ハンコックは「アドリブでもいい?」と聞き、拒否した裁決委員ともめています。

リチャード・クレイダーマンは「イージー・リスニングの曲はないの?」と新たな楽譜を探しに行ってガードマンに制止され、自慢の金髪を振り乱し、「日本の奥様たちが〝渚のアデレード〟を待っていらっしゃるのじゃ!」と不思議な日本敬語で叫んでいます!

何が何だか分かりません、このレース!*

発走委員と裁決委員が出たついでに、すべての開催執務委員を書き出してみる。

委員長、副委員長、裁決委員、走路監視委員、決勝審判委員、ハンデキャップ作成委員、検量委員、発走委員、馬場取締委員、獣医委員、整理委員、総務委員、情報管理委員、広報委員、施設委員、勝馬投票委員、来場促進委員。

ずいぶん多いが、「ピアノホース」ではこれに選曲委員、調律委員、審査委員などが加わる。

＊何が何だかわからないレース＝競馬バイアスロンとして、「ピアノ・ホース」のほかに「麻雀ホース」も考えた。麻雀で最下位になった選手は罰としてトラックをもう一周騎乗するというものだが、早く走ってきても「4人集まるまで待たないといけない」という欠点がある。外国人騎手は「四萬」とか「五萬」とかいう字が読みにくいという問題がある。

年利20%国債ステークス

ギリシア国債が年利10%前後をつけている。一時は20%のこともあった。たとえば日本の国債だと、年利0・4%ぐらいで、これは大きな違いだ。

何兆円も借金して「借金返せない。ないものはない。それよりカネ貸してくれ」と言っている国の利率が10%で、一応借金を自国で処理している国の利率が0・4%、これが分からん。「ギリシア国債、めっちゃええやないか」と感じる。

しかし国債の利率というのは、国が危なくなればなるほど高くなるものらしい。利率を高くしないと国債を買ってもらえない（借金できない）からだ。国債（国庫債券）というのは「あなたに借金してます。5年とか10年経ったらこれこれの利子をつけて返します」という借用証書だ。「ギリシアがIMF（国際通貨基金）やEU（欧州連合）から借金している」というのと、「IMFやEUがギリシア国債を買っている」というのは同じことを表す。

つまり馬券と同じだ。馬券は「JRAはあなたに額面金額の借金をしています。

的中すれば、所定の配当をつけて返します」という債券だ。

ギリシアの場合は、借り手のギリシャが「借金は返さない。その代わりもっと借金させないと大量難民を出すぞ」と言い、馬券の場合は借り手のＪＲＡのほうが「早く引き取りに来い、来ないと借金は無効にするぞ」と言う。借金というのは〝借り手〟のほうが案外強気になるものだとわかる。

ぼくは文学部出身だが、卒論に『資本論』のことを書いた。＊ほとんど40年も前の話だ。そのときも書き、その後もうっすら考えてきたが、通常『資本論』の白眉と言われる〝労働価値説〟（労働が価値を作る）は間違いだと思う。価値は「借りる」ときから「返す」ときまでに生じる〝時間差〟から生じる。これが資本主義の根幹だと思っている。

年金でも生命保険でも、その種の会社では長年の積立をただ持っているだけではない。貯まった巨額資金で株を買い、国債や社債を買って、契約者に返す以上に配当をゲットする。もちろん銀行も同じだ。ここから経済が循環する。

だとしたら、「すぐ返す、60日以内には返す、60日過ぎたらもう返さない」という、いまのＪＲＡのやり方は硬直的すぎないか。よく「オレは〝ＪＲＡ銀行〟に数百万預金してるからな、ははは」と冗談を言う者がいるが、「ＪＲＡ銀行」ほんとに不

＊卒論に『資本論』＝なぜ卒論に『資本論』を選んだかというと、文学部なのに「マルクス経済学ゼミ」を選択したからで、それがなぜ卒論までつながったかというと、そのゼミに好きな女の子がいて、卒業まで付き合っていたからだ。

大学時代のことを『奈良林さんのアドバイス』という小説に書いて、１９９２年小説新潮新人文学賞佳作をもらったが、これには『資本論』の影響は全くない。影響を受けたのは奈良林祥（性病理学者）の『HOW TO SEX』である。

２００万部を超える大ベストセラーだったが、その中に「いざというときに役に立たないようなものを持つ男はマザコン野郎で、死ぬまで直らない」という素晴らしいアドバイスが書いてあり、死んだほうがマシなのかと真剣に悩んだ。『資本論』にはここまでの衝撃を受けなかった。

可能なのか？

たとえば有馬記念で３００億の売り上げがあった。「すぐ返して。一家心中直前なんだから数秒のうちに配当ちょうだい！」＊と言う人にはもちろんすぐ返すが、「年1割の複利が付く10年満期返還はどうですか？」という高利回り配当キャンペーンはどうだ。10万円の配当が10年後には26万になって戻ってくる。その10年の間にＪＲＡ銀行は各種投資に回る。

あるいは、これもある。年に一度、最終レース後、突如として払戻機が一斉に機能を停止する。「え、どうしたんや！」と当たり客が騒いでいると、機械の前でＪＲＡ払戻し課長が拡声器を持つ。

「いまの最終レース〝ギリシア国債ステークス〟＊を的中された方、確定ランプは点きましたが、支払いは来月まで待ってもらいます。来月まで待っていただければ７％の利子が付きます。もし来年まで待っていただくと20％の利率となります。〝今日の百本より明日の千本〟これがギリシア国債ステークスのコンセプトです」と課長は薄くなった自分の頭をつまみながら言う。

「トンズラ？　今あなたトンズラと言いました？　1カ月や1年の間にわれわれがトンズラこくとでも。分かりました、もしそうなったらそのときは首相変えます、ＥＵからの支援も受けましょう。何ならロシアにだってカネ借ります。でも皆さ

＊配当＝すぐちょうだいという客ばかりではない。買い間違えなどの理由で、的中していることに気づかず捨ててしまうことがあるし、「豊さんの馬券は、的中しても、わたし払い戻さないの」と馬券を胸に抱き、払い戻し所に行こうとしない女も見かける。
払い戻さないのは本人の勝手だが、その払い戻されなかったカネはどこへ行くんだと、そこは大いに気になる。

かなり昔の話だが、ＪＲＡ広報コーナーに行って「払い戻しされていない配当金というのは年間どれぐらいあるんですか？」とたずねたことがある。「秘密です」と突っぱねられるのかと思ったが「60億ほどですね」と簡単に答えてきた。

「ろ、60億。そ、それは誰のカネですか？」とシドロモドロになりながら再び訊くと「ＪＲＡの雑収入です」と即答される。「ざ、雑収入、雑収入が60億」と再び驚く。雑収入といえば、落ちていたカネとか、飲食店員がもらうチップとか、そういうものじゃないのか。

ん、たった1年待つだけで20%の上乗せですよ。われわれのトンズラを心配をするか、1年後の20%増を目論むか、ギャンブラーなら、賭けてみたらどうです?」

ちらっと事務所の中を見るとJRA年間キャンペーンのポスターが貼ってある。

「〝客のカネ〟に対する傍観者的態度を一掃しよう」

意味不明のキャンペーンだ。

ほんとに一度、JRAがトンズラこいてみたらどうだろう(国際的にはトンズラのことをデフォルトと言うらしい)。われわれは馬券買ったらいつも安心しきって、目の前のレースばかり見ている。でもレースを見ている最中、職員も払戻機も、それまでのレース売上金を握ってすべていなくなっていたらどうだ。

こういう事件が一度でもあると配当率は一気に高くなる。ふだんの30%増だ。しかし客は、目の前のレースと同時に後ろの職員の動向もチェックしなくてはならなくなる。気が気じゃない。

そのとき初めて、馬券は債券なんだと気づく。競馬場では、利率やデフォルトや債権者会議などということを考えに入れながら馬券を握らないといけない。

まあ、60億がオレのカネではないにしても、ファンに還元すべきカネじゃないのかと真剣に思った。

現在ではネット投票が全馬券売り上げの60%を超えた。ネット投票では「私、払い戻さないの」という払戻不要女のもとにも、すぐに配当が振り込まれる。JRAの雑収入も減っていることだろう。

*ステークス=馬主が賞金を拠出して、その賞金を取り合うレースのこと。現在、本賞金(1着から5着までが獲得する賞金)はすべて主催者のJRAが出しているので、登録料を付加賞として1着から3着まで7:2:1の割合で配分する形で残っている。ギリシア国際ステークスの馬主はだれ? 経済がわかる読者は考えてほしい。

2

これからのギャンブルの話をしよう

競馬の社会学

歓迎される客はどっちだ？

これはまあ、たとえばの話だが、時々行くスナックに女子大を出たばかりの愛想のいい子が入ったとする。

「へえ、浜松から関西に来て、卒業しても関西に残って、へえ、昼間は携帯電話の店に勤めて、夜は週3日、ここでアルバイトしてんのか、偉いなあ、働き者やねえ」

などと、とにかく〝人はまず誉めよ〟がモットーのおじさんが誉めたとする。

「ええ。競馬のコラムとか書いて生活してるんですか？　すごいですねえ、やっぱり自由業の人って憧れますぅ。それに競馬って行ったことがないんですけど、前からすごく興味があって」

と胸の前で両手組んで上目使いでこっちを見たとする。

このとき、もしあなたがおっさんのほうだったらどう思うかということだ。

「惚れたな、こいつ、オレに」

視線が合った段階で目が潤んでいる。生まれ落ちたときから、苦しい恋に生きる宿命を背負っている子なんだ、きっと。可哀想に。

「じゃ、こんど競馬行ってみる？　一緒に」

（ただしオレに惚れちゃダメだぞ）ともちろん付け加えたが、なぜかそこだけ小声になり彼女にうまく伝わらなかった。

「え？　ほんとですか？　30日の日曜なら空いてますけど」

「30日は東京競馬場で天皇賞のある日だけど、え？　東京行く？　泊まりがけで？　おじちゃん何にもしないよ。あはは、冗談、冗談、淀《よど》（京都競馬場）に行こう」

阪急水無瀬《みなせ》で競馬新聞を2つ買い、1つを彼女（Sちゃんとする）に渡して淀行きバスに乗る。

「へえ、武豊《たけゆたか》って58歳なんですか？　岩田って人は56歳だし、けっこう歳いってるんですね」

と斤量《きんりょう》表示＊を年齢表示と間違えて驚いている。

「うん、騎手は最低でも48歳ぐらいにならないと乗れない。経験がものを言うスポーツや……そんなことよりSちゃん、この横の川が桂川で、こっちの山が天王山《てんのうざん》、川向こうが石清水八幡宮《いわしみずはちまんぐう》のある男山、ぐっと狭くなってるやろ？　この狭くなったところに南から宇治川、木津川が集まって淀川になる。で、この合流地点が日本の歴

＊斤量表示＝出走表の騎手名の下の数字は斤量。騎手の体重と鞍・ヘルメットなどの装備品を合わせた総重量（キログラム）を表す。競馬では体重の軽い騎手は重りを付け、同条件で馬を走らせる。斤量と年齢の取り違えはＪＲＡのテレビＣＭでも使われた。
　騎手に定年はないので、56とか58が年齢というのはあり得ない話ではないが、一般的に騎手の活躍年齢は18歳から50歳ぐらいまで。

　騎手としても調教師としても一流の成績を残していた内藤繁春は、2000年に70歳の調教師定年を迎えたとき（調教師は70歳定年）、「騎手には定年がない」ことに気づき、「騎手時代にやり残したことがある」と言って騎手試験に再チャレンジし注目を集めた。残念ながら合格しなかったが、もし内藤カムバック騎手が誕生していたら前代未聞、いろんなことが起きていただろう。

　ちなみに、調教助手と厩務員は65歳が定年。

史をつくってきたと言っても過言じゃない。ほら、人生でも社会でも大事なときを〝天王山だ〟って言うやろ？」

「なに？」

「ほら、野球なんかでも〝この試合が天王山です〟とか言うやんか？」

「知らなーい」

「知らないって……ほら、秀吉が岡山で水攻めしているとき、信長が京都本能寺で暗殺されたと聞いて〝中国大返《おおがえ》し〟というのをこの天王山でやって」

「あ、それなら知ってる。おはようと言ったら〝オハヨウ〟て言って、寒いねって言ったら〝サムイネ〟って答えるやつでしょ？」

「Sちゃん、そりゃオウム返しや」


6階スタンドに行くと「わあ、広い」と感動してくれる。

よかった、指定席取っといて。

「あのポプラの並ぶ土手の向こうが宇治川で、その向こうの広々とした田んぼ地帯は巨椋池《おぐらいけ》、昭和初期に干拓されるまでは葦原《あしはら》の続く沼やってな、もともと宇治川はその巨椋池に注いでた。だからこの辺一帯は水郷地帯で、中国や朝鮮からの交易船は瀬戸内海から高瀬船とか三十石船《さんじっこくぶね》とかいう川船に荷物を乗せ替えて、ここの淀までさかのぼり、当時はエンジンがないから〝曳《ひ》き船《ふね》〟といって人が土手から引っ張ってたらしいんだけど、そこから巨椋池から鳥羽伏見に入って行く。つまり淀は昔から日本物流のキーポイントだったわけで……」

「ねえ、馬って1日何回ぐらい走るの？」

Sちゃんは競馬新聞めくり続けていて、わが物流講義はあまり聞いていない。

「は？」

「今日は5レースと7レースと天皇賞と3回走るわとかって、あるの？」

「いや、1日1回だけ。馬は疲れるからね。最低でも1週間は空く。* でね、第26代継体《けいたい》天皇ってのが、この淀川水系最初の天皇って言われてるんだけど、第50代桓武《かんむ》天皇の長岡京や平安京遷都も、つまり大和《やまと》川・飛鳥《あすか》川水系から淀川・巨椋池水系への移動だったわけで」

「競馬場って中に池があるんだね」

とSちゃんは白鳥池*を感心して覗き込む。

「それはいいところに気がついたね。この池は実は池じゃないんだ、豊臣秀吉が伏見城を造り、伏見を全国物流の拠点とするために、宇治川を巨椋池から切り離して迂回させたんだけど、その秀吉が造った〝新宇治川〟の名残りなんだ。つまり池じゃなくてせきとめ湖で、いまぼくらがいるスタンドは秀吉宇治川の堤防〝太閤堤《たいこうつつみ》〟に

＊1週間は空く＝中央競馬の開催は基本的に土曜・日曜なので最短でも1週間空くが、通常は3週とか4週ぐらい空けながら、出走するレースを選ぶ。毎週出たら「連闘」と言われる。

中央競馬は週末、全国に10ある競馬場のうち通常2場または3場で開催される。朝10時頃から午後4時まで、1日のレース数は基本的に12レース（メインレースは最終レースの1つ前に行われる）。年間のレース数は約3400。

＊白鳥池＝京都競馬場の内馬場にある中央池。たくさんの白鳥が泳いでいる。それにちなんで京都競馬場の新スタンドは「ビッグスワン」と名付けられた。競馬場の中に池がある競馬場は、中央競馬では京都競馬場だけ。

建ってるんだ」

「ねえ、騎手は？」

Sちゃんの視線はまた競馬新聞に戻っている。

「は？」

「馬は1日1回として、騎手は1日何回出るの？*」

「騎手は何回も出るよ。全レース騎乗する騎手だっているよ」

「そうか、騎手は馬ほど疲れないからか。でも、もしかしてあれね、騎手が馬を背負って走るレースだったら、騎手は疲れるから1日1回しか走れないけど、馬はラクチンだから何レースも出られるね、ははは」

「ははは」

一緒に笑うしかない。誰も聞かない熱烈講義というのは大きな疲労を呼ぶ。

競馬に行って、競馬場付近の歴史を語り続けるおじさんと、「騎手が馬を背負うレースなら馬は1日何回でも出れる」とか「武豊は58歳か」とかという女の子だったら、JRAはどっちを歓迎するんだろうか？

やっぱり女の子のほうかなあ。向こうには将来があるもんな。

＊何回出るの？＝馬の生涯最多出走数は、中央競馬ではハートランドヒリュの127戦（現役9年、4勝）、地方競馬ではセニョールベストの409戦（14年）という記録がある。こういう馬は、丈夫で厩舎のケアもいいが、ビッグレースに勝つほど強くないとも言える。
好成績の馬は、牡《オス》の場合は無事に種馬になってもらいたい、牝《メス》の場合は繁殖馬になってほしいという馬主や生産者の思惑があるので、早めに引退する傾向があるからだ。

たとえば、史上最強ともいわれるディープインパクトは2年間の活躍で国内13戦12勝（海外1戦）で引退し、種牡馬となった。ジェンティルドンナは3年間の活躍で国内17戦9勝（海外2戦1勝）で引退し、繁殖牝馬となった。

遅すぎたり脚元や内蔵が弱かったりで、1度も走らず引退する馬もいる（たぶん全体の3分の1）。

人間（騎手）の最多出走数は中央競馬では武豊が抜けていて、2万回以上の騎乗があり、もうすぐ4000勝の大記録に到達する。

カネ嫌い世界の競馬

わが机の前にはパソコンとテレビが並んでいて、起きている間はだいたい両方つけている。昔ラジオを聞きながら勉強する高校生を〝ながら族〟と呼んだが、テレビの〝ながらオジサン〟だ。今どき珍しい生態だ。

でも、これにはいい点もある。たとえば、「そうだ、地球科学を勉強しよう」と決心して本を買うようなことはないが、たまに「放送大学*」などというチャンネルから〝地球科学〟の講座が流れてきたりすると、つい勉強してしまう。

地球は45億年前に誕生し、30億年前に原核生物と呼ばれる生命体が誕生した。細胞核を持たない、ごく単純な構成だが、それでも現代でもまだ人間の力で生命体を作り出すことはできない。ＩＰＳ細胞で細胞増殖はできるし、クローン技術で同じ遺伝的特徴を持つ生物を生み出すことも可能だ。でも元素から生命体を作り出すことはできない。生命科学はまだ30億年前に達していない。

しかし考えさせられたのはそこではない。

＊放送大学＝「地球科学コース」なども そうだが、ふだん縁遠い理系分野が楽しい。
「線形代数入門」コースでは、テキストを買い録画もして理解しようと努めた。講師は「今日は3行3列の行列式と対角化について話しましたが、お分かりになりましたか」とやさしく語りかける。
そのあと「どうでしたか、新さん」と、細身でメガネの、いかにも数学ができそうな女性アシスタントにたずねるのだが、この新さんが強烈で（誰も知らないだろうけど）、「今日の内容は基本なので、しっかり復習して会得するように」と上から目線で威圧する。
「線形代数」と聞くと、結局理解できなかったぼくは「新さん怖い」というイメージが真っ先に浮かぶ。

このとき地球には酸素がなかった。初期生命体は「嫌気性生物」と言われ、呼吸をしない。酸素があると単細胞が活性化しすぎて死んでしまう。しかし嫌気性生物が繁栄していくなか、25億年前にシアノバクテリアという水中生物が生まれ、そのバクテリアが猛烈に光合成をして二酸化炭素を酸素に変えた。

24億年前、多くの原核生物はこの〝環境悪化〟によって溶岩の中とか、海底火山噴火口とか、高熱無酸素の〝適環境〟に逃げるしかなかった。

その代わりに出てきたのが、リュック背負って森林で深呼吸、「やっぱり自然は素晴らしい。酸素がおいしいわ」と喜ぶわれわれ〝好気性生物〟だ。メタン菌やら好熱菌やら、多くの原核生物はシアノバクテリアをにらみ、「お前、なんちゅう大気汚染をやらかしてくれた、ゴホゴホ」と咳をしながら逃げまどった。

いま、世界は人間が排出する二酸化炭素によって温暖化しつつあると言われる。「酸素あふれる昔へ戻せ」などと言われる。しかし太古メタン菌の生き残りの仙人が出てきたら、「昔へ戻せじゃと！　30億年前は二酸化炭素だらけのいい空気じゃったわい、酸素などこれっぽっちもなかった」と怒鳴るはずだ。

二酸化炭素が増えると地球が死滅するのではない。人間を含め好気性生物が死滅するだけだ。メタン菌や好熱菌や大腸菌なんかは「やっといい環境になった。25億年待ったかいがあった」と大喜びする。

＊6を8に直せないか＝どんな手を使ってでも当てたいと思う人間が考えるのは馬券の偽造だ。

もう15年ぐらい前だが、拙著を多く出版してくれていた東京のアールズ出版を訪ねると、一人のおじさんが「私の馬券をあげましょう」と言って、ふところから馬券を差し出す。普通の馬券ではない。「昭和58年」と書かれた、昔なつかしい白地に紫字の印刷馬券である。「何かの記念馬券ですか？」と尋ねると、「わたしが作った馬券です」と言って、ニコニコしている。

おじさんは『馬券偽造師』（アールズ出版）の著者・中山憲治だった。ぼくが会った時は63歳だった（まだ元気かなあ）。

昭和40年代後半から馬券偽造に

つまり、われわれが「これは当たり前」と思っている世界には常に真逆の世界が存在するのではないか。過去か未来か、地底か宇宙か、どこかに。

「二酸化炭素は悪の権化」という世界には「二酸化炭素こそわが命」という世界が影のように寄り添っている。

競馬主催者のＪＲＡ側は、「ヤツらはな、〝この3連複て書いてあるところ、ほんとは3連単なんです。わたし、ほんと間違いなく3連単のところを塗ったんやから。あ、やっぱりこの老眼鏡のせいですわ、きっとそうですわ、うちの近所の角屋メガネ店に免じて3連単として払戻しできませんか〟とか、とにかくわけの分からんこと言って来るヤツばかりだからな、油断しちゃダメだぞ」と言う。

馬券を持っていく側も、「何とかこの〝6〟を〝8〟に直せないものか*」とマジックで塗ってみたりしている。

馬券人間のほうは「当てたい、当てたい、1円でも高く当てたい、何なら当たり馬券拾ってでも、機械の間違いでもいいから当てたい」と考え、主催者は「不正も泣き落としも許さん。ビタ一文、余分なカネは出さねー」と身構える。

それが当たり前だとわれわれは考えている。しかしそれは〝好カネ性生物〟の世界での話だ。

手を染め始め、10年にわたるＪＲＡ警備本部とのせめぎ合いの末、昭和58年逮捕、有価証券偽造の罪で4年間服役したが、ぼくが会ったときはすでに罪を償い、更正していた（そう本人は言っていた）。

しかし〝作品〟には感心した。万馬券の出た翌週、同じレース番号の同じ連番を買い、日付だけ削って改ざんするという手口らしいが、どこをどう眺めても偽造の痕跡は見えなかった。

中山憲治はもともと腕のいい画工技師で、腕に覚えのその技術をフル稼働した〝作品〟だったが、それでも30倍ルーペを付けたまま、偽造馬券1枚作るのに3日かかったという。

その印刷馬券から現在の磁気馬券に移行したのが昭和60年（1985年）ごろだ。磁気馬券には偽造がないというのは幻想だ。クレジット・カード偽造だってあるんだから、表にこそ出ないが、いまもどこかの偽造馬券師とＪＲＡの確執は続いているはずだ。

シアノバクテリアが酸素を吐き出して好気性生物を生み出したように、〝カネノバクテリア〟なる生物が太古にカネを吐き出したから、われわれ、好カネ性生物が生まれたのではないか。

カネノバクテリアのしでかした〝大気汚染〟によって地表から追い出されたが、いまも地底深く、〝嫌カネ性生物〟たちの競馬が行われているかもしれない。

「どうか当たりませんように、頼むで」と嫌カネ性地底人は手を合わせる。

「いちばん勝ちそうにない本命馬、買ったんやからな。とにかく今日中に手持ちのカネ全部なくさんとアカンねん」

でも時に当たることもある。大穴だ。「ああどうしよう。こんな大金手にしたら、ほんとにアレルギーで死んでしまう。馬券捨てたろか」

と周りをキョロキョロしていたら、嫌カネ競馬会のプロレスラーのような警備員が寄ってきて「オッサン、いま当たり馬券捨てようとしなかったか。うちもカネ溜まったら職員全員アレルギーで死んでしまうんや。自分だけ助かろうなんて、了見フテエぞ」と払戻室に強制連行され、両肩にカネをガッチリくくりつけられる。*

「あ、ほんとに息苦しくなってきた。死ぬー。ああカネノバクテリアがカネ吐き出して大気汚染さえ起こさなかったら」と帰り道で倒れることになる。

カネを吐き出す〝カネノバクテリア〟にそっと寄り添って生きていきたい。

*警備員に強制連行＝95年の年末、競馬講談師・旭堂《きょくどう》南太平洋という若手貧乏芸人（いまは出世して旭堂南鷹《なんおう》）をけしかけて、阪神競馬場の入場口広場でパフォーマンスをやった。
「競馬講談をアピールするなら競馬場でパフォーマンスやるのがいちばんや。やるなら震災からの阪神復活第一週がいい。縁起がいいし、客も喜ぶ。派手にやれ」
しかしアドバイスが効きすぎた。当人、ヘルメットや騎手服やムチまで調達してきて、「今日、3歳牝馬取ったひと〜！」などと声を張り上げた。トボトボ帰る競馬客が一気に300人ぐらい集まった。
阪神競馬場警備課の人間がすぐさま大挙して寄ってきて「何やってんだよー、人の敷地でよー」と言われる。初めて知ったが、競馬場というところ、一朝ことあれば〝私服〟が出てくる。しかもなぜか全員関東弁だ。
その関東弁私服軍団に両脇抱えられ、南太平洋も、付き添い乗峯も連行される。かわいそうに、南太平洋はそれ以後半年、競馬場への出入りを禁止されてしまった。

拾った馬券を換金したら

残忍な犯罪が増えているのに日本の法処罰は甘い、というようなことが言われる。ワイドショー識者が「被害者家族の心情を思うと極刑でも足りない」てなことを言い、世間の心理も厳罰化のほうへ向かっている。

だが、ほとんどの人は、「自分や家族が被害にあったら」という前提で考えている。「自分が加害者なら」と想定する人はめったにいない。「自分は犯罪なんか犯さない、事件に関わるとすれば被害者としてだ」という前提があるからだ。

2001年4月29日、春天皇賞（テイエムオペラオー*最後のGI勝利）の行われた京都競馬場で50歳の男が京都伏見署員に逮捕された。

発券機に忘れられていた馬券を取り、レース後その中の的中券を換金しようとしたからだ（払戻額2万円）。

自分の置き忘れた馬券がなくなっていることに気づいた被害者が届けを出し、発

＊テイエムオペラオー＝牡。岩元市三厩舎。98－01年。26戦14勝。26戦すべてに騎乗したのが和田竜二（19ページ脚注参照）。

券機と発売時刻から馬券番号が特定され、払戻し機の警報装置*が作動したということだ。この〝馬券窃盗犯〟は実名報道までされていた。

どの程度の刑罰になったか分からないが、特に有名人でもないごく一般市民が実名報道されるというのは凶悪犯罪の場合だ。発券機の馬券を自分のポケットの中に入れて2万円手にするのがそれほどの犯罪なのか？

たとえば地面に散乱している馬券の中にもし当たりがあれば、それは〝競馬場の残り福〟、「ラッキー」と言って換金すれば「お前よく見つけたなあ」と仲間から肩を叩かれ賞賛されていい行為だ。どこのギャンブル場に、「当たり券落ちてました」と言っておずおず警備室に届けるヤツがいるか。

地面じゃなくて発券機に馬券が残っていたら、これは若干微妙だ。たぶんぼくの場合なら、「またオッチョコチョイが馬券忘れていきやがって。邪魔や」と言って台の横によけ、自分の馬券を買い続けたと思う。*

問題は、発券機に残った馬券を自分のポケットに入れたら「窃盗」、地面の当たり馬券を換金したら「遺失物横領」、少なくともそういう犯罪が成立可能ということだ。「天皇賞日〝馬券窃盗犯〟実名報道」は薄ら寒いものを感じさせた。

犯罪を犯すつもりはないが、ごく普通の生活をしていても、たとえばカフカの「審判」のように、ある朝突然犯罪者になることはある気がする。ぼくの場合さしあた

＊払い戻し機の警報装置＝正確なところは知らないが、馬券を落とした人が購入した発券機、時刻、レース、券種、馬番などの必要項目を申し出ておくと、別の誰かが払い戻しをしようとした時に装置が作動するようだ。ちゃんと買った人の馬券と偶然一致することだってあると思うけど、どうなっているのかなあ。

＊逆に自分が発券機に馬券を置き忘れ、戻ってきてそれがなくなっていたら、それはもちろん諦める。間違っても遺失物届けを出したりしない。これも〝競馬場の常識〟だ。

り心配なのは「賭博罪*」と「遺失物横領罪*」ということになりそうだ。

以前、スポニチ（関西版）で一緒に競馬予想をやっている大阪のベテラン弁護士・的場悠紀《まとばゆうき》*さんに来てもらい、「競馬法律講座」なるものをやったことがある。* そのとき、次のような乗峯考案「有罪ですか無罪ですか」クイズを配った。

① 「馬券ならぼくが買ってきます。ただし1人100円もらいますけど」と言ってWINS（場外馬券売場）に行き、職場の同僚10人の馬券を買い、駄賃1000円をもらった。

② 街の「なんでも屋」さんが「体の不自由な人のための馬券購入代行、1回1000円」をメニューに入れ、買いに行けない競馬ファンに重宝がられた。

③ 「さぶろくイッテンだっつうの」とアドバイスし、その通り買って当たった友人に一日中つきまとい、「取ったか、そりゃ良かったな」と100回以上言う。

④ 発券機脇に馬券が置いてあったので、「ダメだ、こんなところに馬券捨てちゃあ」と言ってポケットに入れた。

⑤ 競馬場のゴミ箱の中を見ると当たり馬券があったので、「アホが間違って捨て

＊賭博罪＝「賭博をした者は、50万円以下の罰金又は科料に処する。ただし、一時の娯楽に供する物を賭けたにとどまるときは、この限りでない」（刑法第185条）

＊遺失物等横領罪＝「遺失物、漂流物その他占有を離れた他人の物を横領した者は、1年以下の懲役又は10万円以下の罰金若しくは科料に処する」（刑法第254条）

＊的場悠紀＝超ベテラン弁護士。事務所のHPに自らが作詞作曲した歌を載せている。

『生きていて幸せ』
夜はふとんの中で
両手を合わせ
今日の一日を　神様に感謝
今が幸せ　生きてることが
ありがとう
今が幸せ　生きてるだけで
ありがとう。

＊競馬法律講座＝講談師・旭堂《きょくどう》南鷹《なんおう》のG1予想・競馬講談の一つのコーナーとして実施。

てやんの、ラッキー」と言いながら換金してカネをポケットに入れた。

⑥中国峨眉山《がびさん》に30年籠もって修行した気功の達人が競馬に目覚め、ブラックシェル*に勝たせるためにダービー・パドックで一番人気ディープスカイ*に手を突きつけ、「負けろ！」と〃気〃を入れた。

⑦恐山の白装束霊能者がパドックでディープスカイの祖先の霊を呼び寄せ、「お前は先祖の供養が足りない」とディープに脅しをかけた。

⑧生きのいいゴキブリを見つけた自堕落物書きが、近所の住人相手に、ビール券を賭けた「豊中ゴキブリ・ダービー」を開催。物書きは自分も〃マイ・ゴキブリ〃に賭けたがショバ代は取らなかった。

⑨競馬場で後検量《あとけんりょう》*に引き上げてくる武騎手に対し、「ユタカ、カネ返さんかい」と柵から身を乗り出して大声で怒鳴った。

⑩その怒鳴り声を聞いた某弁護士が近づき、「金銭トラブルか？　金銭トラブルなら訴訟を起こしなさい。弁護料も安くしておく」とアドバイスした。

読者の見解はどうか。的場弁護士の判断では（首をひねりながら答える場面も多かったが）、②③④⑥⑩が有罪だった。でも少なくとも弁護士1人の擁護はついた。ゴミ箱や地面に落ちている当たり馬券は勇気を持って換金しなさい。

*ブラックシェル＝牡。松田国英厩舎。07—08年。10戦2勝。08年ダービー3着も故障で早期引退。10戦中、ディープスカイと戦った3戦はいずれもディープスカイが1着、ブラックシェルは2着2回、3着1回。

*ディープスカイ＝牡。昆貢厩舎。07—09年。17戦5勝。08年にダービーとNHKマイルカップでGⅠを2勝。

*検量＝出走馬ごとに定められた負担重量をチェックするために騎手が行う検量のこと。発走の50分前までに出走する全騎手が行う「前検量」と、レース終了後に7位までに入線した騎手および裁決委員が特に指定した騎手について行われる「後検量」の2つがある。斤量調整のために鞍に付けた重りがレース中に脱落したような場合（まれに起こる）、後検量でひっかかる。

細胞多数決による民主主義

動物愛護のアメリカ人映画監督が、和歌山・太地町《たいじちょう》でイルカ追い込み漁ドキュメンタリー映画を撮った。米国ではこれに、「悲惨」「野蛮」と反響が起きている。南氷洋日本捕鯨船にシー・シェパードとかいう〝環境保護団体〟が攻撃をしかける事件も頻発している。

『ザ・コーブ』*という映画を見て「テリブル!」とか「クレージー!」と叫ぶ米国人、その手にまさかハンバーガーはなかったろうなあ。正義の名の下に捕鯨船に体当たりするシーシェパード、「決死行動の前に腹ごしらえ」とか言って、まさかホットドッグは食ってなかったろうなあ。

「牛は食います、牛はいいんです、たくさんいるから。でもクジラやイルカはダメ。大きいし、かわいいから」と言ってんじゃないのか? かわいくない牛や豚の立場はどうなるんだ。

われわれ日本人は、投げ縄放つカウボーイの前に敢然と立ち、「われわれはシー・

*『ザ・コーヴ』=2009年公開。監督ルイ・シホヨス。コーヴ(cove)は入り江。これに対する反論として、八木景子監督が『ビハインド・ザ・コーヴ——捕鯨問題の謎に迫る』というドキュメンタリー作品を制作。

シェパード、じゃなくてグランド・ダックスフンドだ、かわいくない牛を守る団体だ、投げ縄なら俺の首に掛けろ！　わ、ほんとに掛けた、この人殺しぃ！」と叫ぶ行為に出るべきじゃないか。

　クジラやイルカの殺生に抗議するぐらいだから、あいつらは牛も豚も鳥も食わない菜食主義者かもしれない。でも草だって命があるだろ？　いいのか、草は食べて？仏教では「一切衆生悉有仏性《いっさいしゅじょうしつうぶっしょう》」（命あるものすべてに仏性あり）と言ってるぞ。

　たとえば蚊が自分の腕にとりついたらどうするんだ？　サホイヤス監督、まさかバシッて叩かないんだろうなあ。良寛和尚《りょうかんおしょう》は夏の夜、「蚊のために」とわざわざ蚊帳から片脚出して寝たそうだ。江戸時代、岡山円通寺あたりでは「〝グリーンピース良寛〟です」と自己紹介していたかもしれない。サホイヤスは太地町じゃなく良寛を取材に行け。

　ぼくは牛も豚も鳥も食う。鯨肉も大好きだ。イルカ肉だって出されれば「ほう」と言って箸を運ぶだろう。蚊が手にとまったら「テメエ、ひとの血をチューチュー吸いやがって！」と叩き潰す。流しにゴキブリがいたら、「人の家の残飯を断りもなく、そこに直れ！」と一喝してゴキジェットの暴風雨をお見舞いする。ゴキブリ虐待だ。これって、誰も抗議に来ないのか？　ゴキブリがイルカほどかわいくないからか？

シー・シェパードのやつらはゴキブリ見たらどうするんだ？　まさかスリッパ持って追い回しはしないんだろうなあ。そんなことをしていたら、ゴムボートでスリッパとゴキブリの間に割り込み、体を張って阻止しに行かないといけない。

というわけで、〃殺生主義者〃乗峯だ。殺生主義者だが、しかし、ただ闇雲に殺しているわけじゃない。ちゃんと民主主義的原則*を持っている。

それが「細胞数多数決」だ。

ぼくがそれを思いついたヒントは株主総会だった。株主総会の議決は人数ではなく持ち株数による。一株株主が1万人集まっても、「ぼくちゃん10万株」というのが1人いればもうどうしようもない。理不尽なようだが、株式会社ではこれが最も民主的運営と言われる。これを応用するのだ。

たとえば台所でレタスの切れ端に齧りつくゴキブリがこっちを見て、「殺虫剤かけるの？　あんたはそれでいいかもしれないけど俺たちの生きる権利はどうなの？　民主主義踏みにじるわけ？」と民主主義を盾に居直ったとする。

このとき普通の多数決だと人間1票対ゴキブリ1票となり、賛否同数で収拾がつかない。

ここで「ゴキブリさん、あなた細胞数いくつ？」と問う。「何のこと？」とキョ

＊民主主義的原則
①1株（1円）1票（株主総会）
②1人（1匹）1票（現行選挙）
③1細胞1票（乗峯提唱）
細胞多数決の民主主義の観点から最近の政治家を見ていると、細胞数が足りないんじゃないかと思わざるを得ないが、そう言うぼくも、アルコールのせいで日々脳細胞が死滅しているので、強いことは言えない。

トンとするゴキブリに教える。「細胞数は人間1人約50兆、ゴキブリ1匹約50億、1万倍の差だ。1万対1の圧倒的な差で殺虫剤法案は可決される。ゴキブリ党が勝ちたかったら人間1人につき1万匹集めて来なさい」と説諭し、法案は可決され、直ちに執行される。

とはいうものの、競馬審議では株主総会方式も捨て難い。

「ただ今の天皇賞について審議します。変と思う人と変じゃないと思う人は、それぞれ馬券持って集まって下さい」と裁決委員が場内放送をする。

「変に決まってるやないか。オレはプレクラスニー*を1000円買ってるぞ」とか「オレは1500円や」と馬券片手にわめきつつ群衆が集合する。

「うーん、みんなシミッたれてるなあ。1000人で総額200万や」と裁決委員は皆の馬券を見ながら嘆く。

そこに「私はメジロマックイーン*は悪くないと思うよ。馬券？　馬券はマック買ってるよ。2億ほど」という紳士が登場すると、審議はあっけなく終結し、確定放送が流れる。

「ただいまの天皇賞*、マックイーンはぜーんぜん悪くありませんでした」

*プレクラスニー＝牡。矢野照正厩舎。90－91年。15戦7勝。

*メジロマックイーン＝牡。池江泰郎厩舎。90－93年。21戦12勝。90年菊花賞、91年春天皇賞、92年春天皇賞、93年宝塚記念のGⅠを4勝。祖父メジロアサマ、父メジロティターンに続き、3代で天皇賞制覇を果たした。

*ただいまの天皇賞＝91年の秋天皇賞。メジロマックイーン（武豊騎乗）の斜行降着によりプレクラスニーが天皇賞馬となる。

GⅠレースでの1着降着は史上初のことだった（その後は、06年エリザベス女王杯でのカワカミプリンセスの降着、10年ジャパンカップでのブエナビスタ降着がある。

ＪＲＡにポリシー変更を勧告する

最近よく「ポリシー変更のお知らせ」というメールが来る。たいてい銀行や通信などの大企業からだ。

「ポリシーって、そんなに簡単に変更していいのか？」といつも思う。

念のため「ポリシー」を辞書で引くと、方針、原則、処世術という訳語が出てくる。方針や原則はそうそう変わらないだろうから、ポリシー変更は「処世術を変える」ってことか？

「今までは誰とも公平に付き合ってきましたが、これからはおカネ持ちだけ重点的に付き合うので、よろしく」とか、そういう宣言か？

企業の入社式の映像などで、社長の訓辞を一生懸命メモしている新入社員の姿が出てくる。ぼくは大阪府高校教員の着任式しかぐらいしかこういう経験がないが（もう40年も前だ）、教育長の訓辞を聞いてもメモする気などまったく起こらなかった。「早く終われ」とばかり思っていた。

いや、でも、これは今の若者のほうが偉いのかもしれない。「社長の人格に心酔して入社を決めた」というのは、いいことなんだろう、きっと。

でももし、この心酔する社長が、しょっちゅうポリシーを変更したらどうだ。「新入社員諸君、迷った時は苦しいほうを採れ！　これが私のポリシーだ」と言い放って降壇した社長が、「ちょっと待て」と再び登壇し、「ポリシー変更のお知らせだ。迷った時はみんなで相談だ、このチームワークがこれからの企業にとっていちばん大事なことだ」と再び宣言する。

もちろん新入社員たちは「苦しいほうを採れ」を消しゴムで消し、「迷った時はみんなで会議」と書き直す。

するとまた社長が登壇し、「ポリシー変更のお知らせだ。ポリシーは何度でも変更できる。これも我が社の重要なポリシーだ。いいか〝迷ったときはケセラセラ〟、これが正しいポリシーだ。一つのことにいつまでもグチグチ悩んでいて、これからの社会、いい仕事ができるか？　わが社はそんな会社じゃない！」

新入社員たちは首をひねりつつ、また消しゴムごしごしとエンピツ書き直しで手帳が破れそうになるのを必死に押さえて、「ケセラセラ」などと書く。これが新世代の入社式か。

＊JRAのポリシー変更＝思い出すのは、わが人生唯一の百万馬券のことだ。テレビのホノルルマラソン番組でハワイに行ったとき、ネット投票でメジロマントルを当てた（13ページ参照）。ネットのありがたさを思い感涙にむせんだ。

これは海外から日本競馬の馬券を買ったという話だが、逆に、これまで日本で海外競馬の馬券を買うことはできなかった。

外国馬との相互交流で日本馬も外国GⅠに参加するようになったとき、JRAは「みなさん○○が凱旋門賞に出ます、応援してください、Gチャンネルでも生放送します」とガンガン宣伝しながら、「ネット等で外国賭屋に参加するのは違法です、犯罪です」とやかましく警告もした。

じゃあJRAで凱旋門賞の馬券売ってくれよと思ったものだが、馬券自由化に向けたポリシー変更は行われなかった。

だが、そのJRAも、ようやく2016年秋に重い腰を上げ、マカヒキが出走した凱旋門賞から、ネット投票のみだが日本馬が出走する外国競馬の馬券を発売するこ

ＪＲＡはほとんどポリシー変更しない*。でもたまにはいいかもしれない。

「競馬場やＷＩＮＳ*では勝馬投票券発売者および発売機は動かず、客のほうが動いて買いに来る」これ、年に一回〝ポリシー変更〟してみたらどうか。数万の競馬客があの強化プラスチックの、売り子おばちゃんたちが座っている場所に座る。

「え、今日はオレたちがここに座るんかい？」

「おお、今日は年に一度の〝ポリシー変更日〟よ。いいだろ、ここ。冷房効いてるし、だいいち〝馬券売り子〟のほうが寄ってくるんだぞ。こっちは買い目決まったら、呼びつけりゃいいんだ」

停車中の列車の中から駅弁買うように、窓口の中から外をうろつくＪＲＡ職員を呼び止める。「へーい、弁当屋さん！」の、あのノリで、窓口から顔覗かせて手を振る。昔懐かしい弁当台を首から提げたＪＲＡ職員が急いで寄ってくる。

「あんたのとこ、ゴールドシップ*の単勝、いくらで売ってる？」

「はい、単勝は２・５倍で商いさせてもろとります」

「的中馬券は的中比率によって、ＪＲＡが画一的に引き取り価格を決める」というポリシーも、この日だけ変更される。ＪＲＡ各職員（弁当屋）が勝手に独自のオッズを決め、それによって売上げが増加すれば、それは各職員の収入となる。

「２・５倍かあ、安いなあ」

ととした。日本にいて、フランスや香港やドバイの馬券が買えるようになったのだ。ドバイのレースなど、現地では宗教上の理由で馬券発売がないのに、日本からのネット投票では買えるという事態になっている。ＪＲＡの数少ないポリシー変更のひとつだ。

*ＷＩＮＳ＝ぼくが競馬を始めた40年前は「ＷＩＮＳ」という名前ではなく「場外馬券発売所」、略して「場外」とみんな呼んでいた。「新宿場外」「浅草場外」というように。

ＪＲＡは１９８７年、「場外」という言葉の持つ暗いイメージを払拭しようと「ＷＩＮＳ」という名前を提案したが、それが浸透するには10年ぐらいかかった。

ＷＩＮＳという名前の由来は、「winning」と「weekend spot」の２語から。

*ゴールドシップ＝牡。須貝尚介厩舎。11－15年。28戦13勝。12年皐月賞、菊花賞、有馬記念、13年宝塚記念などＧⅠを６勝。

「でもお客さん、わたくし山本一郎商店は信用で売っております。ほかの売り子のようにトンズラは絶対こかないことで、もう20年も商いさせてもろてます」

「え、ポリシー変更したのは今年が初めてやろ?」

「ははは、お客さん、今のは言葉の松浦アヤじゃございませんか」

「んじゃまあ、あんたんとこで10万入れてみるわ」と囲いの中から客が10万出し、山本一郎取引店主は弁当箱入れの中から「ゴールドシップ2・5倍、10万」と書かれた、「信用第一・山本一郎商店」という朱印の押された紙切れを出す。

すると、そのあとを追うように、「ゴールドシップ単勝馬券、いまなら1・05倍で買うよ!」と大声を出す〝手形割引屋〟ならぬ〝馬券割引屋〟が登場する。

これも〝ポリシー変更〟の一つだ。この日だけはJRA職員の中で「個人馬券商店」を出すことができ、さらに「馬券割引屋」を出すことも可能となる。

宝塚記念を勝てばゴールドシップ馬券は25万になる。でも危険もある。「いまレース前に売れば10万5000円になって、5000円の儲けを確保できる。これってリスクヘッジってやつ?」などと大いに悩むことになる。

これは〝債権としての馬券〟を競馬ファンに認識させるいい機会になる。ポリシー変更もたまにはやってみるべきだ。

乗馬と競馬はリスペクトしあうべし

疫学の祖と言われるフランスのパスツール*だが、フランスでは１８５０年代、カイコの奇病により養蚕業が壊滅状態に陥る。これを知った江戸幕府14代将軍・徳川家茂《いえもち》は日本のカイコの卵を集めてパスツールに研究材料として寄贈する。この〝家茂カイコ〟をもとにパスツールがカイコ卵の原生生物感染をつきとめる。

パスツールはナポレオン3世に家茂への返礼を進言し、１８６７年、軍馬品種改良のためのフランス馬26頭が海を渡って寄贈された。残念ながらフランス馬到着の前年、家茂は21歳の若さで急死、フランス馬たちも戊辰戦争の混乱の中で散り散りになる。幕末・維新の動乱のさなかの出来事である。

急転直下、話は変わるが「異業種交流の場」というのを滋賀県湖南地方で始めた若い起業家たちがいて、２０１６年3月、角居《すみい》勝彦調教師を講師に招いた講演会が野洲《やす》市のホールで開かれた。

*ルイ・パスツール＝フランスの生化学者、細菌学者。１８２２－95年。「生命なきところに腐敗は起こらない」という画期的な言葉を記した。動物の死体でも何でも、それまで〝自然に腐る〟と考えられていたのを「〝腐る〟とは、目には見えないが微生物が繁殖することだ」と表現した。

同時期、ドイツのロベルト・コッホ（医師・細菌学者。１８４３－１９１０年）は対照的に、結核菌・コレラ菌など、病原菌それ自体を発見し「概念のパスツール、実体のコッホ」と称された。

近代日本医学界は〝コッホ派〟に属し、西洋近代医学を目指す者はこぞってドイツに留学した。最近まで、医者がカルテに書くのはドイツ語と決まっていた。

角居調教師は講演後、すぐに車に飛び乗り、その夜のうちに関空からドバイ（シーマ・クラシック*にラストインパクト*が出走）に出立する忙しさだったが、それでも下原稿を用意して熱のこもった約1時間半の講演を行った。内容は「ラストインパクト、ドバイでの勝算」でも「リオンディーズ*、ダービーへの展望」でもなく、「引退後の競走馬について」だった。

角居調教師は「ホース・コミュニティ*」という一般財団法人を立ち上げ、引退後の競走馬を、たとえば精神疾患のある人、脳障害を負った人、あるいは障害を持ちながら馬術に興味のある人たちに向けて、ホース・セラピーという形で活用できないかという提案をしてきた。

競馬成績もずっとトップにありながら「引退後の競走馬」のことも様々に提案するし、「日本馬海外遠征に関する（厩舎の垣根を越えた）特別チーム編成」という提案もしてきた。普段、もの静かに見える角居調教師のどこにそんなにエネルギーがあるのかと、いつも敬服する。

ホース・セラピーというのは馬上で揺られることで体幹に刺激を与えられるし、馬の体温やスキンシップを感じることで、特に精神障害治癒や脳障害のリハビリにいいらしい（「アルコール中毒者にも効果がある」と言われたときには〝え、オレのこと？〟と思わず背筋が伸びた）。

＊ドバイ・シーマ・クラシック（Dubai Sheema Classic）＝アラブ首長国連邦のメイダン競馬場で行われるレース。賞金が巨額で、何かと豪勢。

＊ラストインパクト＝牡。松田博資厩舎→角居勝彦厩舎。12－17年。36戦7勝。16年ドバイ・シーマ・クラシック3着。

＊リオンディーズ＝牡。角居勝彦厩舎。15－16年。5戦2勝。16年皐月賞5着、ダービー5着。

＊ホース・コミュニティの目的＝馬の持つ潜在能力を十分に理解し、馬と人との共生関係による活動を医療、福祉、スポーツ、馬事、就労等に関わる幅広い分野で普及、促進することにより、国民の心身の健全な発展及び福祉の向上並びに社会の繁栄に寄与することを目的とする。（同財団のＨＰより）

いい事ずくめのようだが、引退馬といっても馬を飼うにはカネがかかる。土地も必要だ。それにセラピーが効果を上げるには理学療法士や医者の協力も必要になる。「着実に前進してますが、まだ難問も多いです」という言葉を残して、角居調教師はドバイへ向かった。

そのあとの懇親会は板金業者、旅行会社社員、自動車販売業者など多種多様だ。「競馬は全然知らない」という人も多い。

そのとき不意に「家茂がカイコを贈り、ナポレオン3世が馬を返してきた」という150年前の異業種交流を思い出した。

乗馬クラブ*に行っている人や、引退馬の牧場を経営している人も多かった。ぼくの隣りにいた中年女性は、「私はもう20年も乗馬クラブ行ってるんだけど、競馬は全然知らないの、ほほほ」と滔々《とうとう》と話す人だった。「鞍も長靴もクラブで貸してくれるんだけど、自分のが欲しくてねえ。鞍に50万、長靴に15万も出した。私がいつも乗ってる馬も元競走馬でね、競馬でも結構いいところまでいったらしいんだけど、私、競馬全然やらないから分からないのよ、ほほ」

滔々と喋るのはいいが、これはいけない。どうも「乗馬はスポーツ、競馬はギャンブル」、あるいは「馬を愛するのは乗馬、馬を虐待するのが競馬」のようなイメー

＊乗馬クラブ＝日本全国に約300存在する。推定乗馬人口は1万人。競馬人口は不明だが、馬券を買ったことのある人の数は1000万人はいるだろうとよく言われている。

ジが横たわっているように思えた。自分が乗っている馬が、競走馬時代どんな走りをしたか知らないのは恥ずかしいことだと思わないといけない。

いま乗馬クラブも苦しい状況のようだ。角居調教師の話では、乗馬クラブ同士の横の連携がないらしい。馬術競技自体に対してもＪＲＡの補助がもっと必要ということだ。しかし、それには乗馬の側と競馬の側の、相互のリスペクトが不可欠だ。

たとえば数千年前、中央アジアのスキタイ民族が、人間は馬に乗れると初めて分かったとき、どうしたか。「その場で足踏み」とか「横歩き」させようとは思わなかったはずだ。まず「草原の向こうまでどれぐらいで走るものなのか」試したはずだ。

文献として、日本で最初に馬の既述があるのは「日本書紀・天武朝」だと言われるが、そこでも「（天武帝は）良馬たちを皆走らせてみられた」とある。「横歩きさせた」とか「足踏みさせた」とかは出てこない。

つまり、馬というのはまっすぐ速く走らせることが馬術の第一歩であるということを認めないといけない（競《くら》べ馬《うま》＊は流鏑馬《やぶさめ》＊や笠懸《かさがけ》＊よりずっと歴史が古い）。

「××カネ返せ！」「××のヘタクソ！」と騎手に向かって叫ぶ野次は確かに下品だが、そんなオッチャンたちの買っている馬券が馬事文化を根底で支えていることも理解し、リスペクトしないといけない。

＊競べ馬＝複数の馬が一定の距離を競走する。奈良・平安時代には宮中儀式の一つともされた。

＊流鏑馬＝走る馬上から的に矢を射る伝統的な騎射の技術。「矢馳せ馬（やばせうま）」が「やぶさめ」に転じた。

＊笠懸＝流鏑馬と同様、伝統的な騎射の技術。流鏑馬より実戦的で標的も多彩なため技術的な難易度が高いが、格式としては流鏑馬より略式で余興的意味合いが強い。

3

エロスこそ競馬の原点

競馬の生物学

悲しや競馬界の齧歯類

アメリカ・ワイオミングのビーバーについて考えた。

ビーバーはカピバラやネズミなどと並ぶ「齧歯類《げっしるい》」の代表選手だ。齧《かじ》る歯の類である。しかしビーバー最大の弱点は、その自慢であるはずの丈夫な歯にある。*

ビーバー生息地のまわりの樹木は齧り倒されて荒地のようになる。森林被害として問題にもなる。しかしビーバーは、葉っぱや木の皮は食べるが、木の幹を食べるわけではない。なぜ巨木を倒すほど齧りつくすのか。

ビーバーの飛び出た上歯2本は木に差し込んで獲物（樹木）を固定する。実際に齧るのは下歯2本だが、なんとこの下歯、放っておくとどんどん湾曲して伸び、顔の前面から頭上を回って後頭部に突き刺さる。齧りたくないけど、木の幹を齧らないと自分の伸びていく下歯に殺される、齧歯類は辛い宿命の中に生きている。

ビーバー、特に働き者のオス・ビーバーは齧り倒した木の幹を運んで川を堰き止め、自分の巣の入り口を水没させて外敵の侵入を防ぐとか、水草を繁茂《はんも》させて食用

＊歯＝馬の歯は、前歯上6下6、犬歯（オスのみ）上2下2、前臼歯（3歳頃、乳歯と永久歯の脱換がある）上6下6、後臼歯（3歳頃生えてくる）上6下6となっている（総計オス40本、メス36本）。

オスだけが犬歯（キバ）を持つが、人間と同じように他の歯と変わらない大きさで脅威を感じることはない。しかし、これはぼくの個人的経験だが、噛みついてきたり、威嚇したりする馬はやっぱりオスに多いように感じる。

馬の歯の最大の特徴は犬歯と前臼歯の間が数センチ空いていることだ。ここにハミ（馬銜）と言われる金具を通し、ハミの両脇の

にするとか、いろいろ言われるが、「ダム湖を作るために好きでもない木の幹を齧る」というより、「歯を磨滅させるために木の幹を齧っていたら倒木ができた、しょうがない、ダム湖でも作るか」という雰囲気だ。

タンザニア・セレンゲティのオス・ライオンは成長すると群れから離れ、他のメス集団に参入する。このときメス集団がオスを受け容れる（交尾する）かどうかは、オスが手みやげに持参した獲物によって決まる。

南米アンデスのラクダの仲間グアナコは、繁殖期になるとオスどうしが唾をかけ合う。より臭い唾を吐けるオスが勝ち残ってメスに迎えられる。「あなたの唾って何て臭いの」というメスの誉め言葉を得るために、オスは日夜臭い唾に磨きをかける。

つまり野生動物のオスはすべて、自分の最も得意とする技で他のオスと勝負し、メスの興味を引く。オス・ヘラジカの大角とか、オス・クジャクの羽だってそうだ。これはほぼすべての動物に共通する。

ぼくの推測では、たぶんオス・ビーバーは、ほんとは自分の下歯を伸ばしたい。それが最も自分の得意とする部分だからだ。

〝齧歯類〟の最も優秀なオスが最も優秀な歯を持つというのは当たり前だ。たと

輪っかに手綱を通して、これで馬を制御する。

この前歯と奥歯の間のすき間（歯槽間縁《しそうかんえん》）がなく、ハミを通せなければ、馬は単なる野生動物でしかなく、人間の食用の獲物としてみられるか、あるいは絶滅していただろう。

モンゴル草原の少年なんかが裸馬に乗って、勢いよく走っていく映像がたまに出たりするが、あの場合でも、鞍やアブミ（人間の足を乗せる置き場）はないが、ハミと手綱だけはちゃんと備えている。これがなければ馬を御せない。歯槽間縁は馬の命である。

えばオス・ヘラジカが大角持つように、下歯を顔の前面から頭上近くまで伸ばして「どうよ、このオレの頭上まで伸びた下歯は！」とメスに誇示したい。「まあなんてワイルドな下歯なの」とメス・ビーバーはイチコロだ。

しかしそこまで下歯が伸びると物は食えないし、そのまま伸び続ければ後頭部に突き刺さって死んでしまう。そこで何かの大きな力によって、オス・ビーバーは一定間隔でトドマツの幹を齧るよう仕向けられている。自分は下歯ガンガン伸ばしてメスをよろめかせたいけど、知らず知らずのうちに幹を齧って歯を削っている自分がいる*、何か変だなという、そういうことではないか。

「天の配剤」とか「自然の摂理」などというものがもしあるとしたら、それは「個々には出入りがあるだろうけど、トータルとしてはバランスが取れるように」とか、「結果的にはフィフティ・フィフティでいいんじゃない？」という、そういうところに持って行く力だろう。

*歯を削っている自分がいる＝天井裏に住むイエネズミが電気配線を齧ってショートさせて火事になったという話もあるが、あれもイエネズミが「この家けしからん、火事起こしてやる」と齧っているわけではない。伸びてくる自分の歯を削るために目の前の配線を齧っていたら火事になったということだ。

ぼくが言いたいのは、要するに馬券のことだ。

ビーバーは歯の強さ、ライオンは獲物狩り、グアナコは唾の臭さ、ヘラジカは角の大きさ。動物界のオスたちはこぞって自分の得意技でメスに言い寄るが、ぼくの場合の得意技は、競馬場帰りのポケットに押し込まれた札束しかない。悲しいが、

*チェレブリタ＝牡。荒川義之厩舎。07－10年。25戦4勝。

*フェラーリピサ＝牡。白井寿昭厩舎。07－12年。25戦7勝（うち地方5戦1勝）。

ほかにはほとんど取り柄がない。これでメスに受け容れてもらうしかない。

しかし京都牝馬（チェレブリタ）*・根岸ステークス（フェラーリピサ）*のダブル当たり以来、どうしたことかピタッと止まった。８週連続マイナス収支だ。*

しかしいままで気づかなかったが、これはひょっとしたらビーバーの下歯なのかもしれない。放っておくとどんどんカネがあふれて後頭部に突き刺さって死んでしまうから、いくらメスが寄ってくるとしてもこの札束を削り取るしかない。自然の摂理がそう仕向けている。

メスの気を引く唯一の武器がなくなったとしても、札束が後頭部に突き刺さって死ぬよりいいでしょ？　という天の配剤だ。

でもワイオミングのトドマツの幹はビーバーの下歯削り取るだけだ。歯根ごと抜いてどうするんだ。凶器となる札束の上のほうだけちょろっと削ればそれでいいでしょうが。

〝競馬界の齧歯類〟はいま過剰な下歯削りに苦しんでいる。

＊８週連続マイナス収支＝個人的馬券収支のことを謙虚に言っているわけである。ちなみに２００９年の話だ。
「予想の調子が最悪で、今月まったく当たってません」という投書がスポーツ紙のわが連載コラム宛てに届いた。投書をコラムで取り上げて「ダメ、落ち込んじゃあ。ぼくなんか、もう３カ月も当たってないんだから」と明るく書いた。

そうしたら別の読者から「あなたの予想が３カ月前に当たった形跡はない。最低でも４カ月半は外れ続けている」という投書が来た。

人が謙虚に言っているのに失礼な、と憤慨すべきなのか、そこまで綿密にわがコラム予想をチェックしてくれているのか、と感謝すべきなのか。一口に「謙虚」と言っても、分かれ道はある。

泳ぎが速いのは名馬の条件

クジラに関するＮＨＫスペシャルを見て、いろいろ思うところがあった。

生まれたばかりの赤ん坊は皮膚が薄く、北極海の冷たい海水に耐えられないので、ザトウクジラやコククジラは、カリフォルニア、ハワイ、小笠原あたりまで南下して出産、授乳する。

ところが、この南の海は出産直後の子クジラには適するが、母クジラの主食のオキアミはいないから、母親はガリガリになる。春5月、子どもが泳げるようになると、溶けた氷水とともに大量発生するオキアミ（体長2センチほどのエビ型プランクトン）を求め、母子はベーリング海目指して数千キロの北上航海に出る。

しかしこの航海にも難所がある。アラスカ半島から南西にベーリング海を取り囲むように連なるアリューシャン列島だ。ここを越えなければ大量のオキアミには出会えない。クジラ母子は列島の東の端、ユニマック海峡*を目指す。この海峡を越えると、オキアミ大量発生の場所に直に行き着けるからだ。

*ユニマック海峡の伝説＝歌手をめざす15歳の大津美子は、愛知・豊橋の高校に通いながら、毎週土曜に歌のレッスンのために上京した。夜汽車で出かけ夜汽車で帰ってくる強行軍だ。その甲斐あって17歳でデビュー、翌年、3曲目の「ここに幸《さち》あり」が大ヒットし、一躍スターとなる。1956（昭和31）年のことである。

　この年、中央競馬会では理事長・有馬頼寧《よりやす》の発案で、ファン投票で出走馬を決める年末大一番の競走をやろうということになる。「中山グランプリ」（のちの有馬記念）と命名され、キャンペーンガールとして大津美子に白羽の矢が立つ。

　中央競馬会はすぐに大津美子に接触を試みたが、ここで不思議なことが起きる。自分のヒット曲が

しかしそのことは地球上最大の肉食生物シャチもよく知っていて、太平洋上のシャチ数百頭が集合して、北上するクジラの子どもを待ち伏せる。

クジラも危険は分かっているんだから、海峡を変更すればと思うが、十年一日の如くこの海峡を通る。オルフェーヴル*やゴールドシップ*が待ち構えるのを分かっていながら、新潟大賞典ではなく天皇賞にぶつかっていく準オープン馬の心意気というところだろうか。

両側からシャチが来ると、クジラの母親は背中に子どもを乗せて子どもの呼吸を確保し、自分の推進力で海峡を抜けようとする。シャチはその母親に体当たりして子どもを海中に落とし、3頭で上部・左右を固めて窒息死させる。北上するコククジラの子どものうち、約半数はこのユニマック海峡でシャチの餌食になるという。

NHKスペシャルでは何も言わなかったが、この番組は「やっぱり呼吸って大事ですねえ」で締めくくるべきだった。

たとえばこれがコククジラでなく、クロマグロの子どもだったら、上部・左右からシャチに押さえられても、水中で呼吸ができるから平気だ。クロマグロの子どもを攻撃するなら、むしろ箱根駅伝の監督胴上げのように、「おめでとう、もうじき悲願のベーリング海だよ」と海面上高く胴上げしなくてはいけない。

街中に溢れているさなか、大津美子は春から秋にかけて約半年間、全く連絡がつかなくなったのだ。

大津美子の父親はクジラ漁の基地として名を馳せた豊橋・前芝漁港の漁師だった。美子は子どものころ、生け捕りにされた子クジラなどがいると、その背中に乗って遊んでいたという。

一方、豊橋から遠く離れたユニマック海峡では、あるときから、体長30メートルのザトウクジラがコククジラの子どもを守るために、寄ってくるシャチを威嚇するようになる。なぜ巨大なザトウクジラが小さなコククジラの子どもを守るのかは、謎とされていた。

しかし海洋学者たちの調査にイヌイット漁師は静かに答えた。

「あの年からだ。あの日本人の女が、ザトウクジラの上で、海を指差しながら歌を唄っていたあの年からだ」

そう言うと、漁師たちは、その女が唄っていた歌をたどたどしい日本語で唄った。「ここにシャチあーり、あおーいーそーら」

そう唄って、全然青くないアリューシャンの空を見上げた。

「ヘビの仲間には海に住むウミヘビという種類もいるんですよ」とナレーターが紹介したりするが、ぼくなど、ウミヘビの映像を見るたびに、「え？　ウミヘビもハ虫類だよなあ。呼吸はどうしてるんだ、呼吸は？　ああ、息が苦しい」と自分の喉を掻きむしりたくなる衝動にかられる。「ウミガメのお母さんは産卵を終えると、また海に帰っていきました」などと言われると、「おい、カメはハ虫類やろ？　海に帰るのは罰ゲームか。息はどうするんや、息は」と思ってしまう。

なので調べてみた。ウミガメは最長3時間、ウミヘビは1時間、大人のクジラは30分ぐらい水中で息がもつらしい。

しかしだ。ということは、ウミガメでも3時間に1回、クジラだと30分に1回は息継ぎしないといけないということじゃないか。でもウミガメやウミヘビやクジラが、「あ、エサ取りに夢中になって息継ぎを忘れてた、ああ息、息、ああもう死んじゃう」などと言って、海面を目指してもがいてるという映像は見たことがない。どうなってるんだろう？

「馬でも犬でも象でも、どんな動物でも泳げる。教わらないと泳げないのは人間だけだ」などとよく言われる。

しかし、たとえばトレセン・プール*での馬の泳ぎ*を見て分かったことがある。馬

＊オルフェーヴル＝牡。池江泰寿厩舎。10—13年。21戦12勝。11年の三冠馬。GⅠを6勝。

＊ゴールドシップ＝牡。須貝尚介厩舎。11—15年。28戦13勝。GⅠを6勝。

＊トレセン・プール＝栗東トレセンの競走馬用スイミングプールは1周50メートルの円形プール。水深3メートル、幅3メートル、水温26度前後。心肺機能の向上やストレス解消、故障馬のリハビリテーションとして使用されている。

＊馬の泳ぎ＝サラブレッド種は分速40〜90メートルの速さで泳ぐ。100メートル泳ぐのにかかる時間を単純計算すると約70秒〜150秒ということになる。

は（犬でも象でも同じだが）鼻を水面上に突き出したまま泳ぐ。つまり、呼吸の心配なく泳げるのだ。

人間は二足歩行動物である関係上、鼻（顔面）を水上に出したまま前に進むことは容易ではない。一度顔を水面下に沈めて推進する。推進するが、「この沈めた顔面はすぐに起こせて、すぐまた息ができるよ」と、それを自分に納得させるのに修練を要するということだ。

だが、ウミガメやウミヘビやクジラは、30分から3時間というロング・スパンで息継ぎをすれば大丈夫ということを生まれつき納得している。だから息継ぎを心配するウミガメやウミヘビはいないということだ。

ということで、芝・ダート・障害*に加えて泳走レースはどうだ。

平家物語〝宇治川《うじがわ》先陣争い〟の池月《いけづき》、磨墨《するすみ》の名馬競走は、当然、〝走り〟ではなく〝泳ぎ〟だった。古来、走ることと同様、泳ぎが速いことは名馬の大事な条件だ。

「淀・馬場内池・直線500メートル競走」はどうだ。この際はもちろん鼻（顔）を水中に沈める、沈めるが「すぐに顔を起こして息継ぎはできるよ」と、それを納得してレースに臨む馬が最も強い。それを納得させるのは〝泳走調教師〟の腕ということになる。

＊障害＝現在、中央競馬ではだいたい1日1回程度「障害レース」が行われる。オリンピック馬術の障害競技のように「いかに障害に触れず規定時間内に走るか」を競うのではなく、通常レースと同様に全馬一斉にスタートし、早くゴールした馬が勝つ（障害に触れても失格ではない）。

年間約130回レースが行われ、JGI（ジャンプGIの略か）も年2回中山競馬場で行われ、1着馬には6千万の高額賞金が支払われる。

しかし障害レースに出るには飛越の特殊技能が要求されるし、3千〜4千メートルで行われるため長距離適性も必要となる。

日本の競走馬は古馬になってからもGIに勝つことを目標に生産され鍛錬されているので、障害に出る馬は通常の平地レースで「やや頭打ちになってきたかなあ」と関係者が考える馬が多い。

馬はなぜ走るのか

スポーツ紙競馬コラム連載という僥倖を得た26年前、ぼくはまず、それまでの「競馬ファン生活15年」でずっと疑問に思ってきたことを解決したいと考えた。

①馬はなぜ走るのか？
②馬はなぜセックスせずにいられるのか？

まず、馬はなぜ走るのか。

たとえばドッグレース*なら、ラビットと呼ばれる疑似餌が常に犬の群れの前にあり、犬たちはそれを追いかけるうちに自然にゴールする仕組みになっている。ラビットがなければレースにならない。うちの田舎でやっていたウリ坊（イノシシの子ども）競走でも、ゴールの向こうにイモを置き、ウリ坊たちはそれを目がけて走る。

競走馬は目の前にニンジンがぶら下がっていなくても走るように思える。騎手と

*ドッグレース＝マカオとグアムで、ドッグレースを見て、〝犬券〟も買ってみたが、儲かりもしなかったし、訳の分からない競技だった。

グレートハウンドという犬種だが、腹のあたりが人間の両手で握れるぐらい細い。でも走るのはと

いう人間が鞍上にいて命令しているからだとも言われるが、たまに騎手が落馬してカラ馬になっても、みんなに遅れまいと走っている。嫌なら止まればいいのに。あれはなぜだ。

次に、馬はなぜセックスせずにいられるのか。

どんなに下等な生物でも、たとえばゾウリムシやアメーバなどという単細胞生物でも、食物摂取（自己保存）と生殖（種保存）は生きることの2大テーマだ。

いや、そんな生物学的なことを言わなくても、自分のことを考えればいい。ぼくなんか、食い物のほうは冷蔵庫に何かあるだろうからそんなに切実じゃないが、ちょっと油断しているといやらしいことを考える。もうほんと、自分の頭の中の8割はセックスじゃないかと思う。

「隣の奥さんが洗濯物干している」とか「給湯室のガスコンロがうまく点かず、OLがほつれ毛を掻き上げながら苦労している」とか、そんなごく当たり前の文章を見ても赤面してしまう。これはなぜだと、ぼくはそこを思っていた。

「そりゃお前がエロいからだ」とみんな言う。みんな言うが、しかし、じゃあお前は違うのかと言いたい。誰でもそういうエロい心を持っているから人類は滅びなかったんじゃないのかと言いたい。

んでもなく速い。

レース前には人がロープでつないで犬を見せて回る、競馬でいうパドックのようなものもある。犬たちは、そのあと、番号で分けられたオリのようなものの中に入れられる。

客がだいたい犬券を買い終わったタイミングを見計らって、内側の柵（競馬での内ラチ）の上をウサギのような白いフワフワしたもの（ラビットという）が「シューッ」と音を立てて後ろから猛スピードで迫ってくる。嗅覚の発達した犬が反応する匂いもつけられているそうだ。

その動きとタイミングを合わせてオリの前フタが空き、犬はラビットを追いかけて一斉に猛烈に走り出す。

300メートルぐらいのトラックを1周するレースなのだが、何が何やら分かりゃしない。「え、いまの何番の犬（各犬にはゼッケン番号がついている）が勝った？」と横の人間に聞くと「どれかの犬は勝った思うけどなあ」という、ドッグレースとはそういう訳の分からない競技だ。

いや、言いたいのはそこじゃなかった。馬の話だ。

馬は2歳*になれば生殖可能で、もし野生馬の群れならオスどうしが争い、勝ったオスが繁殖牝馬数頭を周りに従えるハーレムをつくると言われている。だけど競走馬は引退までセックスをしない。

それは人間に見張られているからだと言われる。

しかし、真っ裸の男女が隣りどうしの馬房にいるのだから、厩務員がちょっとスキを見せたときにオスがメスにのしかかってもおかしくない。だが、「おい、この野郎、何やってんだ」と止めに入ったとか、あっちでもこっちでものしかかり始めて厩舎全体の収拾がつかなくなったとかいう話は聞いたことがない。

少なくとも人間の若い男女を真っ裸のまま一つ所に入れれば、ちょっと目を離せば組んずほぐれつになって、「お前ら動物か」と寮長が怒鳴るはずだ。しかし馬という動物は、「セックスですか？　あ、忘れてました、ははは」と頭を掻いているように思える。これはなぜだ。

1992年、初めて栗東トレセンに行き始めたころ、ぼくはまず新井仁《ひとし》厩舎のジンクタモンオー*を訪ねた。

タモンオーは91年夏に新馬戦、小倉3歳ステークスと連勝して一躍クラシック*

*馬の年齢＝日本では、2000年まで馬の年齢は「数え年」で表していた。生まれた時点で1歳とする数え方だ（若い人は知らないと思うが昔は人間もそういう数え方をしていた）。しかし、国際的には生まれた翌年の1月1日（誕生日ではない）を迎えた時点で1歳とするのが通例で、日本と年齢表記が1歳ずれていた。このため、2001年より国際的に統一することになった。

たとえば皐月賞・ダービー・菊花賞など、いわゆるクラシック・レースは、2000年までは「4歳馬限定のレース」とされていたが、2001年以降は「3歳馬限定のレース」と呼ばれるようになった。実体は何も変わってないのだが、表記・呼称だけ変わったということだ。

競走馬は北半球では基本的に春に生まれる。たとえば5月生まれの馬は、翌年1月の時点で「満1歳」ではないが、馬齢では「1歳」と表記する。翌翌年1月には「2歳」、翌翌翌年になると「3歳」である。その年の4月に行われる皐月賞では、誕生日を迎えてない

候補と騒がれたが、その後、ゲートが開いても動かないという〝奇癖〟を発症する。地下鉄改札前まで来て「会社行きたくない」とイヤイヤする登社拒否サラリーマンのようで、大いに興味をそそられた。

担当厩務員は久田金作《きゅうでんきんさく》さんという、津軽生まれの純朴な人だった。あとで知ったが、中村覚之助厩舎時代の72年に福永洋一騎乗ヤマニンウエーブ*で天皇賞を勝っている有名人でもあった。しかしとにかくトレセンで初めて懇意になった厩務員だ。我がかねての疑問をぶつけないわけにはいかない。

「久田さん、馬ってオナニーするって聞いたんですけど」

「は？」

「特に牡馬《ぼば》は勃起したペニスを腹に打ち付けてオナニーして、それで性欲を紛らわすって聞いたんですけど」

「うンまのオナニィ？　そんりは見だごどねぇだどぅも」

激しい津軽弁だったが、そうか、久田さんぐらいのベテランでも見たことないのかと、ちょっとがっかりした。

92年に初めて生ダービー（ミホノブルボン*優勝）を見た翌日には、世田谷馬事公苑に突入した。とにかくぼくの馬の知識は競走馬総合科学研究所編『馬の科学』（講

から満年齢では3歳にはなってないが「3歳」として出走することになる。

つまり日本の馬齢表記（国際標準とほぼ同じ）は、生まれるといきなり1歳になる「数え年」と、最初の誕生日に1歳となる「満年齢」の中間のような感じと言えるだろう。

＊ジンクタモンオー＝牡。新井仁厩舎→中島敏文厩舎。91—94年。7戦2勝。

＊クラシック＝桜花賞、皐月賞、オークス（優駿牝馬）、日本ダービー（東京優駿）、菊花賞の5つをクラシックレースと総称する。

＊ヤマニンウエーブ＝牡。中村覚之助厩舎。70〜74年。45戦10勝。72年秋天皇賞。

＊ミホノブルボン＝牡。戸山為夫《とやまためお》厩舎。91—92年。92年皐月賞、ダービーを制する。戸山厩舎流〝坂路猛調教〟で有名になる。8戦7勝、うちGⅠ3勝。

談社ブルーバックス）に拠る。〝総研〟なら答えてもらえるんじゃないかと思った。

「馬はなぜ走るかとか、そういうことが聞きたいんですけど」と予約も何もなく、ただ突然関西からやって来た男がそんなことを言う。

「そういう質問でしたら」と〝総研〟受付の女性が立ち上がる。「ちゃんと手続き踏んで来てください」と言われると思ったけど、そうじゃなかった。「所長が直接うかがいますので」と受付女性、そう言ったのだ。
①と②の疑問だけ携えた男は所長室に案内される。こっちから押しかけておきながら胸がドキドキする。
しかし上田八尋《やひろ》所長（当時）は、「馬はなぜ走るんですか？　あれはつまり肉食動物から逃げてるんですか？」という突然の素人質問を笑わなかった。
①の疑問にも、そして②の疑問にも、そんなに明確な答えはなかったが、でも「それは難しい質問だね」と一緒に頭を抱えてくれたのだ。その一点だけでぼくは「あぁ、この人、きっと凄い学者なんだ」と確信してしまった。

馬はなぜシッポを振るのか

いつも思うが、競馬というのは、競輪のようにライン（選手の並び順）を推理することも要らないし、競艇のようにフライングスタートや180度急激ターンをすることもない。同じ良馬場条件レースなら、まず結果は見えたと言ってもいいようだが、競馬には一つだけ大きなネックがある。

馬の気持ちが分からない。

これが競馬最大の弱点だし、また最大の面白さだ。

競走馬総研やトレセン診療所の獣医さんが書いた物を読んで、何となく分かる部分は多い。鼻の穴を広げて歯を剥くフレーメンも、耳の動き*も、脚による前掻き*も、何となく想像がつく。性欲表現や自己防御というのは、人間でもいろいろやっているからだ。

しかし〝シッポを振る〟という、あれだけは不可解だ。何だろうか？

トレセンに行くまでは、馬のシッポというのは単に長い毛が伸びているだけだろ

＊耳の動き＝馬の耳はよく動く。耳を前に向けるのは平静な精神状態。左右交互に前後に動かすのは怒っているとき。クルクル動かすのは不安な心理状態。後ろに絞るのは敵意や警戒心の表れ。

＊前掻き＝水や食べ物の催促や不満があるときなど、広く欲求を表す。腹痛等の不調を訴えている場合もある。

うと想像していたが、あれ、真ん中へんまでは骨がある。だからたまに変な所でシッポを振り上げて骨折し、シッポにギプスはめている馬だっている。

　つまりあれか？　素っ裸になって有り余るエネルギーでペッタンペッタンと無意味に腹に打ち据えたりする、あれのことか？　あまりに強烈な硬度と振幅を持つ男は、骨のないはずのイチモツでも骨折すると聞いたこともある。

　周知の通り、特に牡馬は〝ウマっ気〟などと言って、パドックで強烈なイチモツを披露することがある。そしてそういう馬はシッポを直立させることもある。あっちもこっちも直立させるのだ。お前は直立馬か！　アッチコッチ・エレクトスか！

　これは両手を挙げるような感覚かとも思うが、パドックで意味もなく片手挙げるのもおかしいし、「片手じゃ足らん、両手挙げたい」と思うのも、なお変だ。「理性じゃ押さえたいけど、ああ何だかこの感覚が」という、きっと〝不本意直立〟だと、個人的には想像している。

　馬の不可解さほどではないが、競馬には競輪・競艇にはない大きな特徴がある。馬主《うまぬし》*の存在だ。

　競輪に〝車主〟という人種がいて、「私は３０００万円のビアンキの特注車を持っているが、乗り手を探している」と言い、選手が「それなら私が乗ります」と手を

＊馬主＝競走馬の所有者。馬は厩舎に預け、1頭につき月額約60万が相場とされる預託料を厩舎（調教師）に支払う。所有する馬が賞金を獲得すれば、その80％を受け取る。つまり競走馬への投資家である。たとえば1着賞金3億の有馬記念を勝てば2億4千万が馬主の懐に入る（調教師は10％、騎手と担当厩務員が5％ずつ）。

　馬主になるには日本馬主協会への登録が必要だが、資産や年収などの審査がある。平たく言うと、カネ持ちでないと審査を通らない。その審査を行うのはＪＲＡである。

　馬主と個人的付き合いはないが、特に高額の馬や多数の馬を買う人たちの動向というのは、噂をまじえていろいろ伝わってくる。

　一昔前、3億、4億という馬をバンバン買い、もちろん大レースも勝って一世を風靡したSさんという馬主がいた。競馬場にヘリコプターで乗り込んだり、アメリカの大レースに出走させるときは、日本から大勢の舞妓さんを連れていったりして話題を集めた。

上げるという状況はない。競艇にもない。しかし競馬にはある。

そして、その馬主には一般競馬ファンにはない大きな特徴がある。話していると、だんだんこちらがしぼんでいくような特徴だ。

「馬主になったきっかけ？　そうねえ、うちの主人、競馬行くとき毎回トランクに1億円入れて行ってたの。それで私が〝あなた、そんなんやったら馬主になったらええのと違う？〟って聞いたら、〝それもそうやな〟って。ははは」

「はあ、それは馬主になったほうがいいですね、ははは」と一緒に笑いながらドンドンしぼんで行く。

別のある馬主とはドバイ行きの話題になったことがある。

「ドバイには昔、一度、取材で行ったことがあります」とぼくが言うと、

「あ、そう？　じゃエミレーツ航空よね。エミレーツはいいわよね。ファーストクラスが個室になってるから」

「あ、あは、あれはいいですね、快適です、はははは」

と言いながらドンドンうつむいていく。ぼくが乗ったエコノミー客室は、日本の飛行機より狭く、機内食のとき隣の人のフォークで食べてしまって喧嘩になった。

しかしぼくがこうやって馬主にしぼんでしまうのは、あるいは「シッポを振る」


しかし突然、何があったのか分からないが、購入代金も分割支払いになり、厩舎に支払う預託料も滞り始める。各厩舎とも、この馬主の所有馬を預かることを拒否するようになっていった。

ぼくが個人的に親しいM厩舎では、「昔、世話になった」という調教師の義理堅さから、最後までその人の所有馬2頭を預かり続けた。しかし、その馬主はついに破産宣告を受け、厩舎が最後まで預かっていた2頭の馬も差し押さえられることとなる。裁判所から執行官がやってきて、差し押さえ札を貼る。競走馬は馬主の財産の一部とみなされるようだ。

さすがに馬のヒタイに差し押さえ札が貼られるようなことはなかったが、新しい馬主が決まるまでの数週間、調教師室の壁に札が貼られていた。

という言葉を誤解しているからなのかもしれない。

シッポを振るというのは、日本語では〝権力に媚びへつらう〟という悪い意味で使われる。これはたぶん犬のシッポ振りから来ているんだろうが、あれはもしかしたら〝媚びへつらう〟というより親愛の情ではないだろうか。

ゴール前でムチをくらってシッポを振る馬には、「この馬、まだ悪癖が残ってますね」などと解説されるが、あれも親愛の情かもしれない。「あ、ムチ大好き、この騎手も好き、また叩いてくれた、思わずシッポ揺れちゃう」かもしれない。

もし人間にもシッポがあれば、「うちの主人、トランクに1億円入れて競馬に行くの」と言っていた馬主も、ぼくにシッポを振っていたのかもしれない。親愛の情だ。

「あ、ぼくも競馬に行くときはトランクにカネ入れます。3万円。ははは」

と笑ってこっちもシッポを振れば、

「それは素晴らしいわ」

「競馬っていいですね」

と、お互い電動ウチワのようにシッポを振って、いい友だちになれるかもしれない。

鶴の恩返しと寄生の紙一重

福岡に住む一人暮らしの男性の家の天袋に、見知らぬおばさんが数カ月住み込んでいたという事件があった。

この男性、自分のいない間に冷蔵庫の食料がなくなったりしているのを不審に思い、室内の人影に反応し映像を携帯に送信するセンサーを取り付ける。数日後、外出中に、室内をうろつく不審者の画像を受信して警察に通報、駆けつけた警察官といっしょに自宅を調べた。

玄関は施錠されており、外部から侵入の形跡はない。屋内もあちこち調べてみるが不審な者はいない。念のためと、普段あまり使っていない部屋の天袋を開けてみると、なんとそこに女（58歳）が横たわっていたというのだ。

天袋にはマットレスやペットボトルなど〝生活用品〟が持ち込まれていた。女は男性の生活パターンを把握していて、男性の外出時に冷蔵庫を漁っていた。〝同居〟は数カ月間に及んでいた。なんとも奇天烈な事件だ。

何の断りもなく自分の中に住み込んでいて、自分の知らない所で自分の栄養源を横取りして生きている。これはいわゆる〝寄生虫〟に当たる。

何だか分からないが、ものを食べても体重が減るし、顔色もよくないというとき、昔は「お前、ムシ（寄生虫）でもいるんじゃないのか」と問うのが定番だった。天袋のおばさんは果たして寄生虫だったのか。


JR目黒駅を西へ1キロほど行くと、目黒通り沿いに「目黒寄生虫博物館」という建物がある。亀谷了《かめがいさとる》＊という医学者が建てた、世界で一つの寄生虫の博物館らしい。東上した折にこの博物館を訪ねた。紹介したいのは、『寄生虫博物館物語』に出てくる亀谷了の寄生虫に対する見解だ。

動物の生活システムを大別すると、「自由生活」、「共生生活」、「寄生生活」の3つに分かれる。

人間などに代表される自由生活者は自分で働き、自分で獲物を探し、自分で配偶者を見つける。

共生生活というのは、たとえばヤドカリイソギンチャクとオニヤドカリだ。オニヤドカリはヤドカリイソギンチャクの鋭いトゲ（刺胞）に含まれる毒物によって外敵から守られ、ヤドカリイソギンチャクは殻の中に入ったオニヤドカリによって海

＊亀谷了＝著書に『寄生虫館物語—可愛く奇妙な虫たちの暮らし』（文春文庫）。「世界初の寄生虫専門博物館・目黒寄生虫館の名誉館長が、虫たちの暮らしと博物館設立までの物語を、仰天エピソード満載のエッセイに。奇妙だけど、不思議と可愛い虫たちに、貴方の寄生虫観も変わります。（BOOKデータベースより）

中をどんどん移動できる。ギブ・アンド・テイクで生活を快適化している。

寄生生活というのは一方が他方にすべて寄りかかり、食も住もまかせきりにしてしまって何も宿主（寄生する動物）にお返ししない生活の仕方を言う。

共生と寄生の違いは何か。共生は、自分の力で移動しエサを得ることもできるんだけど、ある特定の他種と一緒にいたほうが自分にとって楽だから一緒に生きているというもの。寄生は、ほかの生物に宿ることによってのみ生存が可能で、その生物を離れては生きていくことができない。

この亀谷了は自由生活、共生生活、寄生生活を並立的に書く。

教室の前で亀谷先生が「きみたちは将来どんな生活をしますか？」と聞き、「はーい、ぼくたち自由生活」という生徒に「なるほど」とうなずき、「わたしたちは共生生活」という生徒にも「そうか」と言い、「ぼくたちはカイチュウやサナダムシ*のように寄生生活やりまぁーす」と手を挙げる生徒にも、「へえ、寄生生活やるんだ、大変だけど頑張って」とエールを送る。「寄生なんかしやがって、テメエ」と言うんじゃなくて、「きみはそういう生き物なのか、なるほど」と言うのが凄い。

もう一つの亀谷了の卓見は、「寄生虫は宿主が死ねば自分も死ぬ。そのことを寄生虫はよく知っている。だから基本的に寄生虫は宿主に迷惑をかけない。もし寄生

＊サナダムシ①＝ぼくは飲み会で酔ってくると、だいたい「サナダムシがどうやって生殖するか知ってるのか？」と大声で問いかける。もちろん場を盛り上げるためだが、相手は横向いて別の人間と話し始め、孤独に見舞われる。

だが貴重な例外もいる。栗東トレセン加用厩舎で現在サザンボルケーノやアズマタックンなどを担当している前田功士厩務員（40歳、独身）だ。彼はひとり家のソファで、『図説・人体寄生虫学』や『感染症大全』みたいな本をブランデー片手に読むのが趣味だ。

ぼくが「目黒寄生虫博物館に行ったことがある」と言うと「わたしは3回行きました。来月の休みにも行きます」と言う。完全脱帽だ。彼は寄生虫博物館にいくと「サナダムシTシャツ」やら「エキノコックスTシャツ」などを土産にくれる。ぼくは競馬場に着て行って自慢するのだが、ほとんどの人間は気味悪がるだけだ。

前田厩務員とは「この事態を何とかしないといけない」といつも2人腕を組んで話し合う。

虫が宿主に害を与えることがあるとすれば、それは本来寄生すべきでない動物に寄生虫が入ってしまった場合である」と言う。

これだ。つまり福岡の天袋おばちゃんの場合、図らずも、あえて言えばおばちゃんの意図と違って、宿主の男性に迷惑をかけてしまった。せっかくマットレスとペットボトルを持ち込んで長期滞在を目論んだのに、いちばん大事な宿主を間違えてしまったということだ。

しかし「宿主間違いの寄生」を「了解済みの共生」に変化させることは、人間の場合、案外簡単にできる。

自分の携帯に、わが台所の冷蔵庫のタクワンを漁る女が写った。「誰や、こいつ！」と慌てるのは当たり前だ。でも「ウン？」タクワンかじりながらカメラのほうを振り返った女が、もし深田恭子だったらどうだ。

「誰や、こいつ？……どこかで見たことがある、あ、深田恭子やないか？　フカキョンや、フカキョンがうちの冷蔵庫のタクワンかじっている？　どういうこと？」

と、これはこれで新たな展開が始まる。

警察に通報する前にとりあえず自分のうちの台所に帰って真相を確かめたくなる。

「もうフカキョン、おれの冷蔵庫のタクワンなんか漁って。え？　もう三カ月も天

＊サナダムシ②＝ぼくの飲み屋トークを聞けない人のために、ここに講義録を残しておこう。

「だいたいサナダムシがどうやって生殖するか知ってる？　サナダムシは大型動物の腸に寄生するから、吸盤だけしっかりしとけば、食べ物の心配はない。だから吸盤以外はほとんど生殖組織なのよ。これ腹が立つ。腹立つやろ？　体の8割が生殖組織、もう生殖のことしか考えてないわけよ。

でもサナダムシは腸の中にただ1匹いる。どうやって相手見つけると思う？　ここが難しい。結局ね、ある種の自家受精なんよ。サナダムシは数千と言われる体節から成っているけど、各体節に射精機能と受精機能があり、各体節から排出される精子を別の体節の受精機能が受け入れる。

袋に住み着いてたの？　ほんとにしょうがないやつだなあ、もうこうしてやる！」とか何とか言って〃見返り恩恵〃をいただく可能性が高い。

この恩恵をいただけば、深田恭子は天袋で「寄生生活」をしていたのではなく、ギブアンドテイクの「共生生活」をしていたことになる。

「一見おばちゃんのように見えたけど、実はおばちゃんは鶴でした。天袋には鶴の織った世にも美しい織物が残されていたんです」というのはどうだ。

「そうか、寄生虫じゃなかったのか、鶴の恩返しだったのか、通報しなきゃよかった」と歯ぎしりするはずだ。

「寄生虫」と「鶴の恩返し」は紙一重の差なのである。

競馬以外のネタから始めるのを旨とするコラムとはいえ、今回は最後まで全然競馬と関係なかったじゃないかと思ったかもしれないが、そうじゃない。

日本ダービーは府中に現在の東京競馬場ができるまでの第1回（昭和7年）と第2回（昭和8年）は目黒競馬場で行われている。古地図を見ると、寄生虫博物館は、取り壊された目黒競馬場の第3コーナーのはずれに当たっている。

1つの個体だから、精子も卵子も同じ遺伝子のはずで、これだとアメーバのようにただ分裂するのと変わらないんだけど、サナダムシの場合は数千の体節ごとに微妙に遺伝子が違う。微妙に違う個体の連なりとも言える。だとしたら、正確には自家受精とも言えないかもしれない。ああ、何だかわけが分からない」

女を待たせない血統です

4月初旬の桜花賞週の栗東坂路《りっとうはんろ》*に行くと、「わっ、もう緑ゼッケン（2歳馬）がいる」と驚くが、5月オークス週に行くと「わっ400番の緑ゼッケンがいる」とまた驚く。わずか1カ月で400頭の新馬が入厩したわけだ。

ダービーが終わって6月の声を聞けば、来年のダービーに向けてこのペースはもっと加速する。例年の事だ。「今年は新馬不足、100頭しかいないよ」と嘆く年は1回もない。

こういうとき、ぼくは反射的に「フーハー、フーハー」と鼻息を吐くオスと、「もうしょうがないわねえ、はいどうぞ」と尻を向けるメスという、そういうイメージを浮かべる。坂路上でウジャウジャ出てくる緑ゼッケンを見るたびに、「フーハー」「しょうがないわねえ」のイメージを浮かべるから疲れて仕方ない。

本当は緑ゼッケンを見たら、種付け、出産、育成に関わる牧場スタッフの努力を思うべきなんだろう。しかし基本的に馬というのは繁殖能力が高いのではないか。*

*栗東坂路＝栗東トレセンにある調教用坂路コース。全長1085メートル、幅7メートル、高低差32メートル。栗東では平地調教コース6つと坂路コース1つで調教が行われているが、利用頭数は坂路コースが最も多く、多い日は1日1000頭以上が利用する。

*馬は繁殖能力が高いのではないか＝対照的なのがパンダだ。子どもを生ませたくて、人間があの手この手を尽くすが、当人どうしが一向にその気にならない。

古い話だが、神戸王子動物園のパンダなんかとんでもない騒動を起こした。パンダ夫婦が実はメス同士かもしれないと言われだしたのだ。パンダは体型も生殖器も外見からは雄雌区別がつかない。

かつて見た競馬番組の中で最高と思ったシーンがある。

KBS京都競馬中継の中で、澤武博之アナが引退後のタイキシャトル*を訪ね、牧場主に質問する。

「種付け*はうまいですか」とマシュマロマンのような澤武アナが尋ねると、

「うまいです」と牧場主が答える。

普通ならそこで別の話題に行くところだが、澤武アナは違う。

「うまいというのは？」と突っ込む。

「すでにベテランの味ですね」

「ベテラン？　ベテランというのは？」とさらに突っ込む。

牧場主が「早いということです」と吐き捨てるように答えると、

「早い？　早いのがうまいんですか？」

「牝馬《ひんば》*を待たせないということです」

「待たせないのがうまいんですか？」

素晴らしい食い下がりだった。ぼくも食い下がらないといけない。

競馬雑誌から「今月号は競走馬の血統の特集で行きますので、血統について書い

新聞は暗に関係者を責めていたが、ぼくはパンダに対して腹が立った。お前ら繁殖したくないのか。3年も一緒にいたら「ケッ、女やんけコイツ、男よこせや」ぐらい言うやろ、普通。

*タイキシャトル＝牡。藤沢和雄厩舎。97−98年。13戦11勝。うち海外を含めGⅠを5勝。

*種付け＝いまいちばん脚光を浴びている種牡馬《しゅぼば》（種馬）は、04年・05年の現役2年で12勝（うちGⅠ7勝）したディープインパクトだが、その種付け料は1回2千万とも3千万とも言われている。

*牝馬＝子どもを産む牝馬は繁殖牝馬とか肌馬《はだうま》という。牝馬には〝種付けられ料〟というのは出ないが、たとえばディープインパクトの子どもを産めば、その子馬は最低でも3000万はすることになり、その金額は母馬の所有者（通常は生産牧場主）が得る。つまり生産牧場主は、種付け料を払う代わりに子馬の売り上げ金をもらって経営を成り立たせている。

て下さい」と頼まれたことがあって、「ああ、分かりました、セックスのことを書けばいいんですね」と引き受けた。*

原稿が掲載された翌月に読者から、「やっぱり乗峯さんには血統のことは無理なんですね」という投書があった。

何を言っとるんだ、血統といったらセックスだろうが。もし馬がアメーバやゾウリムシみたいに分裂やら自家生殖だけで別個体と遺伝子交換をしなければ、血統もへったくれもありゃせんだろうが。ディープインパクト*がいかに優れた馬でも、遺伝子交換せずに分裂増殖ばかり繰り返していたら、次世代８０００頭が全馬ディープになって、競馬にならんぞ。

「種付けの申込みが多くて大変なんですけど」と言いながらメス馬にのしかかったディープインパクトを見ると、こちらは「クッソー」と歯噛み地団駄する。これは辛いが、しかしその歯噛み地団駄を含めてセックスだ。血統というのは、嫉妬やヒガみや、そういうものを必ず含んでいる。

*引き受けた＝などと書くと、引き受けないこともあるような印象だが、基本的に依頼は断らないというのがぼくのポリシーだ。ご依頼、お待ちしています。

*ディープインパクト＝14ページ脚注参照。

カギを握るのは血統ではなく精子だ

女子テニスの大坂なおみが脚光を浴びている。陸上短距離のサニブラウン・ハキームも注目を集めた。ちょっと前には高校野球でオコエ瑠偉が甲子園球場を沸かせた。もちろんダルビッシュ有もいる。

みんな母親は日本人だが、父親はそれぞれハイチ人、ナイジェリア人、ガーナ人、イラン人だ。体格や身体能力に父親の影響が強く出ているように思える。

競走馬でも、父親（種牡馬《しゅぼば》）は好成績を残した選りすぐりの馬だから、父親の形質をできるだけそのまま出す仔馬が優秀とされる。

ディープインパクト*は年間１００頭以上種付けするが、いちばんいい仔馬というのはディープインパクトがそのまま出た馬、つまりディープ形質が母親の壁を素通りしてそのまま出てくる、まるでディープのクローンのような馬が最高ということになる。

「キズナ*が強いのは、母親キャットクイル*が（自分を主張せず）父親ディープイン

*ディープインパクト＝14ページ脚注参照。

*キズナ＝牡。佐々木晶三厩舎。12―15年。14戦7勝。13年ダービー勝利。

*キャットクイル＝13年ダービーを勝ったキズナ（父ディープインパクト）、GⅠ3勝のファレノプシス（父ブライアンズタイム）など産駒8頭で22勝、うち重賞9勝、GⅠ4勝。

パクトをしっかり出す形質だからだ」*などと言われる。

しかしこういう話を聞くと、ぼくの場合、高校の生物の時間に習った「受精のしくみ」の図が頭をかすめる。多くの人が、巨大な卵子の表面に何匹もの精子が頭をぶつけて群がる図を見た記憶があるのではないだろうか。

卵子は精子が一匹中に入ると途端に表面を閉じ、他の精子の侵入を阻止する。その競争に勝った一匹の精子が卵子の奥深くに入り、卵子の核に遺伝子配合を与えると、もう精子の一生は終わりだ。あとはもうまったく無用、卵子が勝手に卵割を繰り返していって、1個の卵細胞が60兆個の細胞にまで膨れあがり、人間となる。

高校のとき、同じクラスに田口という生物部の部長がいた。薄暗い理科室でカエルに電極ひっつけたり、ゾウリムシを切り刻んだりする、あの生物部だ。それだけでも得体の知れないものを感じるが、特にこの田口は不可解だった。

新入生対象のクラブ紹介の時、田口は壇上で「生物部は一応クラブと名前はついてますが、クラブと思ってはいけません。大間違いです。生物部は生物を研究するところではなく、生物に感謝するところです。わたしたちは」と、ここで田口は突然手を合わせ、あらぬ方《かた》を向いて拝礼し、「ミソギの集団です。見て下さい（と言って上唇を指で引っ張りあげる）ほら歯が欠けてるでしょう。でも（と田口は聴衆のほう

*ディープインパクトをしっかり出す形質＝ここで競走馬の血統理論について説明しよう。

とっかかりとして、血縁がはっきりしている古代皇統のことを例に引く。

古代、皇族の間では、母親が違えば（腹違いなら）、同じ父から生まれた息子と娘が結婚することが許されていた。

第29代欽明天皇は、蘇我堅塩媛《そがのきたしのひめ》との間に後の第31代用明天皇が生まれ、別の妃・蘇我小姉君《そがのおあねのきみ》との間に穴穂部間人皇女《あなほべのはしひとのひめみこ》が生まれた。この腹違いの2人が結婚して生まれたのが聖徳太子である。

つまりこういうこと。

・欽明天皇＋堅塩媛→用明天皇
・欽明天皇＋小姉君→間人皇女
・用明天皇＋間人皇女→聖徳太子

現代天皇家ではこういうことはありえないが、古代皇統では許されていて、これをインブリード（近親結婚）といい、「聖徳太子は欽明天皇のインブリード2×2の皇子」ということになる。

たとえばディープインパクトのような強い馬が出現した場合、その息子と娘を交配させれば、すご

を向いてニヤリとする）その代わり、うちの水槽のカエルには歯があるんです」

　何が言いたいのかさっぱりわからない、ただ薄気味が悪いというだけのクラブ紹介だった。

「とりあえず、入部希望者は放課後、各自、精液を持って集まるように」そう言って田口は壇上を降りたが、自分の席に戻ったあと「あっ、女子のことを忘れてました」と大声を出して、再び壇上に上がり、「女子は卵子を持って来てくれるといいんだけど、ウーン、それは難しいかもしれないので、まあ、男子の精液を借りてきてくれればいいです」と言った（もちろん入部者はゼロだった）。

　ある日、校舎の裏でクラスの女の子が通るのを待ち伏せしていたら、そこが運悪く生物室の前で、女の子が通る前に田口に捕まった。ガッと窓を開け、「お前、何しとるんや、こんな校舎の裏で。怪しい。とにかく中に入れ、ミミズの精子見せたる」

　しぶしぶ中に入って、ミミズの精子を見せられたあと、「お前、人間の精子、見たことあるか？　ないのか？　それは恥ずかしいことや。人間として恥ずかしいことや。生き物としての人間として恥ずかしいことや。道は2つしかない。オレの精子を見るか、お前自身の精子を見るかや」。強烈な圧迫力だった。

「じゃ、まあ、どちらかというと、自分の精子で」と小声で言うと、「じゃあシャーレとエロ本がそこにあるから、準備室で採取して来い」と言われる。

い馬が出現するのではないかと考える。その通りに生まれた馬は、父方の祖父（2代前）と母方の祖父（2代前）がディープだから「ディープの2×2」と表現される。父方の曽祖父と母方の曽祖父がディープなら「ディープの3×3」である。5代までさかのぼって同一馬がいない場合は「アウトブリード」と呼ばれる。

　父方の曽祖父（3代前）と母方の曽祖父の父（4代前）が同じときは「3×4」となり、父方の曽祖父の父と母方の曽祖父が同じなら「4×3」となる。

　最近の繁殖理論では「インブリード3×4、または4×3が理想」などと言われているようだが、ぼくにはどうも信じがたい。専門的に研究している人には悪いが、基本的に「血統理論」に疑問を持っている。

いや、しかし顕微鏡をのぞいてちょっと感動した。こんな、ピクピク動くムシ*が自分の子どもをつくるのかという変な感動だ。卵子を見るというのは素人にはなかなかできないが、精子については顕微鏡があって、男なら誰でも見れる。女子に見せて「わあ、凄いセクシー」と驚嘆を浴びる可能性もある。少なくともカエルの解剖なんかより、よっぽど生物学的興味が持たせられる。高校教程の中にぜひ採り入れるべきだ。

競馬生産の血統学は経験値を組み込んでずいぶん進歩しているようだ。

しかしディープインパクトの1回射精2億匹の精子の中で、どの精子が卵子の中に入り込んで卵核と接合するのかは、まだ「神のみぞ知る」世界だ。もちろんオス（XY染色体）が生まれるか、メス（XX染色体）が生まれるかも、X精子かY精子かによって決まる。父親の形質を多く受け継ぐかどうかも精子選択によって決まる。

経験則から来るインブリード、アウトブリードも大事だろうが、もうそろそろ精子の海へ入っていくべきときではないだろうか。

＊ピクピク動くムシ＝人間の精子の長さは0・06ミリぐらいだが、動くための「尾部」がその9割を占める。一方、人間の卵子の大きさは直径およそ0・1ミリだ。精子の頭部と卵子の体積比率は1：10000にもなる。巨大木星に突っ込む探査機ガリレオみたいだ。（理科室の顕微鏡で卵子を見たわけではないけど）。

美しき夢見て汚きわざを

競馬マスコミの端っこに中途採用されて四半世紀になるが、まったくの素人のころから一つだけ変わらない強い個人的推量がある。

「馬はエサとセックスのことしか考えていない」

馬だけでなく、人間をはじめ、すべての生物のベースにあると思っている。食欲（自己保存）と性欲（種保存）は生命の証しだ。ただその表れ方、特に性欲の表れ方（馬が速く走るのもその一つ）が生物によって千差万別で、これが文化をつくる。

長い歴史をもつ競走馬の飼育だが、馬の性欲の扱い方に関しては、まだ試行錯誤の段階にある。厩舎中央の大仲《おおなか》（スタッフ休憩室）を挟んで、牡《オス》の馬房と牝《メス》の馬房がきっちり分けられているところもあれば、一人の厩務員が牡と牝の両方を担当するときには、２頭が近いほうが作業しやすいという理由で〝男女隣室〟を採用している厩舎もある。

荒川義之厩舎には斎藤重美《しげみ》さんという腕利き厩務員*がいて、かつてオースミグラスワン*（牡）とチェレブリタ*（牝）の2頭を担当していた。まだ荒川厩舎が新規のころ、馬房が足りず、この2頭だけ〝離れ〟に移動していたことがある。キスぐらいならいつでもできる距離に2頭がいて〟（2馬房だけの）新婚家庭の離れ家〟のようだった。でもトラブルなど起きず、2頭はともに重賞を獲得している。

ただオースミグラスワンが09年に先に引退して新潟競馬場の誘導馬（パドックや馬場で競走馬を先導する馬）として出て行くと、チェレブリタは体調が悪くなり、放牧に出され、その放牧先で急死してしまった。やっぱりチェレブリタには〝グラスワンへの秘めた恋心〟があったんじゃないか、恋患いだったんじゃないかと、人間レベルで夢想する。

トラブルを起こす恋（ここでは性欲と言わず、あえて恋と呼ぼう）もあれば、秘めた恋もある。それも文化だ。

その荒川厩舎でスポークスマンもつとめる佐藤淳助手という、個人的に長い付き合いのスタッフがいる。彼のフェイスブックに、一粒種の小3の息子が学校で書いたきたテストの解答の写真が出ていた。保健の授業らしい。

「外から帰ったはるこさんが、おやつを食べようとしています。はるこさんに何と

*オースミグラスワン＝牡。荒川義之厩舎。04―09年。32戦7勝。

*チェレブリタ＝牡。荒川義之厩舎。07―10年。25戦4勝。

*厩務員＝ここで厩舎と厩舎で働く人々のことを説明する。

●厩舎＝中央競馬の厩舎は茨城県美浦か滋賀県栗東のトレーニングセンターにあり（荒川厩舎は栗東）、それぞれ約100の厩舎がある。各厩舎は20馬房（競走馬20頭）が基本サイズ。厩舎長である調教師（1人）と調教助手、厩務員の合計十数名から成る。

●調教師＝厩舎の責任者として、馬主から馬を預かって育成と調教を行う個人事業主。厩舎従業員を雇って給料を払う。主たる収入源は馬主からの預託料（月額60万円が相場）。預かった馬が賞金を獲得したらその10％を受け取る。JRAの試験に合格して免許を取得

アドバイスしてあげますか？」というのがテストの問題だ。

　これに対して佐藤ジュニアは、「ズボンで手をふかずに、ちゃんとせいけつなタオルを使ってふかないといけない。なぜなら、ズボンにもよごれがついているから」と回答していた。

　素晴らしい答えだ。父親がフェイスブックに投稿するだけの価値がある。

　人間の日常行為で一番汚れの危険性があるのは排便だ。だから「トイレから出たら必ず手を洗いなさい」と指導される。しかしトイレで行う行動を振り返ってみるといい。人間は排便のあと、手を洗う前の手でパンツを上げ、それからズボンを上げる。手は洗ってきれいになるが、ズボンの汚れは残っている。

　佐藤ジュニアは「ズボンにもよごれがついている」と述べた。実に卓見。人間の身の回りでズボンの腰の部分がいちばん汚い。


　恋（性欲）の話のあとになぜ「汚い」話をもってきたかというと、この2つは非常に近接した関係にあるからだ。

「いやーん、そこは汚ーい」

「汚くないよ。なぜならぼくはきみを愛しているから」

などという訳の分からない論理がまかり通るからであり、さらにその言葉を聞い

する必要がある。70歳で定年。

●調教助手＝馬に乗って日々調教を行う。調教専門で、俗に〝攻め専〟などと呼ばれる。まず厩務員として勤め、ＪＲＡの試験に合格すれば調教助手になれる。

●厩務員＝馬体のケア、飼い葉の配給、糞尿の処理など、競走馬の身の回りの世話を行う。

●厩舎従業員＝調教助手と厩務員を合わせて厩舎従業員と呼ぶ。調教師に雇用されているが、ＪＲＡ競馬学校厩務員課程（半年間）を修了し、ＪＲＡの承認を受けなければ厩舎に入れない。65歳で定年。
　厩舎従業員は給与以外に、厩舎所属の馬が賞金を獲得したら、その5％を受け取る。以前は当該馬の担当者が全額をもらっていた時期もあったが、今は厩舎全体でその馬を育てているという考え方から、たとえば「5％のうち3％を担当従業員が受け取り、残りの2％はその他の厩舎従業員全員で分ける」といったシステムを採用している厩舎が多い。

て、「いやーん、気持ちいいー」などとも言ったりするからだ。

聡明な佐藤ジュニアだから、何年かしたら気づくはずだ。おやつを食べようとしているはるこさんには、清潔なタオル使用を勧めるという通りいっぺんのアドバイスではいけない。はるこさんには、「ぼくがさっきハナかんだハンカチで手をふきなさい」と言うほうがいいかもしれない。「あなたのその汚さがステキ」と、はるこさんはそう言うかもしれない。

「おやつを食べるはるこさんへのアドバイスは？」という問いに対しては、「はるこさんをよく知らないうちは答えられない」が正解なのである。

恋とは美しき夢見て汚きわざをするものぞ。*

ドイツの小説を訳して森鴎外が書いたこの言葉、大人ならほぼ理解する。「美しいことって汚いことが付随するのよね、たいていね」と。

しかし小3の子に教えるのは難しい。「〝美しい〟の反対語は〝汚い〟です。でも〝汚い〟の反対語は〝通りいっぺん〟です」と教えるべきだ。

何の話だった？　そうだ、多様な性欲表現が文化を創るという話だった。

＊森鴎外訳『埋木《うもれぎ》』に出てくる。原書の著者はオシップ・シュビンという人らしいが、全然知らない。ドイツ人なのかベルギー人なのかも判然としない。翻訳を正確に引用すると以下の通り。

ゲザはその顔うち守りて「恋とは」と問ひぬ。
老人は謦咳《せいがい》して「病なり、熱ある病なり。これを煩ふ人は美しき夢見て、きたなき業するものぞ。

液体競馬を極めるべし

〝液体の復権〟ということをずいぶん前から考えている。われわれはもっと液体に注目するべきだ。

たとえば囲碁将棋のタイトル戦。テレビ中継を見ると分かるが、盤を挟んで座った2人、1時間の中継中に一手も指さないことも多い。しかし何も音がないかというと、そうではない。鼻をかむ音、痰を吐く音、汗を拭う音、トイレに立つ音は聞こえてくる。人間というもの、固体は動かなくても液体は出る。

たとえば空港の手荷物検査。最近は液体に厳しくなった。「あらゆる液体は100ミリリットル以下の容器に入れること。液体にはジェル状の物も含まれる。それらジェル状の物を含めた液体の容器を1リットル以下のジッパー付き袋に〝余裕をもって〟入れること。ジッパーを閉められない場合は閉められるまで液体を捨てること」。これは空港警備・手荷物持ち込み公告の一部だ。

固体の場合はライターは、爪切りは、ひげ剃りはと、品目ごとに細かく指示されるのに、液体はあれもこれも、ジェル状の物まで含めてすべて〝液体〟だ。ここにこの公告のエロさがある。液体をナメてるんじゃないのかと思えるフシがある。

われわれは「液体」と聞くとドキッとする。「お前、何か飛び出てるぞ」だと普通に「え、何?」と聞き返せるが、「お前、何か液が出てるぞ」と言われると、やってはいけないことをやってしまったような気になる。*


動物の生殖も、「液体派」か「気体派」かが大きな分かれ道になる。ホ乳類も鳥類もハ虫類も、あるいは昆虫でもムカデでもカタツムリでも、陸上生活し、気体（酸素）を吸って生きる者は体内受精（交尾）だ。

それに対して両生類、魚類、あるいは貝やイカ・タコなどの軟体動物。これら液体中で生活し、液体から酸素を得る者は基本的に体外受精だ。トンボやムカデに比べればカエルやマグロは高等なはずなのに、トンボやムカデは〝中に出し〟、カエルやマグロは〝外に出す〟。

体内受精のほうが「自分の精子だけを与える」ぶんには効率がいい。しかしご存知の通り、体内受精をやり始めたばかりに、われわれ陸上生物はトラブルを抱え込んだ。

「お前、ひょっとして山田ともやったんじゃないのか?」


*妄想と言われそうだが、これはわれわれが数億年前、水生動物から陸生動物に移ったときの後ろめたさから来る感覚じゃないだろうか。

「ああ、やったわよ、やりました、悪ぃ?」

「何ぃっ! オレより山田のほうがよかったって言うのか」

「まあ、アンタって男は何てイジマしい、ええ、山田さんのほうがよかったわよ」

という言い争いが起きる。所有と嫉妬の闘争だ。

もし、たとえばわれわれが水の中で生活する動物なら、「(アイツと)やりたい」は「(アイツの卵に)かけたい」に変わり、

「アンタの望みはワタシじゃなくて、ワタシの卵だったのね」

「おう、よく分かったな、お前なんか興味がない、興味があるのはお前の卵だ」

となって、これは所有・嫉妬関係を根底からつくり変える。


つまり言いたいのは「液体競馬」だ。これを一度やってみたい。

たとえば、顔色を見ただけで「きみは××が悪い」と言う医者や「キロ3分が最適ペースだ」と言う駅伝コーチはいない。そういうことを言うためには、まず血液や尿やリンパ液を採り、尿酸値や乳酸値を調べる。つまり液体がカギを握っているのだ。

「液体競馬場」のパドックに馬は出てこない。各馬の糞、尿、汗、血液、生殖器分泌液が長大な回転寿司カウンターのようなものに乗って回るだけだ。液体パドック

を観察する競馬客は白衣を着、各自工夫のリトマス試験紙や検査液を持って、「うーん、５番の馬は乳酸が溜まってる」とか、「7番の馬はヘモグロビン減少だ」などと分かったようなことを言って馬券を買うことになる。

「固体競馬場」の写真判定で〝同着〟となったレースでも、「液体競馬場」ではさらに厳密な裁定が行われる。

たとえ鼻端が同着でも、鼻端からはさらにいくばくかの液体が出ているから、その液体を含めて〝液体写真判定〟で順位を決める。もしゴール前でガァーッと唾を吐くような馬がいれば、液体競馬では俄然有利となる。液体競馬ではその馬の出した液体まで含めて馬体とするからだ。なので液体競馬の各厩舎は、ゴールに近づくと唾を吐くように各馬を調教する。

〝液体派〟はさらに大きな野望を持つ。名古屋の河村たかし市長は新党「減税日本」をつくり、「政治の目標は減税」といいことを言ったが、液体派はこれにならい、新党「液体日本」を旗揚げする。

「政治の目標は液体！」という意味不明スローガンを掲げ、「液体に市民権を！あなたとわたしにもっといい液体を！」と演説して回るのである。

ゼラチンは愛の証し

小倉競馬場には発売窓口横に「使用済み投票券投入口」*という小さい横穴がある。たぶん99年の改装の時に作られたものだと思う。一見どこにでもありそうな表示だけど、ぼくは他の中央競馬場・地方競馬場では見た記憶がない。

初めてこの表示を見た時はしばらく呆然とした。「使用済みって、オレがこの馬券をいつ使用した？」と外れ馬券を撫で、「何で〝外れ投票券投げ捨て口〟にしないんだ」とブツブツ言った。

でも正直言うと、呆然の最大の理由はほかにあった。わが少年期、まだデパートなどでは男女共同トイレが主流だった。用を済ませたあと、コーナーの蓋付きの三角容器に気づく。「使用済み用品入れ」などと書いてある。外に出て、「あれって何？使用済みって、紙なら便器に流せばいいじゃないか」と相談すると、ませた同級生が「ボウヤよく聞け、そういうもんじゃない。あの容器には人類生存の深い理由が隠されている」と図解入りで説明してくれた。あの神秘に満ちた〝使用済み用品入

*使用済み投票券＝つまり「外れ馬券」。美化意識のなかった昔、競馬場や場外には「外れ馬券は床に投げ捨てていい」という不文律があった。最終レース近くになると、外れ馬券のジュウタンの上を歩いて馬券を買ったものだ。

もちろん、当たり馬券を間違って捨ててしまう人間もいるわけで、そうすると、間違って捨てられた当たり馬券をゲットしようとする人間も出てくる。これを俗に「地見屋《じみや》」と言う。現金やカネ目の物を得ようと下ばかり見て歩く古くからある〝職業〟だ（古典落語にも出てくる）。

ずっと地面ばかり見ていられる根気と視力、つま先で下の馬券を釣り出す足指の力、あと、ここが大変だが、すべてのレースの当た

れ〟を思い出したのだ。

いやまあ、でもそんなことはいい。あの表示を見るたびトイレのコーナー容器を思い出すのはぼくだけかもしれないし、単に〝燃えるゴミ〟で一緒くたにするより馬券だけ分別回収したほうが何かに再利用できるのかもしれない。


でも最近気になることができた。

小倉競馬場の向こうの低い山並みの切れ目、遙か遠くに頂上に電波塔のある山が見える。皿倉山《さくらさん》だ（〝皿倉山特別〟でも馴染みだ）。海抜600メートルほどだが、4世紀、神功《じんぐう》皇后の朝鮮半島侵攻の際にはここで休息し、「さらに暗し」とか「さらに暮れたり」とか言ったとか言わなかったとか、とにかくそれで名前が付いたという話だ。そしてこの皿倉山を中心とする帆柱《ほばしら》連山はムササビの生息地であることも知った。

唐突だが、ぼくは動物生殖の本をかなり読んでいる。* 単にエロ意欲からだけではない（もちろんそれもあるが）。生殖は動物や人間を知る上でもっと注目されていい。その生殖行動において、ムササビはかなり際だっている。

ムササビのメスは繁殖期でもオスを自分の巣に入れないが、ある晩、メスは巣を抜け出して木の先端に上る。下の梢には「何とか一つ」と発情オスたちが手を擦っ

り番号を頭にインプットしておける記憶力を必要とする。遺失物横領の罪もかいくぐらないといけないし、なかなか大変な職業だ。

未払い戻し金が年間60億もあった20年前なら、当たり馬券の〝間違い落とし〟も結構あっただろうが、現在ではネット投票がＪＲＡ全売り上げの65％に達して馬券は激減している。その馬券も、いずれクレジットカード決済に移行していくようだ。「馬券地見屋」は、いま絶滅の危機に瀕している。

＊動物生殖＝とりわけ交尾（体内受精のこと）について調べている。ムササビの生殖について、「そんなの普通じゃないか」という感想を持った人のために、トコジラミ（いわゆる南京虫）の生殖の話をしよう。
トコジラミのメスには生殖口がなく、発情期になるとオスはメスのじゃばらの腹にブスッと男性器を突き刺す。

「と、殿、何をなさるのです、何とご無体な、あ、血、血があ」

メスは出血している自分の腹を押さえてそんなことを言ったりは

て群がる。ここまでならムササビのメスは高潔の極みのようだが、そうではない。この晩、メスは群れの中のオス5、6匹と一気に交尾する。「ふう」と額に手をやり満足そうに夜明けを迎えるメスを見詰め、あぶれたオスたちは「何だよ、貞淑そうに振る舞ってたって結局アバズレじゃないか」とうなだれる。

しかし、オスのほうも浮気メスを漫然と許しているわけではない。オスは精子と共に交尾栓という半個体をメスの体内に注入する。ゼラチン質の塊で、次のオスの精子が自分の精子より先に子宮に到達するのを妨ぐ。どんな動物でもオスは工夫して浮気女に対処する。メスが他のオスと交尾するのを防げないなら、せめて精子はオレの分だけと悲しい工作をする。

毎年夏になると、小倉競馬場最上階の窓口に「小倉記念買いまーす！」と妙に甲高い声を出す男がやって来る。「そんなに高い声出さなくても、馬券ぐらーい買えるーわよ！」とおばちゃんが応える。おばちゃんの声も、まるで皿倉山の森で鳴き交わすムササビのカップルのように甲高い。

「サンレイジャスパー*の単勝！」と男はまた高い声を出す。

おばちゃんが馬券を差し出すと、男はその手首をぐいと握り、「キミはオレ以外の男にもサンレイジャスパーの馬券を売るのか」とじっと見つめる。

しない。トコジラミのメスには「スーパーマリッジ」（超結婚？）と呼ばれる器官があって、腹の傷はすぐ癒える。注入された精子は、血管からメスの体内貯蔵嚢《のう》に溜めこまれる。メスは体内で卵子を形成すると、その貯蔵嚢から精子を取り出し、必要に応じて必要なだけ受精する。

トコジラミのメスにとって腹にペニスを刺されるのは予定の行動だ。「最近刺し傷少なくて寂しい」とメスは自分の腹をさすって落ち込んだり、「刺しなさいよ、意気地がないわねえ」とオスをけしかけたりもする。

オスは「恋だよなあ、恋」と言いつつ、もぞもぞと自分の男性器を出す。「恋だけどもね、恋は往々にして汚いことするんだよな」とオスがボソボソ言い訳してメスに寄っていく。「何でもいいから早くブスッときなさいよ、こっちは切羽詰まってんだから」とメスはぐいと腹を突き出す。

＊サイレンジャスパー＝牝。高橋成忠厩舎。05－10年。43戦４勝。07年小倉記念勝利。

呆気にとられるおばちゃんを前に男は首を振り、「いや、それは言ってもセンナイことだ、われわれはそういう習性に生まれついている、言っちゃいけないんだ、ただ、ただこれだけは……」と言いながら、男は口からゼラチンを吐き出し、それをベタベタ窓口に貼り付け始める。

「キミが受け容れるのはオレの馬券だけだ、あとの男には売らせない」と男は意味不明のことをわめく。おばちゃんたちは驚くが、男は「愛の証しのゼラチンだ、多江、愛してるぞ」と叫び、駆け出す。「木村多江」という名札を下げたおばちゃんはゼラチン窓口の向こうでただ呆然と突っ立つ。

通報を受けて警備員が駆けつける。「え、逃げた？　階段か」と言う警備員に「いや、バルコニーから。あの男、腕の下の膜を広げて飛んで行ったわ、皿倉山のほうに。皿倉山のムササビ男なのよ、きっと」とおばちゃんたちが説明する。

その脇を抜け、男の吐き出したゼラチンを〝使用済み口〟に投げ込んで突然木村多江も空に飛び出す。「ほかの男とやりまくったって精子はあなたのものよー」と叫ぶ、その多江の両脇にはしっかり膜が張っている。

「使用済み投票券投入口」というのは、つまり皿倉山のムササビが交尾栓を捨てる場所じゃないのか。一夜の残り滓を捨てて二人手を取って新世界に舞い上がる、そのきっかけの場所じゃないだろうか。

不倫の気勢、打突、残心

芸能人や政治家の「不倫」がたびたび問題になる。

「ごめんさい」と言ったら「誰に向かって謝っているのか」と言われ、仕事に復帰しようとすると、「みそぎが済んだと思っているのか」、「奥さん（ダンナさん）に申し訳ないと思わないのか」などと突っ込まれる。

こういう場面、ぼくなど「問題はそこじゃないだろう！」と大声を出したい。

そもそも「不倫」とは何だ。妻子ある男が職場の女性とお茶を飲んだら不倫か？ 違うだろう。「仕事がうまくいった」と女性とハグしたら不倫か？ 違うだろう。どうも文脈からみるに（妻・夫以外と）生殖交接器を接触させることを「不倫」というようだ。この場合「不倫」は「授精・受精」は意味しない。受精していなくても不倫だ。だとしたら非常に曖昧な定義だ。*

定義ということになると、長年毅然とした「一本」の定義を持っている剣道に学ばなくてはならない。剣道では、自分の竹刀が相手のどこか一部にペチャと当たっ

*定義＝かつて「死火山」と定義されていた日光男体山は突然「キミは死んでない。ただ休んでいるだけだ」と言われた。「キミは太陽系9番目、われわれの兄弟惑星だ」と言われ続けて70年、その気になっていた冥王星は突然「キミは惑星じゃない」と言われた。

現役引退後「ほんと粗大ゴミやねえ」などと嫁から言われつつ、犬の散歩と庭の草むしりをしながら余生を送ろうとしていた男が「お前は死んでない！ 活火山だ！ いつまた噴火するか分からん！」と言われた。

定義は山も星も人も大きく変える。死火山と噂のある〝乗峯火山〟だって火山学会に聞いてみろ。「猛烈な活火山です」って言うから。

ても全然一本ではない。次の3つすべてが備わって、はじめて「一本」となる。

①裂帛の気勢
②正確な打突部による相手の正確な部位への一撃
③相手の最後の反撃に対する残心

不倫記者会見を見ていると、「全日本剣道選手権の審判を呼んで来い！」と言いたくなる。

「○○さん、××さんと不倫はあったんですか？」と芸能記者が聞いてきたら「不倫の定義を満たしていますか？という質問ですね？分かりました。今日は中立厳正な第三者に判断していただきましょう」と言い、剣道着を着て赤旗白旗を持った3人の〝不倫審判員〟がウヤウヤしく登場する。

「はじめ！」という審判員の号令とともに、文春記者が撮った○○と××のビデオが流れる。ややあって一人の審判員が「メン不倫あり、一本！」と赤旗を上げる。と同時に他の一人が「裂帛の気勢がない」「正確な打突部での一撃がない、横っかわでペンペンしている」などとわけの分からないことを言い「不十分！」と叫んで、股の前で2本の旗を交差させる。

するとまた「胴不倫あり、一本!」と一人が言い「ドーゥゥー! というニワトリを絞め殺すような裂帛の声がない」「最後の反撃に備える××の〝残心〟がない」と「不十分」二人で結局延長戦にもつれこむ。

そのぐらい「不倫一本!」は難しい。*

個人的経験からしても「やったあ!」とこっちが手を上げても、「いいえ、あなたはやってません」と冷静に否定されることは、ままある。

いや、言いたいのはそこじゃない。

「カエルの7種類目の交尾体位発見」などという記事がネットを巡っている。カエルは繁殖期になるとオスがメスの背中に飛び乗り、首を抱えたり、腹を抱えたりするが、枝に捕まってメスの背中に接触するオスガエルがいるというニュースである。うーん、基本が分かっていない。

カエルを代表とする両生類は体外授精である。どんなにオスがメスの背中にへばりついても、オスはメスから出てくる卵が目当てであって、卵に向けて射精する。大体カエルに生殖交接器はない。体外授精をも「交尾」というのであれば、ウニやアワビのような磯にへばりついて生きている生き物もすべて「交尾」することになる。定義がおかしい。

＊「不倫一本!」は難しい＝大統領ビル・クリントンと事務官ルインスキーとの間でも、「一本あり!」「不十分!」を巡って世紀のスキャンダルになったが、中をとって「不適切な関係」という最終審判となった。

＊キタサンブラック＝牡。清水久詞厩舎。15－17年。20戦12勝。うち菊花賞、春・秋天皇賞、ジャパンカップ、有馬記念などGⅠを7勝。歌手・北島三郎の所有馬としても有名。

＊マリアライト＝牝。久保田貴士厩舎。14－16年。20戦6勝。うち15年エリザベス女王杯、16年宝塚記念のGⅠ2勝。

いや、そんなことが書きたかったのでもない。

２０１６年の宝塚記念、重馬場で、キタサンブラック*などが無類の粘り腰を見せるなか、４３０キロの小柄牝馬マリアライト*が差しきった。

女は、はかなく悲しいものじゃないのか。わたしもうダメ、などと頭にかぶった日本手拭いに手をやって、田んぼのぬかるみで貧血で倒れたりするものだろうが。植え苗持って男たちをヌカルミの中に蹴散らして、フン、不甲斐ない男どもがと、仁王立ちしてどうするんだ！

「牝馬に対する負担重量2キロ減の優遇措置*はもう要らんやろ」などとつぶやいてみたが、人混みの歓声に悲しく掻き消された。

ジャパンカップでも、最近10大会を見ると牝馬が5回勝っている。* ほんとに牝馬は牡馬より能力が劣っているんだろうか。

哺乳類というのは、人間*を含めて一般にメスはオスより体力が落ちるものだが、競走馬については、もうすでに対等になっているのではないか。それはつまり「一本！」の定義を彼女たちがしっかり持ってしまったからだ。

「裂帛の気勢」「正しい打突」「残心」を持つものだけ寄って来い、としっかり定義した彼女たちは、人間より早く男女対等の体力と権利を持ってしまった。

＊牝馬への優遇措置＝牡・牝混合のＧⅠレースでは、牝馬には斤量（騎手や鞍など馬にかかる全重量）で2キロのハンデが与えられる。ジャパンカップ（ＪＣ）の場合は牡馬57キロ、牝馬55キロ。

＊ジャパンカップ（ＪＣ）での牝馬の勝利＝現在日本競馬で最も賞金の高いレースはＪＣと有馬記念（1着賞金3億円）。特にＪＣは１９８１年「世界の名馬を集めて、日本競馬の国際的地位を高める」というコンセプトで始められた。当初は外国馬に歯が立たない日本馬だったが、２００６年から17年まで日本馬が12連勝中。そして最近の日本馬勝利10回のうち5回が牝馬である（ウオッカ、ブエナビスタ、ジェンティルドンナ2回、ショウナンパンドラ）。

＊人間の男女差＝１００メートルでもマラソンでも、女子が男子に勝つことは想像しにくい。「馬の牝には斤量ハンデは要らない。しかし女性騎手にはハンデを与えるべきだ」というのがぼくの主張だ。

婦人科と泌尿器科

阪神競馬も終わって、週末に行くところがない。夏の西日を一身に浴びる老朽アパートで、エアコン・フル稼働の穴居生活をしている。

原稿依頼が一向に来ないことに落ち込まず、「貧しい者は常に正しい」などとつぶやきながら、『5次方程式はなぜ解けないか』とか『満州侵略と法華経の話』とか、あるいは『動物の性生活』とか、いつどう役立つのか自分でも分からない本*を引っ張り出してノートをつけたりする。

飽きたら、これはもう十代のころから変わらない、エロビデオだ。最近のお気に入りは「不妊治療に自らの精子を提供する悪徳産婦人科医」。

「ところで奥さん、ご主人は血液何型ですか？　え？　それは奇遇、私と同じです。もしよろしければ私のＤＮＡを提供してもいいですが」ってそんな医者がおるかい！　ともちろんそうツッコむが、治療台の人妻が、「え、先生！　そんなことよろしいんですか？」と体起こして聞き返すので、「断らんかい！　何言うとんねん、

＊いつどう役立つのかわからない知識＝ぼくにとって、その最たるものは次の2つ。

①柔道の技の違い。大外刈り・大内刈り・小外刈り・小内刈りの違い、体落とし・払い腰・大腰の違いを、言葉でも実技でも説明することができる。

②「べし」の活用。「べし」にはク活とカリ活の2種類あるが、これを両方とも言える。北京五輪でエチオピアのケネニサ・ベケレが陸上競技5000メートルと1万メートルの2種目を制覇したとき、「普通なら〝彼勝つベシ〟と言うところを、両方制したから〝彼こそ勝つベケレ〟になった。係り結びの法則だからな」と教養を披露したが、まわりにいた者は誰一人反応しなかった。

この人妻は」と机を叩く。怒り沸騰だ。

産婦人科は出産がいつか分からないし、医療過誤で訴えられる確率も高いし、こんな割の合わん仕事はないと投げ出す医者が多いと聞く。大変なんだ。大変だけど、でも「産婦人科医って羨ましいなあ」という感覚は男なら誰でも持つ。

逆に女はどう思ってるんだろう？　そこが気がかりだ。「男性の産婦人科医院は緊張するし、行きづらい」と言う女性が多い。そうだろうなあと一応安心する。しかし待てよ、「これは先生、治療ですものね？」「当たり前じゃないですか、奥さん、治療ですよ」「先生の前だと緊張してしまって」と、これぐらいの会話はあるんだろう。ほんとに医者と患者という鉄の掟はあるのか？

2007年、ウオッカ*が牝馬《ひんば》としては64年ぶりのダービー戴冠をやった。大変な快挙だが、一方で、ひっかかりを感じている。牝馬と牡馬《ぼば》の能力差とか非対称性といったことについて考えてしまう。

牝馬がダービーを勝つ*ということは、いつか〝オークス・ダービー連闘制覇馬*〟が出現する可能性があるということだ。オークスは牝馬のレースなので、その可能性は牝馬にしか与えられていない。〝三冠馬*〟が競走馬最高の目標とされるが、牝馬には〝牝馬三冠*〟への道が開かれているので、あわせて〝六冠馬〟になれる可能性

＊ウオッカ＝牝。角居勝彦厩舎。06－10年。26戦10勝。07年ダービーを含めG－7勝。獲得賞金13億487万。本書カバー袖の著者プロフィール写真で貧乏ライターに頰ずりしてくれている。

＊ダービーを勝つ＝この本でも「○○を勝った」という言い方を何度もしているが、「ダービーに勝った」とか「ダービーで勝った」という言い方はしないのかと本書編集長がたずねた。文法的にはどうか分からないが、長年競馬をやっている人間は、「○○を勝った」と言う。特にダービーのような、すべての競馬人が憧れるタイトルを「勝ち取り、もぎ取り、あるいは食い取った」という雰囲気を出すには、やはり「ダービーを勝つ」なんだという気がする。

があるということだ。

この感覚、何かに似てるなあとずっと思っていたが、最近やっと分かった。これは、婦人科と泌尿器科の関係だ。『大辞林』によると婦人科は「女性生殖器を診察する科」で、泌尿器科は「男性および女性の泌尿器と男性生殖器を診察する科」となっている。これ、バランス欠いてないか？　婦人科・泌尿器科の両方を制覇（受診）できるのは女性だけだ。

「今週、婦人科最強戦があるから私出るの」と女が言う。

「オレは来週の泌尿器チャンピオン戦に出る」と男。

「あ、私、その泌尿器戦も連闘で出るわよ」

婦人科女王は男ばかりの泌尿器戦でも堂々と行動し、見事な泌尿器を披露、史上初の〝婦人科・泌尿器科連闘チャンプ〟が誕生する。

ぼくの想像だが、本当は「婦人科」に対して「殿方科」を作ってそれぞれの生殖器を診察し、「泌尿器科」では男女共に泌尿器を診るという形にしたかった。でも男の場合、性器と尿器の区別は非常に困難だ。「男の場合は殿方科なんか作らず、泌尿器科で生殖器も診ることにしましょうや」で決着したんじゃないだろうか？

ウオッカはこんな新たな疑問を提起してくれた。

＊オークス・ダービー連闘＝馬は3〜4週間隔を空けてレースに出場するが、2週連続で出たら「連闘」という。オークス（優駿牝馬）とダービー（東京優駿）は5月下旬に1週違いで開催される。

＊三冠馬＝皐月賞、ダービー、菊花賞を制した馬。牡馬が有利とされるが牝馬も出走できる。

＊牝馬三冠＝3歳牝馬による桜花賞、オークス、秋華賞を制した牝馬。

馬の個体識別

馬の個体識別は重要で、特にレース前に行う「替え玉出走」の排除は、競馬の根幹に関わる。ぼくは長い間、競馬場の厩舎前に立っている大学馬術部の学生アルバイト*などが係員の指示に従って個体識別をやるのではないかと思っていたが、そんな簡単なことではなかった。装鞍所でＪＲＡの専門家（「馬体照合係」と聞いたが正式名ではないかもしれない）、特に獣医がやるものらしい。

馬はものを言わない。「お前はほんとに○○厩舎の××なのか」と聞いても、知らん顔している。裁判で真っ先に行われ、すべての審理の基礎となる「人定質問」が行えない。「それじゃしょうがない、ＤＮＡ鑑定だ」と現代ではこうなるが、30分後に出走する馬をＤＮＡ鑑定をする時間はない。そこで馬の外貌が個体を識別することになる。

〝外貌識別〟はだいたい世界共通で、性・毛色*・白斑《はくはん》（顔の白い部分）・旋毛《せんもう》（つむじ）・脚色が基本となる。

＊馬術部の大学生アルバイト＝競馬場で次のような仕事をしている。
●厩舎の監視＝競馬場厩舎には、若い男性または女性が立っている。出走馬が厩舎に到着したか、暴れたり逃げ出したりしていないか、不審者が悪さをしていないかなどを監視する。だからたいていの場合は何もせず、厩舎の前にじっと立っている。
●誘導馬の誘導＝レース出走馬を本馬場まで先導する馬を誘導馬という。普段の世話や騎乗はＪＲＡ職員がやるが、レース開催日は忙しいので学生が手伝う。
●放馬《ほうば》の捕獲＝返し馬（発走前に本馬場に散って行う足ならし）で

少し昔の馬だが、偶然資料を見つけたので、マヤノトップガン*を見てみる。

マヤノトップガン号　サラブレッド　牡　栗毛
特徴＝流星鼻梁白鼻梁鼻大白上下唇大白・珠目上・髪中・波分・後双門・左前長白・右前一白・左後細長白

まるで、古代の中国渡来の仏典の白文《はくぶん》（返り点も送りがなもない）を見ているようで訳がわかならい。こういうのを見ると闘志が涌くタイプだ。細部で間違っている恐れ、無きにしもあらずだが、この文を個人的に解釈してみる。

流星鼻梁白鼻梁鼻大白上下唇大白

これは馬の白斑（顔にある白い部分）の特徴を表している。個体識別として何より重要で分かりやすいのが、この白斑だから、ここまで事細かに表す。

「流星」とは額から白毛が下に流れていること。「鼻梁」とは両目の間から鼻にかけての部分を指している（馬の顔は長い）。

最初の5文字「流星鼻梁白《りゅうせいびりょうはく》」は、流星が鼻梁まで届いていることを表す。次の5文字「鼻梁鼻大白《びりょうびだいはく》」（読みは推測）は、鼻梁はもちろん鼻も白い、ただ白いのでは

もレース中でも、騎手を振り落として馬が逃げ出すことがあり、これを「放馬」と呼ぶ。
　レース中なら即失格、レース前なら馬を捕まえてケガや疲労度を調べないといけないが、とにかく人を乗せずに広い競馬場を走り回る馬を捕まえるのは至難の業だ。この捕獲をJRA職員と一緒にやるのも学生アルバイトの仕事だ。
　馬と直接かかわるアルバイトは、伝統的に大学馬術部の学生に任されている。たとえば阪神競馬場では関西《かんせい》学院大学の馬術部生が働いている。

*馬の毛色＝サラブレッドの毛色は、8種類（栗毛、栃栗毛、鹿毛、黒鹿毛、青鹿毛、青毛、芦毛、白毛）。白毛は非常に珍しく日本には数頭しかいない。

*マヤノトップガン＝牡。坂口正大厩舎。95—97年。21戦8勝。95年の年度代表馬。G—5勝。

なくドカッと白い（〝大白〟）と言っている。そして最後の5文字「上下唇大白《じょうげしんだいはく》」は、唇も上下とも大白だと言っている。

全体で、「マヤノトップガンの白斑は目の上の額から流れていて、しかも鼻梁、鼻、唇と下へ行くほど広く白くなっているぞ」ということを示している。

珠目上《しゅもくうえ》・髪中《かみなか》・波分《なみわけ》・後双門《うしろそうもん》

これらはすべて旋毛の箇所のこと（つまりマヤノトップガンにはつむじが4箇所あった）。「珠目上」とは、旋毛が両目を結んだ線より上にあることを意味する（当然「珠目正」「珠目下」などという区別もある）。「髪中」はタテ髪の頭に近い部分、「波分」はクビの胴体に近い部分、「後双門」は尻を表す。

左前長白・右前一白・左後細長白

これらは脚の毛の白さの現れ方を表現している。「長白」は脚の長さの半分ほど長靴を履いたように白いこと。「一白」は蹄《ひづめ》の上までが白いこと。「細長白」は、長白だが脚の全周が白いわけではないことを意味する。「左前」や「左後」はどの脚かを示している。*

*こうした様々な特徴を競走馬登録と同時に書き留めて、厩舎配属やレース出場のたびに確かめなくてはならず、煩雑極まりなかったが、２００７年生まれ以降の馬については、マイクロチップ埋め込みによる個体識別が行われるようになった。

06年にディープインパクトが凱旋門賞に出たとき、フランスの制度に従い、個体識別のためのマイクロチップをタテ髪の胴体に近い部分に埋め込んだ。

ＪＲＡもこれにならい、07年生まれ以降のサラブレッドについては競走馬登録をしてから厩舎に入るまでの間に、個体識別のためのマイクロチップを埋め込むことを義務づけた（馬名がまだ決まってない場合があるため、生年月日、両親の名前、馬体の特徴などを記録する）。

これにより個体識別はスピーディになったが、馬がどっちの方法で自分を自分と認めてもらうことを好むかという問題は残る。

4

馬は走る、地球は回る

競馬の物理学

浮き世忘れのサイエンス談義

毎日王冠のあった日の淀（京都競馬場）の帰り、いつもの「呑龍《どんりゅう》」という餃子屋で競馬反省会*を開き、やけビールを飲んでいた。

前には橋本さん、白谷《しらたに》くんというおじさん2人。つまり、競馬歴とウンチクは長いが、〝競馬歴とウンチクは馬券と無関係理論〟を証明しているおじさん3人で飲んでいたわけだ。

「ヴァンセンヌ*ってフラワーパーク*の子どもだよなあ」と橋本さんが言う。橋本さんとぼくはヴァンセンヌから行って猛然と憤死した。「競馬後の浮世忘れ会」などと名付けつつ、どうしても、そこから離れられない。

「96年暮れのスプリンターズステークスでエイシンワシントン*をハナ差かわした、あのフラワーパークの子どもだよなあ」と橋本さんはさらに続ける。すでに涙声だ。

「あのとき、田原成貴《たばらせいき》はインタビューで〝奥の手を使いました〟って笑ってたよなあ。奥の手って何だ！　どうして今日の横山典弘はその奥の手を使わなかったん

＊競馬反省会＝最近は数人の競馬仲間と一緒に観戦することが多く、競馬のあとの「反省会」もやる所がだいたい決まっている。淀（京都競馬場）では競馬場前の餃子屋「呑龍」、仁川の帰りは十三東口の居酒屋「とも吉」、園田の帰りは阪急園田駅前の中華料理屋「明宝軒」あたりだ。

　ただ誤解してはいけない。「反省会」といっても、反省するのは我々ではない。「騎手の××の下手くそ。オレの予想通り走れ。反省しろ」「○○厩舎、ブクブク太らせやがって。調教してるのか。反省しろ」ともっぱら騎手や厩舎に〝反省を促す〟会である。そこは言っておかないといけない。

だ！」

　橋本さんは顔を突っ伏して、ほんとにイヤイヤをし始める。

「橋本さん、落ち着いて。ぼくが解説しますから」といつも冷静に理論を組み立て、冷静に馬券を外す白谷くんが言う。

「〝奥の手〟は『ありゃ馬こりゃ馬』*に出てくるんです。馬の首を左に振って、右に振って、最後グルッと回すんです」

「何を言っとるか」と、ここは不肖乗峯の出番である。「それは、上がり目、下がり目、クルッと回してニャンコの目やないか。全然違う。田原成貴の言った〝奥の手〟は馬の首をグイーッと伸ばすことを言う」と胸を張る。

「きみたちはカメレオンを知っているか」とぼくが言っても、2人はただ横目でこっちを見るだけだ。

「幸いなるかな、心貧しき者たち、天国は近づいた」

　垂訓を行う「淀・呑龍のイエス」が大声を出すと、2人はやっとこっちを向く。

「カメレオンの舌は普段は1センチぐらいに畳んで口の中にあるんだけど、獲物の虫を見つけたときには20センチぐらいまで、身長の倍ぐらいだよ、そこまでビローンて伸びて、さらに粘着系の舌だから、獲物がひっついて離れないわけよ。羨ましいだろ、ハハハハ」

*ヴァンセンヌ＝牡。松永幹夫厩舎。12―15年。16戦6勝。15年東京新聞杯勝利。

*フラワーパーク＝牝。松元省一厩舎。95―97年。18戦7勝。うち、96年高松宮杯、96年スプリンターズ・ステークスのG－Ⅰ2勝。96年スプリンターズ・ステークスではエイシンワシントンとハナの差の激戦を演じる。

*エイシンワシントン＝牡。内藤重春厩舎。93―96年。25戦8勝。

*『ありゃ馬こりゃ馬』＝正式タイトルは『競馬狂走伝ありゃ馬こりゃ馬』。元騎手の田原成貴原作、土田世紀作画。『週刊ヤングマガジン』に連載され、単行本コミックは全17巻。

と、イエスの声はさらに大きくなる。

「ここぞというとき、身長の倍ぐらいになるんだぞ。〝イヤ、やめて〟と空しい抵抗をする前でズボンのベルトを外すと、身長の倍ぐらいのものがビローンだぞ。〝え、あなたって、カメレオンだったの？〟って、そりゃもう、女も唖然よ。リスペクトよ。〝イヤ、やめて〟もヘッタクレもありゃしないよ、カメレオンの前ではね、ハハハ」

「それで、そのカメレオンのビローンがフラワーパークとどうしたんですか」

「うーん、そこまでキクカ、バラ科、八千草薫か、ハハハ、あのね、だから急激に伸びるって話ね。じゃあ、こういう話をしよう。

ＮＨＫ・ＢＳで『こころ旅』って火野正平がチャリンコで全国回る番組をやってるんだけど、その番組で、あるとき新幹線を見る場面が出てきて、〝やっぱり新幹線はハエーなあ。あんな中で小便したら、出し始めの一滴と出し終わりの一滴は数キロメートルも離れてるよなあ〟って言ったんだ、火野正平がね。

これは凄い、いい指摘なんだ、相対性理論に立脚したね。ただし、ただしだ、これはガリレオあたりの相対性理論なんだ。あのねえ、相対性理論てアインシュタインが発見したって思ってない？　思ってるでしょ？」

錯覚なのか、橋本さんと白谷くんは、このあたりから何か諦めたように、餃子つつきとビール飲みに専念し始める。

「違うの。アインシュタインは、ガリレオ時代からあった相対性理論と光速度不変の原理を統一しただけなんだ。

小便の最初の一滴と最後の一滴は、チャリンコからみれば数キロメートル離れてるけど、新幹線の中では同じ地点だよね。でも、光の速さだけはチャリンコから見ても、新幹線の中でも一定だってことを言ったのよ、アインシュタインは。

つまりチャリンコから新幹線を見ていると、新幹線の後端部はグイッって縮んでいくし、先端部はビローンて伸びるって言っている。これが、火野正平・カメレオン・フラワーパーク理論なわけよ」


気が付いたら橋本さんと白谷くんは、ビールと餃子を追加注文し、「まあもう一杯」などと言い合っている。さっきまでの険悪な雰囲気はどこへ行った。

ぼくは横を向いて、「空を飛ぶ鳥を見よ、撒かず、刈らず、あ、ウルトラマンだ」などと意味不明のことを少しつぶやき、涙を静かにぬぐいながら、ヴァンセンヌの馬券を破った。

アインシュタインの着順判定

競馬着差についてハナ差は20センチ、アタマ差は40センチなどと言われる。時速70キロの馬はハナ差20センチを１００分の1秒で通過する。

10年前の秋天皇賞では、２センチの差でウオッカ*がダイワスカーレット*を差して世紀の名勝負と言われた。２センチは１０００分の1秒だ。これを判定する写真判定技術は凄いと思う。

しかしなお、ぼくは疑問を持っている。ダイワスカーレットはウオッカの背中に乗っかっていたわけじゃない。あれは内、外に分かれていたから、10メートルは離れていた。10メートル離れている2頭を比べて、〝○○のほうが2センチ先に出ている〟なんて言えるんだろうか？

「言えます。外ラチから内ラチへ、髪の毛より細いスリット直線写真を大量に撮って判定してます」と反論される。

しかし、だいたい、この地上で〝直線〟というものが引けるんだろうか？

＊ウオッカ＝牝。角居勝彦厩舎。06－10年。26戦10勝。１３０ページ参照。

＊ダイワスカーレット＝牝。松田国英厩舎。06－08年。12戦8勝。３００ページ参照。

大航海時代以前の人間は世界は平坦で、果てまでいけば滝になって奈落に落ちると思っていた。つまり世界は2次元だと思っていた。バカだなあ、人工衛星から地球を見れば、地表面が平面という「2次元」じゃなく、曲面という「2次元多様体」*だってすぐ分かるのに。

たとえば机の上の一枚の紙に定規で直線を引くと、直線のように見えるが、実は曲線だ。なぜなら机の立っている地表面が曲面だからと、そこまで考える人間はめったにいない。つまりスケールによって見方はグイッと変わる。

たとえば日蝕という現象がある。あれは太陽を月が隠す現象で、地球、月、太陽の順で一直線に並ぶことを意味する。いわば地球から見て、太陽と月が「同着」になっている。

しかし太陽までは約1億5000万キロ離れているので、太陽の姿が地球に届くまでに約8分かかる。月までは約38万キロなので、月の姿が地球に届くのは1・3秒だ。つまり地球から見て「ああ太陽と月は同着だなあ」と思っても、太陽のその姿はすでに8分前のもので、木星当たりから見れば、「太陽と月、全然同着じゃないよ」ということになる。

これは、ぼくの知識でも、だいたい分かるような気がする。アイシュタインが100年以上前に発表した「特殊相対性理論」を自分なりに理解したように思う。

＊2次元多様対＝数学的厳密さを無視して、まるっきりぼくの言葉で書いてみる。
たとえば地球表面上に1辺10センチの正三角形を書こうとすれば、定規とコンパスを使って書くことができるが、1辺1万キロの正三角形を書こうとすれば、どうしてもひん曲がり、平面三角形ではなくなる。それは地球表面が純粋に平面ではない(曲面である)からだ。
このように、局所的には平面のように見えて、近傍を含めると平面でないものを「2次元多様体」というのだと思っている。
同じように、局所的には3次元に見えても、近傍を含めると3次元でないという位相も考えられるはずで、それは「3次元多様体」と呼ばれ、実際に目で見てイメージすることはできないが、4次元論や位相空間論への橋渡しとなっている。
「単連結な3次元閉多様体は3次元球面に同相である」という、ポアンカレの予想（161ページ）にも関係してくる。

結局、特殊相対性理論というのは「同時」についてしか論じてない。

たとえば、秒速20万キロというような、光速（秒速30万キロ）に近い、とんでもないスピードの列車があったとして、いまその列車の真ん中で明かりがついたとする。列車の中の乗客は当然前端部にも後端部にも同時に光りが届いたと思うが、列車の外で見ている人間には、もの凄い勢いで光源に近づいていく後端部にまず光りが届き、逃げ去っていく前端部には遅れて光が届くように思える。

これはおかしい。光はどんなところでも（列車内で見ても、列車外から見ても）速度一定（秒速30万キロ）であるはずだ。列車の外から見て、光が遅く到着すると思われる列車の前端部は収縮する（ローレンツ収縮）というのが「特殊相対性理論[*]」の眼目だ。

地球から見ても、人工衛星から見ても、高速ロケット内から見ても、光の速度は一定である。さらに高速度で飛ぶロケットはローレンツ収縮によって短くなっているのに（地上から見たら）光が届くのが同じ時間だから、ロケット内の時間は（ロケット内では何も変わらないが）地上から見たら遅くなっている。超高速ロケットが何年もかかって地上に戻ってくると〝浦島太郎現象〟が起きるというのは、このことを言う。

結局「AとBが同時だ（同着だ）」というのは、AとBを結ぶ直線の外にいるCが、

「AとBは同時（同着）」と判断を下しているということなのだが、このとき「A–B」の直線の中にいる人間の〝同時〟と、Cの判断する〝同時〟は違うだろ、この違いをどう埋めるんだ、ということを論じたのが特殊相対性理論*なのだ。

「今日は日蝕だ」「今夜は月蝕だ」と言うが、その場合には「地球から見て」という但し書きが要る。それと同じように「○○と××は同着（同時）です」という場合には、「外ラチ・カメラから見て」という但し書きがいる。

ここでスケールの問題が出てくる。

10メートルの幅のターフなら問題はない。しかしこれがもし10万キロの幅を持つターフなら、外ラチの馬は瞬時に見えるが、内ラチの馬は見えるまでに3分の1秒かかる。3分の1秒の間に馬は66メートル走る。「同時！」と宣言したとき、内ラチ沿いの馬は外ラチの馬の66メートル先を走っているのである。

「このたび巨大競馬場を造ります、直線幅が何と10万キロです、はは」ということになれば、日本写真判定社は早急に新しい対策を取らねばならなくなる。*

*特殊相対性理論＝慣性運動する観測者が電磁気学的現象および力学的現象をどのように観測するかを記述する、物理学上の理論。アルベルト・アインシュタインが1905年に発表した論文に端を発する。

*20年前、大阪スポニチの新人研修に呼ばれ、「何を話してもいいですから」と人事部長が言うので、盛り上がって、模造紙いっぱいにロケットやら馬やら高速列車の絵なんか描いて、この話をした。目いっぱい喋って、ふと振り向くと、新人の3分の2と、それから人事部長までフネを漕いで寝ていた。読者のみなさん、寝てない？

月曜のあなたと話がしたい

いま、ダービーの3日前の木曜日である。* しかしこの文章が世間に出るのは翌週の月曜。つまり、今これを読んでいるあなた、あなたはすでに日本ダービーの結果を知っているわけだ。

「何が勝った、ダービー？　わが本命ブラックシェルはどうだった？* 下馬評通り好配当出た？」

時間の壁を乗り越えて、あなたの首根っこをつかんで問い詰めたい！

ぼくが原稿のことを考え始める水曜夜から月曜までの5日間という、このタイムラグが実は競馬の本質なんじゃないかとよく思う。未来のことなんか分かるか、分からんから競馬という賭け事が成り立ってるんじゃないかと言われる。

しかし過去か未来かという区別は、実はそんなに厳密じゃない。

たとえば競馬場記者室などに行くと、片側に地上波中継、片側にCS衛星放送（グ

＊ダービー3日前の木曜日＝このエッセイは2008年のダービー直前の『週刊競馬ブック』「理想と妄想」をベースにしている。同誌は金曜入稿、翌週月曜発売が基本である。

＊ブラックシェル＝はどうだった？＝3着だった。優勝はディープスカイだった。ブラックシェルとディープスカイについては70ページも参照。

リーンチャンネルなど）のモニターが並んでいる。この2種類の映像を比べると、地上波のほうが常に2秒ぐらい早い。衛星を経由するからCSは時間がかかるのだろう。しかし、もし〝CS系中央競馬会〟というのがあったとしたら、その世界の競馬人はCSしか知らないから、「CSこそリアルタイム」と思っている。

そこで、〝地上波系〟から〝CS系〟に自由に出入りでき、「レース0・5秒前まで馬券購入可能」という規定になれば、〝地上波系〟競馬人は常に百発百中ということになる。

「なんであいつら、いつも馬券当たるんだ？」と〝CS系競馬会〟職員は不思議がり、「ひょっとしてマーティ・マクフライ*みたいに未来と現在を自由に行き来してるヤツらじゃないのか？」と疑念を抱くことになる。

あるいは、もし「火星WINS」ができたらどうだ。たったいま終わったダービーが7800万キロ離れた火星に伝わるには約4分20秒かかる。秒速40万キロの超高速ロケットを飛ばせば3分15秒で着ける。*先回りできるから、これも百発百中だ。地球じゃ「日本一当たらん予想屋」などと言われているぼくも、火星WINSでは神のごとく扱われ、「きっと未来から来ているんだ」とあがめられる。

緊急地震速報というのが始まった。地震には初期微動（P波）と本震（S波）があって、P派が秒速7キロ、S派が秒速4キロで伝わる。この伝搬の差を利用して「○

＊マーティ・マクフライ＝映画「バック・トゥ・ザ・フューチャー」でマイケル・J・フォックスが演じた高校生。

＊「どんな物体も秒速30万キロの光速を越えればペシャンコになる」とアインシュタインが言ったらしいが、ペシャンコになったところを目撃した者はいない。

○地方にあと10秒で震度7の地震が来ます」と警報を流すシステムだ。これもつまりタイムラグの話だ。

「うわっ、緊急馬券速報や、あと10秒で1000万馬券が出る、3連単③⑥⑨が初期微動で伝わってきてるんや。でもあとジュ、10秒しかない」

みんなが「10秒じゃ無理や」と諦めるなか、「競馬狂いの能なし亭主」と日々嫁に罵倒されている男が果敢に打って出る。

震える手で③⑥⑨を塗って窓口に滑り込むが、「あ、ポケットに百円玉がない」

「お客さん、お釣りですか?」

「あかん、釣りなんかもろてるヒマはない、そうや、千円や、千円。千円買うたら1億やないか、おばちゃん③⑥⑨に千円や」

「訂正ですか? 訂正なら、まず〝取消〟のところを塗ってもらって……」

「あかん時間がない、時間がないいんじゃあ!」

と叫んだときに1千万馬券の本震がやってきて、窓口もろとも崩壊、〝取消〟塗ったマークシートを瓦礫の中から突き出したまま、あわれ男は息絶える。

ああ、でもほんとに月曜のあなたと話がしたい。10万出してもいい。「ダービー何来た?」

コリオリの力で馬がヨレる

競馬の結果はコースによって左右される。京都競馬場と阪神競馬場は、どっちも同じ右回り（反時計回り）だし、最近は阪神も拡大されて直線が長くなったから、大した違いはないと言われたりする。

しかし、京都は直線部分が西から東へ、阪神は東から西へ向かう。緯度に大きな違いのない場所で、西から東へ走るか、東から西へ走るかは大変な違いだ。

台風情報を見るたびに、「こいつら、何で動くんだ、じっとしとれ」と思う。天気予報では台風の進路予想はするが、動く理由自体はほとんど説明しない。誰も説明しないから、自分でトボトボ勉強するしかない。

ぼくが調べた範囲では、赤道付近は熱い。熱いから上昇気流が起きる。上昇した空気は上空で冷やされて下降する（空気の対流）。この下降気流は上昇気流の起きているその場に降りることはできないから、北と南に分かれて下降する。これが、赤道より北で発生した台風が北へ行き、赤道より南で発生した台風が南へ行く理由だ。

たとえば赤道付近から北へ行こうとするとき、地球は1日で1回転しているので赤道付近は時速約1700キロの高速で動いている。これは走っている電車から制止しているプラットホームに飛び降りるようなもので、目の前に降りようとしても、ずっと前（東）に飛び出す。赤道付近の上昇気流は下降するとき、いやでも前に行ってしまう。これが偏西風の原因だ。だから北半球でも南半球でも中緯度地帯（北緯または南緯30度から60度付近）では一年中この西風が吹く。

これらの動きを、発見したイタリアの地学者の名前からとって「コリオリの力」と呼ぶ。だが、競馬関係者あるいは競馬予想者が「ここではコリオリの力が働くから、××という馬が有利だ」と言うのを聞いたことがない（「ミルコ*の力で」ならよく聞くが）。

ここが問題だ。ぼくらが気づいていないだけで、物事を動かすもっと大きな土台があることを見逃している可能性がある。

大航海時代、「海の果てまで行くと巨大な滝があって全員地の底まで落ちる」などと考えていたことを笑い話にするが、でもその笑い話を現代でもやっているのではないか。3次元空間の外からは、「お前らも大航海時代と大して変わらんことやっ

*ミルコ・デムーロ＝1979年イタリア生まれ。2015年よりJRA所属騎手。弟のクリスチャン・デムーロも騎手で、中央競馬で騎乗している。妹のパメラ・デムーロは騎手から調教師に転身。

てるのに」と笑われているんじゃないかという気がする。

日本の場合、北へ行くということは、動いている電車からプラットホームに飛び降りることだから、プラットホームの前方（東）に出る。南へ行くことはプラットホームから動いている電車に飛び乗ることだから、列車の後ろ（西）に退く。つまり、われわれ北半球の人間が南↓北、あるいは北↓南に動くときは、多少なりとも右にヨレるのだ。＊

偏西風の影響ではない。偏西風はあくまでもコリオリの力の結果である。

いまは場内ATMができたからマシになったが、阪神競馬場は、15年ほど前まではメインレース前に軍資金がなくなると、「クッソー、10Rのあの××のヘタクソが」などと騎手をなじりながら、仁川駅前のATMまで走らなければならなかった。これを個人的には〝ツバメ返し〟と呼び、競馬道のための修行の一つと考えてきた。

この修行の厳しさの原因は、阪神競馬場から見て仁川駅が南方向にあることにある。10Rの怒りに燃えて走っているとコリオリの力のことを忘れ、〝右にヨレて〟地下道の右壁に激突する。「駅行きは南行き、右にヨレやすいから左に重心。競馬場への帰りは北行き、同じく右に行きやすいから左に重心」といつも念じていないといけない。

場内ATMができたからと安心してもいけない。阪神の場内ATMは北向きに並

＊右にヨレる＝これを野球のピッチャーの投球に当てはめると、北半球では、北↓南あるいは南↓北に球を投げたら、球が自然に右にヨレることになる。
野球コーチは「お前の直球、シュート回転しとるぞ」とよく怒鳴るが、これは台風進路図を見て「シュート回転しとるぞ」と怒鳴るようなものだ。「コリオリの力だな」と頷かないといけない。

あるいは「お前の直球、オーストラリアに行くとスライダー回転するぞ」と言わなければいけない（南半球では左にヨレる）。

ぶ配置になっている。機械に近づいていくうちに知らず知らずのうちに右にヨレて、隣の列に入り込み、そこのオッサンとケンカになる。

また北に向かうと、北側（体の前側）の地面速度が遅く、南側（背中側）の地面速度が速いから、半歩踏み出したとき右回転してしまう危険がある。右にヨレず、右回転しないよう気をつけていないといけない。どんなときでも南北に進むときはコリオリの力を忘れてはいけない。

右回りの阪神では外回り第3・第4コーナーは北から南に長く進むから右にヨレやすく、内ラチにぶつかりやすい。他方、左回りの中京は第3・第4コーナーは北から南に向かっているから馬は右にヨレて（それは同じ）、外ラチ方向に逸走しやすい。

コリオリの力は人が走ったり、馬が走ったりする分には無視できるという人もいる。しかし偏西風を一年中吹かせたり、台風の進路を決定する力だぞ。ぼくは信じる。阪神では「外まくっても中京のように膨れることはない」。これは鞍上ミルコの力よりも、ミルコの母国イタリア大先輩コリオリの力によるところが大きい。

月の引力競馬予想

芝を走る競馬にとって、天候はレース結果を左右する最大の要因だ。「真の予想家は天気も当てる」は我が持論とするところだ。

大西洋グリーンランド沖まで北上したメキシコ湾流は水分の氷結によって急激に塩分を増し、その重さのため海底深く沈み込む。この沈み込んだ高濃度海水は大西洋を南下、ウェッデル海で南極深層海流と合流、太平洋高緯度まで深海4000メートル、6万キロの行程を、約2000年かけて進む。誰も気づかないが、この深層海流が2011年5月29日、東京競馬場がある府中周辺の降雨に影響を与えた。

レースに影響を与える要因はほかにもある。潮位だ。5月29日は月齢25・8の中潮、つまり満月から新月に向かう下弦期の中潮だ。この下弦期中潮の降雨は引力の関係で大雨になりやすい。

かつてダービー予想でここまで言及した予想家がいただろうか。

潮の干満が月の引力によって起きるというのは周知の事実だ。* しかし、そこだけ

＊周知の事実＝「海が割れるのよ、道ができるのよ」と歌ってスターになったチンド物語の天童よしみは、まず月の引力に感謝した。これも周知の事実だ。

じゃない。月は毎年3センチずつ地球の軌道から離れている。潮の干満もほんの少しずつ年々小さくなっていき、月が宇宙空間に飛び出す300億年後には競馬への影響もまったく考えなくてよくなる。どれぐらい減算して月の引力を競馬予想に入れればいいのか。〝潮位競馬予想家〟は今それで悩んでいる。

しかし朗報もある。300億年経つより先に、50億年後には太陽が消滅して地球が息絶える。電気が止まっても競馬はストップになるんだから、太陽が消滅したら競馬は確実になくなる。潮位競馬予想家の悩みは50億年間ですむ。

5月29日朝7時、新大阪から新幹線に乗る。窓にかかる雨滴跡を見て、海流潮位競馬予想家は東京競馬場で合流する迷える子羊たちに緊急メールを打つ。

「この雨は6時間で関東に移動する。しかし一昨年と比べると雨滴間隔が2ミリ広い。ロジユニヴァース*の2分33秒7まではいかない。優勝タイムは2分30秒7と予想する」。

ところが、震える貧民が事もあろうに抗議文を返してきた。

「優勝タイムなんかどうでもいいです、そんな事でカネもらえるんですか！」

午後1時、東京競馬場6階の食堂に8人が集合する。ここの食堂はちょっと値段

*ロジユニヴァース＝牡。萩原清厩舎。08−12年。10勝5勝。09年、雨中のダービーを制した。

*装鞍所＝文字通り、馬に鞍を付ける場所。鞍だけでなく、ゼッケン、鐙《あぶみ》（騎手の足の置き場所）、腹帯（鞍やゼッケンなどを馬の胴体に固定する）その他を調教師が装着する。獣医委員による健康チェックも行われる。

レース当日の馬の動きについて、素人知識で説明しよう。

馬は朝、トレセンから馬運車で競馬場に運ばれる（北海道競馬のときは現地厩舎で寝起きし、競馬場で調教する）。

競馬場に着くと、まず競馬場付きの厩舎に入る（関東と関西にトレセンができるまでは、各競馬場に付属して厩舎があったので、それぞれの競馬場に大きな厩舎地区が付随している）。

競馬場厩舎に着くと、飼葉《かいば》や水をもらったり、ブラッシングしてもらったりして、その後、ハミや頭絡《とうらく》を装着され、蹄鉄を打ち直され、厩舎回りの歩行でウォーミングアップなどしたあと装鞍所に向

が高いが、落ち着いて子羊たちに訓誡を与えられるからいい。

　外を見ると本降りになってきた。

「言った通りになったやろ」と朝の携帯送信メールを開いて、各人の顔に突きつける。「深層海流の影響なんや、この雨は。メキシコ湾流が北上して、ああ、それに今日は下弦の中潮やから。月は2年前のロジのときより6センチ地球から離れてるけど」

　でも子羊たちはこっちを見ていない。


　そうこうするうちに、眼下の装鞍所《そうあんじょ》*にダービー出走馬たちが姿を現す現す、雨を避ける馬服を着せられて現れる。形勢挽回のチャンスだ。

「あのダークグリーンは角居《すみい》カラーだからリベルタス*。で、こっちのオレンジ一色は高野厩舎だからエーシンジャッカル*、黒に緑のラインは、あれが中竹カラー、つまりモハメド殿下のデボネア*よ。俺なんか、今週も栗東坂路《りっとうはんろ》に行って写真撮ってんだからな」

　とデジカメの中の写真を皆に強制的に見せる。

「よかったやろ、ちゃんと案内役がいて。こんな、馬服だけの装鞍所じゃ、誰も馬の区別つかないよ」


かう。

　装鞍所での準備が完了し、健康状態にOKが出たら、ファンの待つパドックに出て行く。

　というわけで、通常のレースでは、トレセン→馬運車→競馬場厩舎→装鞍所→パドック→本馬場という順番になる。


*リベルタス＝牡。角居勝彦厩舎。10−16年。33戦5勝。11年ダービーはレース中に故障して競走中止。

*エーシンジャッカル＝牡。野元昭厩舎→高野友和厩舎。10−13年。21戦3勝。11年ダービー16着。

*デボネア＝牡。中竹和也厩舎。10−11年。8戦1勝。世界一の大馬主、ドバイのモハメド殿下の所有馬が11年ダービー出走で話題となる。当日モハメド殿下がお忍びで観戦に来日。結果は12着。

しかしふと見回すと、隣のテーブルも、その向こうも、男女ペアが窓際に詰めて、デジカメを構え、「あの栗毛がオルフェーヴル*でさ、こっちの鹿毛がトーセンレーヴ*なんだよね」などと男が女に教えている。

なんで？　なんでそんなに一般客が馬の区別できるの？　その上、なんでそんなに女のほうが従順に男の言葉に納得するの？　うちの震える貧民なんか、貧民のくせに一向にこっちの言葉を聞かないぞ。

きっとデジカメのせいだ。このデジカメという機械を、ヤツらカップルは悪用している。テレビCMでは孫の写真を送ったり、料理写真を送ったりしているが、そんな微笑ましい所でとどまる人間は少ないはずだ。

「オレのはこんなになってる、お前のはどうなんだ？」

「いやーん、恥ずかしい」

「いいから送れよ」

「じゃ、ほんのちょっとだけよ、すぐ処分してね」

「分かってる、分かってる、お、来た来た、ほお、こんなになってんのか!?」

絶対そんなヤツらがウジャウジャいるはずだ。許せない。

昔は大変だった。老眼鏡ずらした写真屋オヤジから、「お客さん、これは現像できませんねえ、当局の指導なんでね」などとジロジロ見られて、さんざん恥ずかし

＊オルフェーヴル＝牡。池江泰寿厩舎。10−13年。21戦12勝。11年ダービー制覇。11年の三冠馬。GI6勝。
＊トーセンレーヴ＝牡。池江泰寿厩舎。11−17年。33戦8勝。11年ダービーは9着。

い思いをした。そういう先人の苦労の上にお前らの快楽享受はあるんだ。

クッソーと睨んでいると、「それじゃ、ぼくらはこのへんで」と震える貧民たちが2人、3人と席を立ち始める。

「え、いいのか、潮位競馬予想を聞かなくて？　これからだぞ。いいのか、装鞍所解説聞かなくて？　タダなんだぞ」と叫ぶが、

「いいえ、もう十分聞きましたんで。じゃグッドラックということで」と、やつら出て行ってしまった。

300億年予想、地球上では受け容れられ難いようだ。

ばんえい競馬の「通過算」

ばんえい競馬＊は考えさせられることが多い。

まずパドックが凄い。と言っても特別何かがあるわけじゃない。狭い周回所、まばらな客の目の前を1トンの馬が静かに歩く。レースではソリに乗る騎手もパドックでは馬にまたがるが、鞍やアブミはないから裸馬に足をブラブラさせて乗る。ばん馬が大人しいからこれができる。

感心しながらふと視線を落とすと、う？　何という巨大な睾丸！　サッカーボールぐらいある。しかしここがばん馬の偉い所だが、目を丸くする客の前で片脚上げ、「どうだ見たか、オレの○○タマ！　おとつい来やがれ」と鼻息吐くような、そんな下品な馬はいない。うつむいたまま「そうなんです、デカいでしょ？　お恥ずかしい」と顔赤らめて通り過ぎる。これこそ真の男だ。

「どうせこの男、大したことないわよ」と見くびるところに女たちの不幸がある。これだけで人生の快楽の3割は逃している。「私、どうも、この赤面症男が巨大睾

＊ばんえい競馬＝輓馬《ばんば》呼ばれる1トン近い大型馬が、1トン近い重りを乗せたそりをひいて直線200メートルを競走する。漢字で書けば「輓曳」だが、レース名の公式表記は平仮名である。日本では北海道帯広市が主催する「ばんえい十勝」のみが行われている（世界的にも唯一）。

丸持ってる気がして仕方ないの」と、どうしてこの慧眼の一言を放てないのだ。

ばんえいは帯広だけになったが、ばん馬は一見の価値大いにありだ。

ばんえい競馬では、ずっと頭に残っていることが一つある。ばんえいでは馬の鼻端ではなく、ソリ後端でゴールを争う。* ばん馬は昔、原野開拓で活躍していて、鼻先寄せて「重たかったけど、やっと着きました」と言っても、「お前の鼻先なんてどうでもいい、荷物はどうした」と怒鳴られることになる。

通過算という算数がある。

「秒速10メートルの列車が長さ100メートルのトンネルを通過するのに何秒かかりますか？」という問題で、「そんなん簡単や、10秒に決まってるわ」と目立ちたがりの子が手を挙げると、「このあほガキ、列車が50メートルの長さって書いてあるやろ、よう読まんかい」と頭をハタかれる。

列車の先端がトンネルに入って100メートル進んでも、トンネルを完全に出きってしまうには、あと50メートル進まないといけない。つまりトンネルの長さに加えて自分自身の長さもクリアしないといけない。こういうことは世の中、けっこう多いのだ。

＊ソリ後端でゴール＝ということを考えていたら、「遠足は家に帰るまでが遠足です」という井上マーのギャグを思い出した。遠足は、出発は学校でも終点は学校ではなく家だ。遠足距離には学校から家までも入れないといけない。

最近あまり見かけないが、ぼくはこの井上マーという芸人のネタが好きだ。「尾崎豊バージョン」で「ヤワラちゃんの前髪が叫ぶ、もう縛られるのはイヤだ！」とか、「コンビニ弁当の中の漬け物が叫ぶ、オレに温もりは要らない！」とか、傑作が多い。

「先コウはこうも言った、この時ビーカーの重さは考えません！」というフレーズも井上マーのネタだが、これは重要な視点を含んでいるので折に触れて考えている（272ページ参照）。

ばんえい競馬は「前でスタートして後ろでゴール」だから、馬とソリの合計が10メートルなら、200メートル競走でも実は210メートル走らないといけない。〝距離200、ソリ10〟だから、「気にするほどのことか」と言われるが、もしソリが5000メートルだったらどうだ？　200メートルのコースより、自分の尾端をゴールに着けるために走る5000メートルのほうがよっぽど大変だ。

そこで考える。

中央競馬は〝前揃えスタート・前ゴール〟だが、年1回サマーダッシュだけは、「後ろ揃えスタート・前ゴール」にしたらどうだ。

「直線1000メートル競走ですが、③番ミミズホースは体長800メートルあるので、実質的には200メートルしか走りません、ご注意下さい」

となる。後ろのシッポは発馬機に固定されていても、ニョロニョロ長い〝ミミズホース〟だけ頭がグイっと、残り1ハロン*の所まで突出しているからだ。

＊ハロン＝厳密には201・168メートルだが、日本競馬では便宜上200メートルとしている。

競馬場でゴールから1ハロンごとに立てられた標識を「ハロン棒」というが、書かれている数字はゴールまであと何百メートルかを表す（「4」と書かれていたら残り400メートル）。

正式には「furlong」で、古英語のfurh（プラウで犂《す》く）とlang（長い）に由来する。馬に適度に休息を取らせながら効率よく耕起作業ができる畑のサイズとして定められた。1ハロン×1チェーン（10分の1ハロン）の面積を1エーカーという。とWikipediaに書いてあった。なるほど。

「さかなへん予想」と「リーマン予想」

ＪＲＡでは場内予想屋の営業は禁止されているが、たとえば阪神競馬場でも、はるか昔には、雑然とした仁川駅周辺に怪しげな予想屋がいた。

特に「さかなへん予想」というキテレツな予想屋のことはよく覚えている。50枚ほどの厚紙のカードを取り出し、「さあニイちゃん、この中から目をつぶって8枚以内のカードを引いてみ」と声をかけてくる。

たとえば「鱸」「鰤」「鰻」「鰯」「鯖」「鰊」と六枚のカードを引くと、

「このうち何枚読める？*」と聞いてくる。

「ウナギ（鰻）とイワシ（鰯）とサバ（鯖）かなあ」と言うと、

「じゃあ3－6や」

「え？」

「6枚引いて3枚読めたから今日のメインは3－6が来る」

「は？」

＊何枚読める？＝鱸（スズキ）、鰤（ブリ）、鰻（ウナギ）、鰯（イワシ）、鯖（サバ）、鰊（ニシン）。何枚読めた？

「50枚1組、500円に負けとくがな」と輪ゴムでくくられたカードの束を出す。

「これ毎回レースの前にやるの？」

「やるんや。深呼吸して神聖な気持ちで枠連8枚以内のカードを引いて並べる」

「予想じゃなくて漢字クイズみたいだけど」

「うん、そうとも言える」と、おじさんは案外簡単に同調する。

「1枚も読めなかったらどうすんの？　0–8か？」

「そのときはオマケで1付けていい。それは認める」

「予想にオマケが付いてんの？」

「付いてる」

「こんなのいつもやってたら、だんだん全部読めるようになるで」

「うん、そうとも言える」

「そうとも言えるって、どうすんのよ」

「どうもしない、慣れてくると7枚引いて7枚読める、8枚引いて8枚読める。つまり熟練すると外枠ゾロ目*が増えるということや、ははは」

「予想屋」というと、鼻クソ丸めて何か叫んでいる雰囲気があるが、とんでもない間違いだ。アカデミックな世界にも予想屋はいる。

＊外枠ゾロ目＝競馬ではゲート（発馬機）の1枠に2頭の馬が入る。「枠連《わくれん》」（枠番号2連勝複式勝馬投票法）は1着と2着の枠番号を着順に関係なく当てる投票法。6枠の2頭が1着と2着に来れば「6枠ゾロ目」となる（枠番号が大きいほど外枠）。
「さかなへん予想」で、6枚引いて6枚全部読めたら6枠ゾロ目を買いなさい、ということになる。

イギリスのピーター・ヒッグス*を見てみろ。ヒッグスは１９６４年に物質に質量を与える〝ヒッグス粒子〟の存在を予想して、〝ヒッグス予想屋〟とバカにされた。しかし約50年後の２０１２年にヒッグス粒子がついに発見され、翌年ヒッグスはノーベル賞を受賞した。

ドイツ人ベルンハルト・リーマン*は、「ゼータ関数の非自明の零点はすべて実部２分の１の直線上に存在する」と予想したが、誰も証明しないので、１５０年間〝予想屋リーマン〟と呼び続けられている。

フランス人アンリ・ポアンカレ*は１９０４年に「３次元閉多様体は３次元球面と同相である」と予想した。

ポアンカレの言っていることなら予想屋乗峯にも少し分かる。なぜなら20年ぐらい前に、仁川駅前で〝予想屋ポアンカレ〟に会ったからだ。駐車場奥の日陰に無精髭を伸ばして寒そうに背中を丸めていた。歳は30前後か。どうも日本人ではなさそうだ。不審外国人の前の小台には「ポアンカレ予想」と書かれた札がある。

「ポアンカレ予想って何？」と聞くと、髭面男はコトッと三角の表示札を倒す。

「単連結な３次元閉多様体は……」の文がある。

「単連結って何？　単勝と連勝の結合？」と言うと、男は紙袋から「単連結」と書

*ピーター・ヒッグス＝イギリスの理論物理学者。１９２９年生まれ。２０１２年、「生きている間にヒッグス粒子が発見されたことは嬉しい」とコメント。13年ノーベル物理学賞受賞。

*ゲオルク・フリードリヒ・ベルンハルト・リーマン＝ドイツの数学者。解析学、幾何学、数論の分野で業績を上げた。１８２６―66年。

*アンリ・ポアンカレ＝フランスの数学者。数学、数理物理学、天体力学などの重要な基本原理を確立した。１８５４―１９１２年。

かれたカードを出して「百円」と言う。

百円渡すと、そのカードを裏返して見せた。「多様体が一つに丸まっていること」と書かれている。

「多様体って何よ？」と声を出すと、男は「多様体」のカードを出して、また「百円」と言う。

百円出すと次のカードが出てきた。

「特定の点の近くの点の集合が空間内の領域と同相であること」と書かれてある。

「同相って何よ？」と聞くと、また次のカードが出てきて百円取られる。

「同相・似ていること」とだけ書かれている。詐欺のようなものだ。

「何じゃこりゃ」と立ち去ろうとすると、「もし宇宙が一つの丸まった空間なら、おおむね球面と言っていいか？　ということです」と男がカタコトの日本語を言う。

「〝いいか？〟ったって、別に勝手に言えばいいじゃないか」

「もし始点を地球にくくりつけ、長い長いロープを付けて飛び立ったロケットが宇宙をぐるっと回って帰ってきたとき、そのロープ全体を手繰り寄せられたら、宇宙はおおむね球面と言っていいですか？」

「いいですかって、何じゃそりゃ」

「もし宇宙がカッチカチのドーナツ形で、ロケットがそのドーナツの小麦粉部分を進んで行き、穴をぐるっと回って帰ってきたとすれば、ロープは回収できないですよね。カッチカチの穴にロープがひっかかるから。回収できなかったら宇宙はおおむね球状とは言えない、だって球とドーナツは違うから」

ポアンカレ予想は、42年後の2006年に証明された。予想したポアンカレがノーベル賞をもらってもいいところだが、ポアンカレはとっくに死んでいるので（1912年没）、証明したロシア人ペレルマン*が賞賛された。しかしペレルマンは数学界の栄誉であるフィールズ賞も賞金100万ドルも辞退して部屋に籠もってしまった。なぜか？

ひょっとしたら、彼が〝超長生きのポアンカレ〟だったからではないか。

自分で証明できる予想を出し、みんなを散々悩ませてから、自分で解いてみせる。

これだ、究極の予想屋は。

とにかく競馬予想屋はスパンが短すぎるからバカにされる。10分前に予想して、当たった、外れたがすぐ出るからノーベル賞が取れない。

「単勝連勝結合的・三次元多様馬券購入体は三次元球面と同相である」

これを〝乗峯予想〟とする。百年後に誰か証明してくれ。フィールズ賞と賞金100万ドルはキミにやる。

*グリゴリー・ヤコヴレヴィチ・ペレルマン＝ロシア出身の数学者。マスコミを避け、スウェーデンに移住して研究を続けている。趣味はキノコ狩りとされ、人付き合いを嫌い、ほとんど人前に姿を見せない。1966年生まれ。

気象は予報士、競馬は予想屋

どうも気象予報士という人間に疑念が沸いて仕方ない。

昔は天気予報といえば気象庁予報官という役人が出てきてやっていた。それが20年ぐらい前、気象業務法の改定とやらで、国家試験に合格した者なら誰でも予想をしてかまわないことになった。

これはいい。これはつまり陰陽師という高級国家官僚が怪しげな（神聖な）呪術で国家の帰趨を占っていたのを民間に開放する。「きみら誰でも陰陽道やっていいよ、街角の平台で天文図やら護符やらを広げて、〃当たるも八卦、当たらぬも八卦〃みたいなこと言ってもいいよ」という市民開放政策の一つだ。

しかしである。いま見るに、「TBSの森田さんは『晴れ』と言うが、フジテレビの天達《あまたつ》さんは『曇り』だと言う、いやいや毎日放送の今出《いまで》さんなんか『ヒョウが降る』と言ってるぞ、いったい誰の予想が当たるんだ」、みたいな現象は一切起こらない。

どこのチャンネルの、どの予報士の話を聞いても、明日の天気は一通りしか出てこない。こんなことでいいのか。何のための民間開放陰陽師なんだと言いたい。

それだけならまだいい。それだけなら「気象衛星データを見て、偶然にも各人同一の予想しか出なかった」ということかもしれない。問題は気象予報士は自己責任で予想していないという点にある。

たとえば、5月末ダービーの1週前ぐらいからずっとぐずついていたとしよう。ワイドショーでも「もう梅雨入りなんじゃないの？」と小倉智昭が聞く。すると気象予報士が出てきて「いえいえ、小倉さん、梅雨入りじゃないんです、なぜかというと、ほら天気図見て下さい、気圧配置がこうで梅雨前線がこうでしょ？　だからまだ梅雨入りじゃないんです」と説明して事足れりとしている。

おかしいやろ！

平安貴族は気圧配置も梅雨前線も知らなかったが、「七日も雨が降ってる、もう梅雨なのね」とつぶやいたはずだ。

つまり現代の気象予報士は、「梅雨入りじゃないんです」と口では言っているが、実際には、「気象庁が梅雨入りとは言ってないんです」と言っているのである。「梅雨入りかどうか」じゃなくて、「気象庁の梅雨入り宣言があったかどうか」の伝達しかしていない。

「気象庁はまだ梅雨入りとは言っていませんが、わたくしが本日梅雨入りを宣言します」と、どうして堂々と言わないんだ。*

ぼくが気象予報士たちにこれだけ敏感になるというのは、要するに近親憎悪があるからだ。きみたち！　きみたちは「日本一当たらない気象予報士」と言われたことがあるのか！

気象庁ＨＰには、気象予報士とは「気象現象の予想を行う者」とはっきり書いてある。ぼくと同じ予想屋じゃないか。

ただ彼らは国家試験に通っているから「予報士」を名乗れる。ここに競馬予想屋の弱みがある。ぼくも名刺には「日本予想家協議会認定・競馬八段」と肩書きをつけているが、これは自称だ。日本予想家協議会の会員は乗峯一人だ。

しかしこの自称競馬八段は、「オークスはレッド*が勝つ」「ダービーはリーチ*が勝つ」「安田記念はカンパニー*が勝つ」と言って胸を張る。国家試験は通ってないが大声を出す。レース後みんなにかかって来られそうになると「馬が悪いんや！　レース前に18頭でオレの予想見に来いっちゅうんじゃ！」と新たな申し開きまで怒鳴ることができる。

＊堂々と言わない＝気象予報士が堂々と言わないのは、梅雨入りや梅雨明けの判断だけじゃない。「梅雨入り宣言あったとたんに晴天が続くね」と言われたら「〝梅雨の中休み〟です」と返し、「梅雨明け宣言あったのにまた雨だね」には「これを〝戻り梅雨〟と言うんですね」と言ってなんら動じないのが気象予報士だ。
　競馬予想屋にはこれが悔しい。「〝レッドディザイアが勝つ〟と宣言したのにブエナビスタに差されたじゃないか（09年オークス）」には、「これを〝レッドの中休み〟と言うんですね」、「〝リーチザクラウン勝利〟宣言したのにロジユニヴァースにかわされたじゃないか（09年ダービー）」という攻撃には、「これを〝戻りロジ〟と言うんですね」と言って平然としていたい。

＊レッドディザイア＝牝。松永幹夫厩舎。09－11年。14戦4勝。09年オークス2着。

気象予報士に競馬予想屋の真剣さを持たせるには、結局、『天気券』の発売しかない。カネが賭かってないから気象予報士はみんな事なかれ主義の横並びになる。全国1千万の天気券ファンが「明日の『天気券』何買おう?」と気を揉めば、気象予報士の一言一句はもっと真剣味と独自性を浴びる。

「全国800人の予報士がすべて『晴れ』◎と言っているなか、○○放送の××さんだけ、ただ一人『竜巻』◎と予想していた。大穴的中や。凄い人や」と、気象予報士界はそうならないといけない。

競馬界にも提言する。我がかねて念願の、前日発売「天気入り4連単」も実現してほしい。

万が一ダービーで「ロジユニヴァース*↓リーチザクラウン*↓アントニオバローズ*」を予想していた人がいたとしても、その人はあの当日の大雨まで読んでいたか?

よく「晴天ならこれ、雨ならこれ」などと予想する者がいるが、そんな予想屋は甘い。真の予想屋は天気まで当てる。当日雨が降ったら「晴・ロジ・リーチ・アント」はただの紙くず、「嵐・ロジ・リーチ・アント」だけが的中で、これは1000万馬券となる。

「競馬と気象の一気通貫4連単予想屋」、厳しいけれどこれがぼくの進む道だ。

＊リーチザクラウン＝牡。橋口弘次郎厩舎。08－13年。26戦4勝。09年ダービー2着。

＊カンパニー＝＊カンパニー＝牡。音無秀孝厩舎。04－09年。35戦12勝。G－2勝。09年安田記念4着。

＊ロジユニヴァース＝牡。萩原清厩舎。08－12年。10戦5勝。雨中の09年ダービーは2番人気で1着。

＊リーチザクラウン＝09年ダービーは5番人気で2着。

＊アントニオバローズ＝牡。武田博厩舎。09－10年。9戦2勝。09年ダービーは8番人気3着。

ゼッケンと素数

栗東と美浦の両トレセンには、毎年それぞれ２５００頭ほどの馬が入厩してくる。しっかり区別するため、すべてにゼッケン番号が与えられ、調教のときには必ず鞍の下に表示することになっている。取材者にはもちろん必要だが、担当の調教師やスタッフにとっても、馬の識別をしやすくするためにこの番号は必須だ。

厩舎スタッフが、ゼッケン番号でどのくらいゲンかつぎするものなのか、よくは分からないが、ぼくは最近パチパチと下手な写真を撮りながら、「素数ゼッケンの馬が活躍するんじゃないか」という〝妄想〟にとらわれている。説明するまでもないだろうが、素数とは、「1とそれ自身以外の数では割り切れない」（約数を持たない）整数である。

たとえば２０１１年10月以降の3歳・古馬戦線のGⅠ勝ち馬を見てみる。

● スプリンターズS＝カレンチャン「５１８」非素数

＊番号改定＝競走馬のゼッケン番号は定期的に変更が行われる。引退や移動をせず、ある程度の年齢までトレセンにいる馬は、通常3度から4度、タイミングの巡り合わせによっては5度、ゼッケン番号が変わる。

　馬の年齢は「満年齢」ではなく、生後最初の1月1日に1歳、それ以後は毎年1月を迎えるごとに1歳ずつ加わる（つまり昔の日本の「数え年」とちょうど1歳の差が出る（94ページ参照）。以下の説明はそのことを念頭に置いて読んでほしい。

　①2歳の年の9月までは入厩登録される順に「1」から番号が振られる。２４９８頭いれば、最大番号は「２４９８」となる。

　②2歳の10月になると、その番

● 東京競馬場の南部杯＝トランセンド「１５４９」素数
● 秋華賞＝アヴェンチュラ「22」非素数
● 菊花賞＝オルフェーヴル「４４３」素数
● 天皇賞＝トーセンジョーダン「１５８３」素数
● エリザベス女王杯は外国馬が勝ったので不明。
● マイルチャンピオンシップ＝エイシンアポロン「３１１」素数

つまり判定不能のエリザベス女王杯を除き、ＧⅠ6回のうち4回を素数ゼッケンの馬が勝っている。素数勝利確率約67％である。それに対して、1から２０００までの整数の中に素数は３０３個あるので出現率約15％である。これは凄いことだ。

特に11年の三冠馬オルフェーヴルは「２２７」の素数で皐月とダービーを勝ち、10月の全頭番号改定*になって、また「４４３」の新たな素数をもらい、菊花賞を勝って三冠馬となった。

11年、ヴィクトワールピサ*が日本馬として初めて世界最高賞金レースであるドバイワールドカップを勝った（それ以後もドバイＷＣを勝った日本馬はいない）。そのヴィクトワールピサのゼッケン番号は「２１１」。素数である。そして10月から、ヴィクトはまた「２４１」の素数番号を受けた。

号が馬名の50音順にシャッフルされる（ゼッケンの色も変わる）。たとえば「アアイイ」などという馬がいれば「1」、「ワン」などという馬がいれば「２４９８」が与えられる。

これが2歳の10月から3歳の9月の、いわゆるクラシック・シーズンを通して使われる番号になる。

しかし、もちろんその間にも新たに登録されてくる馬はいる。あとから登録されてくる馬は、たとえば「アヘ」などという馬名でも「ワン」の後ろの「２４９９」ということになる。

③3歳の10月になると、2度目のシャッフルが行われ、古馬を含めて新たに50音順で番号が付与されることになる。

つまり、たとえば2歳の6月に入厩して4歳6月まで活躍する馬であれば、①入厩時、②2歳の10月時、③3歳の10月時の3度ゼッケン番号をもらう。この馬が4歳の11月まで活躍すると、さらに④4歳の10月時が加わり（3歳馬流入によるシャッフルがあるので）、4度ゼッケン番号をもらうことになる。

ところで、ＡＫＢ48とかＳＫＥ48とか、よく聞くが、あれ、何でみんな「48」なんだろう？　ネットなどを見る限り、人数もきっちり48人ではないらしいし、そんなに明確な理由はないなどと出ているんだけど、どうなんだろう？

法然《ほうねん》の死後１００年目ぐらいに、弟子が中心になって絵巻物＊を作り、法然生前の言葉を編纂した。この文章は浄土宗派では「勅伝《ちょくでん》」、または一般に「四十八巻伝《しじゅうはっかんでん》」として通っている。確かに48章に章立てされているのだが、一つの巻に三つぐらいエピソードが入っていたり、逆に一つのエピソードが何巻にもわたって書かれていたりする。「48」巻である必然性はあまりないように思える。

そこには、どうしても「48巻にしたい」という弟子たちの思惑があったと考えられる。それは法然はじめ浄土門徒たちが聖典と仰ぐ「無量寿経《むりょうじゅきょう》」の中の、法蔵菩薩《ほうぞうぼさつ》が阿弥陀如来《あみだにょらい》になるときに立てた誓いが「48」あるからだ＊（通常〝弥陀四十八願《みだのしじゅうはちがん》〟と言われる）。

日本人なら、そのぐらいの数の集団になると、「48」よりも、むしろ「47」を採りたくなるんじゃないか。「忠臣蔵四十七士」の存在を意識するからだ。集団一丸となって事に当たるなら「そりゃ、47人だろう」という気分が日本にはある。

しかし忠臣蔵というのも、調べてみると、「赤穂浪士はいったい何人いたんだ？」

＊ヴィクトワールピサ＝牡。角居勝彦厩舎。09－11年。15戦8勝。10年皐月賞、有馬記念、11年ドバイワールドカップの　GⅠ3勝。

＊絵巻物＝絵と言葉は必ずしも一致していない。言葉集だけ独立して編纂されたものと見られる。

＊それでは、阿弥陀如来の誓いはなぜ48個だったんだ、ということになるが、そこのところはよく分からない。とにかく浄土門徒にとって「48」というのは特別な数字ということだ。

という疑問がわく。毛利小平太や高田《たかた》郡兵衛などの途中脱落者がいるし、討ち入りのあとも足軽の寺坂吉右衛門だけは生きて諸国を回り、自決した46人の遺族の慰労に当たったなどと言われている。

血盟を結んだ段階では「51」とか「52」だが、討ち入りのあと自決した人数でいうと「46」になる。でも、大石の使用人・瀬尾孫左衛門も10年後ぐらいに自決しているから、それを入れると「47」。でも寺坂だって歳をとってから最後は自決したという話もあるから、それを考慮すると「48」。いったい〝何十何士〟なんだということになる。*

おそらく「赤穂義士」も、法然の「四十八巻伝」同様、のちに芝居や講談にした人たちがどうしても「47」にしたかったのだろうと思う。

日本では陰陽道《おんみょうどう》の影響で奇数が好まれる。1周忌、3回忌、7回忌、13回忌とくるのもその類だ。そして特に素数を好む。素数論や整数論というのは西洋の数学というイメージがあるが、中国陰陽道はもちろん、日本人の無意識の中にも素数はちょっと違う数だぞというイメージが存在しているのだ。

「47」は素数だから、赤穂浪士は「四十七士」でなくてはならなかった。「48」になると、約数が10個もある特異数であり、10種類のグループ分けができることになってしま

＊『最後の忠臣蔵』という映画（原作は池宮彰一郎『四十七人の刺客』）では、寺坂吉右衛門（佐藤浩市）が、大石の命令で討ち入り前夜に離脱し、大石とかるとの間に生まれた娘かね（桜庭ななみ）の面倒をみる大石家使用人・瀬尾孫左衛門（役所広司）に遭遇するという話になっている。吉右衛門は孫左衛門の真意を理解するが、その孫左衛門は、かねが嫁いだ夜に大石の位牌の前で自害する（最後の忠臣）という結末だ。

い、一致団結には好ましい数字ではない。

それに対して、阿弥陀如来の誓い（陰陽道の影響を受けていない）が「48」なのも、AKBやSKEが「48」なのも、グループ分けがしやすく使い勝手がいいからなんじゃないか、* などと勝手に当て推量している。

一致団結赤穂義士のように素数「47」が強いのか、グループ分け自由自在AKBのように約数いっぱいの「48」が強いのか、競走馬ゼッケン番号簿とにらめっこしながら、あれこれ妄想をふくらませている。

＊AKBやSKEが弥陀の48願から数字を取ってきたというのは、まさかないんだろうなあ。

5

競馬街道をゆく

競馬の歴史学

騎馬民族征服王朝説

大阪北部のある私立大学から「小説演習」の非常勤講師をやってくれないかという、不意打ちのような依頼があって、学生に小説を教える能力なんかあるのかと、半信半疑のような気持ちで授業をやった。

その大学の史学科に強烈な競馬好きのKさんという教授がいて、ぼくのことも知ってくれていて、教員控え室で会うたびに競馬の話をしていたが、「一度、わたしの授業を見に来ないか。史学と競馬の融合はいかにして可能か、教えてあげるから」などと言う。

もともと馬のいなかった日本列島に馬が入ってきたのはいつごろか、*大陸騎馬民族と日本国家との関係はどうなのかなど、確かに、馬文化は日本古代文化と深く結びついていると感じていた。かなり興味を持って大教室に入っていった。

変わった授業だった。講壇のマイクを握り、体勢を低くしてじぃーっと学生を見

*日本の馬＝日本にはいつから馬がいたか、あるいはいつ大陸から馬が流入したかは、古代史の分野でも大問題となっている。素人勉強だが、少し書く。

縄文時代の遺跡からは馬の骨格とみられるものはほとんど出ていない。大陸と地続きだった1万年以上前に〝馬のようなもの〟が渡ってきた可能性はあるが、四世紀あたりまで、少なくとも日本で軍馬、農耕馬、あるいは食肉馬はポピュラーではなかった。邪馬台国のことが記されている「魏志倭人伝」（3世紀末）には〝牛馬なし〟と記されている。

日本武尊《やまとたけるのみこと》の関東征伐は、どこまで史実か疑わしいが、神話から

回したK教授は何か低く唸っている。でも100人も入る大教室だから、後ろの学生には全然聞こえない。

「野良馬ども、去勢してやるぞー」

最前列の端に座っていたぼくには、はっきり聞こえた。

大学は枚方《ひらかた》の牧野《まきの》という所にあるが、ここは昔、馬の牧場だったというのがKさんの長年の主張だ。

「昔って、どれくらい昔ですか？」と学生が聞くと、「1500年ぐらい昔だ」と答える。とんでもない昔だ。

「昔牧場だったから〝牧野〟という地名になっている、だからそこに集まってくる学生は馬だ」とも言う。

「1500年前、馬だらけだった場所なのに、馬なんていなかったと人間が言うということは、つまりそう言う人間は馬だということじゃないか？　そうだろ？」とKさんは言う。わけが分からない。学生も唖然としている。

K教授の研究室にも入った。

ちょうど、テレビでスキーのジャンプ競技をやっていた。ニッカネンとかソイニネンとかニエミネンとかフィンランドの選手の名前が続けざまに出てくると、「何

推定すると、ほぼ4世紀の出来事と思われる。古事記にも日本書紀にも、草薙剣《くさなぎのつるぎ》のことはよく出てくるが、戦いの模様は詳しく出ていない。ヤマトタケル東征が船で移動したことは想像できるが、関東の蝦夷が馬で反撃したとは一切出ていない。ヤマトタケルの4世紀には、まだ日本に馬はいなかった。

関東は〝馬戦《うまいくさ》〟の地と言われるが、軍馬が出てくるのは少なくとも平安時代（8世紀末から）以降である。

日本で最初に馬の記述がある文献は「日本書紀」で「(天武帝は)良馬《よきうま》たちを皆走らせてみられた」とある。天武朝は7世紀である。

以上のことから、馬は（どんなに古く見積もっても）5世紀、船に乗って大陸から渡ってきて、それ以後、日本各地で人の手で繁殖されるようになったと見るのが妥当と思われる。

やねん、こいつらの名前」と唸り、上体を起こす。

「フィンランド人は誰でもネンネン、ネンネンや。どう思う？」とぼくのほうを見る。

「は？」

「われわれ関西人も〝ネンネン、ネンネン、うるさい〟と言われる」

呆気《あっけ》にとられているぼくを無視してKさんは立ち上がり、研究室の壁に貼ってある、くすんだ世界地図のユーラシア大陸の真ん中あたりをバンと叩く。


「ええか、中央アジアには紀元前紀、約1000年にわたって活躍したスキタイという人類史上最強の遊牧騎馬民族がいた。この最強最大の騎馬民族が紀元前5世紀、理由は分からんが突如東西に分かれて大移動し始めた。

スキタイの中でもいちばん有名なのはフン族だ。このフン族は西に入ってちょうど今のルーマニアのあたりまで侵攻し、そのおかげでその辺にいたゲルマン民族を玉突きのようにローマ帝国内に押し込み、ローマ帝国滅亡のきっかけをつくった。ゲルマン民族〝みなうごく（375年）〟や。

このフン族、東に入っては匈奴《きょうど》という国をつくって、当時の漢王朝と激しく争った。さらにその匈奴の末裔の騎馬民族は、日本にまできて天皇朝を制圧し征服王朝をつくった。江上波夫先生の〝騎馬民族征服王朝説〟だ。この枚方、牧野に広大な馬牧場をつくったのはその征服フン族の末裔や。ぼくやきみやこの枚方に古くから、といってもめちゃくちゃ古くからやけどな、とにかく古くからの枚方住民は全部フン族の末裔、スキタイの旗印の下にいた騎馬民族なんや」

「え、ぼくもスキタイの末裔《まつえい》ですか？」

「末裔や、マツエイゴッホや*」

何だか分からない。このK教授が騎馬民族征服王朝説を提唱した江上波夫《えがみなみお》*という人の学説を信奉しているのは前から知っていた。でも日本古代史学会では、騎馬民族説というのはほとんど下火になっているということもあって、〝江上信奉者〟であるということをKさんはあまり表立って言わない。こんなに熱っぽく騎馬民族説を語るKさんを初めて見た。

「ただなあ、わたしにも疑問がある」と言ってKさんはぼくの隣に座り直し、棚から天皇系図を引っ張り出した。

「初代神武《じんむ》から14代仲哀《ちゅうあい》までは〝神武王朝〟と言われて、まあたぶん、ほとんど推定だが、飛鳥あたりを都にしていた。15代応神《おうじん》から25代武烈《ぶれつ》まで、〝応神王朝〟とか〝仁徳《にんとく》王朝〟とか言われて、中国史書に〝倭《わ》の五王〟として記されている。この

*マツエイゴッホ＝おそらくマツリダゴッホ（馬名）にかけた駄洒落。Kさんは騎馬民族の誇りだと言ってよく競馬場に行くので、脈絡なく馬名が出るんだと思う。
　マツリダゴッホ＝牡。国枝栄厩舎。05－09年。27戦10勝。07年有馬記念勝利。

*江上波夫＝1906―2002年。考古学者。東京大学名誉教授。1948年に騎馬民族征服王朝説を発表。著書に『騎馬民族国家』中公新書など。

部分が江上先生の言う征服王朝で、この時代の大王は飛鳥ではなく、いまの堺や藤井寺、いわゆる百舌《もず》古墳群や古市《ふるいち》古墳群のあたりを根拠地にしている。いまの大阪市のあたりは、当時は〝河内湖〟と言って海水の入り込んだ大きな汽水湖で、そこに船で大陸から馬を運んできたわけや。その河内湖のまわり、今の四条畷《しじょうなわて》や枚方に牧場をつくって、騎馬軍をつくり、飛鳥の豪族を押さえていたんや……でもや」

そこまで言って先生はまた立ち上がり、窓のブラインドを石原裕次郎の七曲《ななまがり》署の窓のようにひょいと引き下げて、「あそこに天王山見えるよな」と、淀川の向こうに見える新緑の山を指し示す。

「あの天王山の西の端、名神高速の下に今城塚《いましろづか》古墳という巨大な前方後円墳がある。第26代継体《けいたい》天皇の墓だと言われている。なぜ継体天皇は神武王朝の飛鳥《あすか》でなく、倭の五王の大阪平野南部でもなく、淀川の北側に墳墓を造ったか。

今でこそ淀川岸は大阪と京都を結ぶ大動脈になっているが、当時の主要な水脈は淀川ではなく、難波・河内湖の南の飛鳥川・大和川水系だった。継体だけなぜぽつねんと、当時ひなびた所であったに違いない淀川北岸に墓を造ったか……。

いや、不可解なことはほかにもある。継体は先代武烈《ぶれつ》とは微《かす》かな血縁しかない。

武烈に継嗣《けいし》がなかったため、福井の田舎にいた応神の5代孫の継体を呼んできたとか言われている。そんな、5代前のまたいとこなんか、親戚とは言わんだろう。*

さらに連れて来られた継体は、飛鳥ではなく、この牧野のそばの樟葉《くずは》に宮を造って57歳で即位した。そのあとも筒城《つづき》（現在の京田辺市）、弟国《おとくに》（長岡京市）と、難波とも飛鳥とも離れた所に宮を移しつつ、20年経ってやっと飛鳥に入っている。まるで飛鳥に入るのが嫌で、淀競馬場の周りをぐるぐる巡っているみたいやないか」

ぼくが「ふう」と息を吐いていると、Kさんはにやっと笑った。

「ネン族や」と言う。

「は？」

「いいか」と言って、Kさんはまた世界地図の沿海州のあたりをバンと叩いた。

「古代スキタイにはフン族のほかに北方を巡っていたネン族という有力氏族がいたんや。フン族・匈奴が朝鮮半島から瀬戸内海を通り、馬と一緒に難波河内湖に入ってきたのとは別に、ネン族は途中、鮮卑《せんぴ》や突厥《とっけつ》という騎馬民族国家をつくりながら北方のアムール川河口あたりから外興安嶺《そとこうあんれい》（スタノヴォイ山脈）を通って、今のウラジオストク周辺から帆船に馬と食料を乗せ、能登・福井あたりに上陸してきた。

＊親戚とは言わんだろう＝継体天皇は15代応神天皇の5代孫とか言われている。親戚とも言えないような関係だ。このため〝天皇家万世一系〟は継体で断絶していると説く古代史家もいる。

フィンランドのニッカネンと関西人のドナイナッテンネンは、1500年前に東西の端、枚方牧野に行き着いて騎馬民族文化を花開かせた。

継体天皇こそ、北方騎馬民族ネン族の倭国定着の祖だった。わが国の古代騎馬隊の英雄なんや」

K教授とは何回か一緒に淀*に行ったことがある。でも、いつもおかしいことに気づかされる。牧野から淀は、京阪電車で樟葉、橋本、八幡《やわた》市と続いてわずか4つ目の駅なのに、Kさんは淀に行くとき、必ず淀川下流の枚方大橋まで行き、そこをバスで渡って淀川対岸の高槻《たかつき》に行き、そこから阪急電車に乗るのだ。めちゃくちゃ大回りだ。

「何でこんな迂回を?」って、うんざりして聞くと、「騎馬民族の誇りや」などと、またわけの分からないことを言う。

今年も連休のさなかの春天皇賞の日、ぼくとKさんはまたいつものように枚方大橋から高槻に渡り、まず継体天皇墓・今城塚古墳に参拝、それから弟国宮《おとくにのみや》のあった長岡天神から淀へという大迂回ルートを通って淀に向かう。

＊淀＝京都競馬場は京都市伏見区にある。最寄り駅が淀なので、淀競馬場、あるいは単に淀とも呼ばれる。

河原をナメてはいけない

京都競馬場（淀競馬場）はしょせん河原にある競馬場だと思ってきた。* これはわれわれ関西競馬人間にとっては〝寂しい了解事項〟である。

その昔、圧倒的に関東馬優勢だったのが最近は逆転した。馬は関西のほうが強くなったが、でも競馬場はどうだ。

初めて淀競馬場に行ったときの印象は忘れない。

カツラノハイセイコ*の天皇賞（1981年春）だった。カツアール*との叩き合いもよかったし、カツラノの黒光り馬体もよかった。でも鮮烈な印象はそこじゃない。帰りの京阪電車。茫漠と広がる田園が夕陽に照らされ、ゴミ焼却場のような物寂しい建物が点在する。両岸の葦原を深くえぐって流れる驚くほどの水量の川が何本もあり、その川の上の赤茶けた巨大鉄橋を電車がうねりながら越えていく。

なんて寂しい所なんだ（馬券は負けてるし）、この川に飛び込んで死んでやろうか、みたいな気になった。淀競馬場は幾本もの大河の間の中州の、その空き地にできた

*河原にある競馬場＝北からの賀茂川（桂川と合流）、南からの木津川、それに真ん中を通っていた宇治川という3大河川の合流地「淀地」の河原にできた競馬場である。

　大正末、現在地に開設されたときには、まだ、宇治川の南に巨大な巨椋池《おぐらいけ》という湖沼が存在していた。その巨椋池の干拓、宇治川の付け替え、水はけの悪さの解消など、さまざまな問題を解消して、現在の河川の間に立つ京都競馬場は存在している。

*カツラノハイセイコ＝牡。庄野穂積厩舎。79－81年。23戦8勝。父は70年代第1次競馬ブームの立役者となったハイセイコー。父が勝てなかった日本ダービー・春天皇賞を制覇。

競馬場なんだと悟った。

後年、年に2、3回関東の競馬に行くようになったが、「いや、東京競馬場はすごい」と行くたびに思った。東京競馬場は、たまたまあった空き地に造られたんじゃない。広大な府中の杜の中にターフと馬と木々が一体になるように造られている。「ああ、ハーモニーが聞こえてくる」などとつぶやき「それにひきかえ我が淀は」と考える。京都名物・白鳥池などと言うが、あれは河原の湿地だから水はけのために造られたものに違いないと考えた。平場スタンドと芝コースの間にある大きな溝だってそうだろう。馬場の向こうのポプラ並木だって、あれは宇治川からの川風をせき止めるための堤防防風林に違いない。こうなりゃ関西競馬人は劣等感のかたまり、何でも自虐的に考えてイジけてしまっていた。

でも最近ついでがあって、まるで郷土史家のごとく、淀・伏見・巨椋《おぐら》池あたりの土木工事史みたいなものを調べている。で、調べれば調べるほど「淀は低湿地なるがゆえに日本の歴史（競馬史ではない）の結節点！*」てな思いが沸いてくる。思いが沸くと「淀も捨てたもんじゃない」という気持ちが芽生える。「河原をナメたらあかんぞ」と顔を上げて吠え、「でもナメてたのはお前やろ！」などと自分の頭を叩いたりしている。

*カツアール＝牡。柳田次男厩舎。78－83年。21戦1勝（地方24戦10勝）。

*低湿地は日本の歴史の結節点＝家でも会社でも競馬場でも、それがその場所にあるには、それ相応の理由がある。「ただ偶然その場所にできた」ということはありえない。

特に都を遷すというような大行事の場合は、「いっぺん、あの辺に遷してみるか？」などという理由では決まらない。

本文で述べた継体天皇の10代あとの36代孝徳天皇は、飛鳥から難波宮（現在の大阪城南あたり）に遷都したが、当時の難波地区というのは、河内湖という大きな沼地があり（淀川も大和川もそこに注ぐ）、現在の大阪市東部から大東市、東大阪市あたりはすべてこの

淀の2大GⅠは春天皇賞と菊花賞であるが、この2つからも、「河原をナメたらあかんぞ」の叫びが聞こえてくる。

まず〝天皇〟のほうから。

〝淀の天皇〟と言えば第26代継体《けいたい》天皇だ。淀の手前の樟葉《くずは》で57歳で即位したが、その後、筒城《つづき》（今の京田辺市）、弟国《おとくに》（今の長岡京市）と淀の周辺を巡回するように宮を移し、20年も経って（80歳近い！）やっと飛鳥に入った。実に奇妙な動きをしている

樟葉→京田辺→長岡京なら淀の周辺というだけで、淀とは関係ない、となりそうだが、そうではない。当時の巨椋池は巨大で、そこに鴨川も桂川も宇治川も木津川もまるでタコ足のように入り込み、ただ一本、太い芯のような淀川だけが〝出〟の川としてあった。その淀川の出の部分手前の島として淀はあった。

継体はその巨大巨椋池の周辺を回っていたわけだが、そのあたりは茅葦《かやあし》の繁茂《はんも》する大湿地だったはずだ。そこから継体は先進土木技術を携えた渡来人ではなかったかという説が出る。大湿地ではあっても土木技術さえあれば、水運の拠点として淀川から瀬戸内、大陸まで通じられるからだ。

汽水湖（海水と淡水が入り交じる湖）の底に沈んでいた。その河内湖の西端に突き出た岬の突端が難波宮で、瀬戸内海を渡って畿内に入ってくる異国船を統括できるし、軍事の要衝でもあった。

この難波宮から朝鮮・白村江の戦いに出て、大敗して帰ってきた中大兄皇子は、38代天智天皇となると「唐・新羅の連中が追い打ちをかけてくるかもしれん」と恐れをなした。「攻め込んでくるなら、瀬戸内海じゃなくて山陰の陸地沿いに船を進めて、丹後半島の川沿いに琵琶湖に入ってくるだろう」と読んで、急遽、都を飛鳥から近江大津宮に遷している。

継体天皇の奇妙な動きは本文に書いたが、孝徳天皇の難波宮も、天智天皇の大津宮も、古代史の謎とされる長距離遷都である。

いずれの背景にもある事実は、とにかく当時は極端に水位が高く、いたる所に深い入り江があり、運搬・軍事といえば「まず船」だったということである。つまり、河原が日本の中心地だったと言うことだ。

次に〝菊〟から。こちらからも「河原ナメるな」の声が聞こえる。

競馬場駐車場と競馬場スタンドとの間、京阪電車の線路を越えるための陸橋の直下に、いまも「戊辰役東軍戦死者埋骨地《ぼしんのえき》」と書かれた石塔と石碑、それに卒塔婆《そとうば》のようなものが立っている。

ここはかつて〝千両松〟と呼ばれる松の名所だった。秀吉が伏見城を築く際、淀から伏見への水運を確保するため、宇治川を巨椋池から分離する大土木工事が行われた。その宇治川はいまの競馬場あたりを流れ（白鳥池はこの旧宇治川の名残）、今の京阪線路の場所は〝太閤堤《たいこうつつみ》〟と呼ばれる土手であり、そこに秀吉の命で松並木がつくられた。

秀吉のつくった〝千両松〟は、その280年後、鳥羽・伏見の戦いの最激戦地となり、新撰組井上源三郎はじめ薩長軍・幕府軍合わせて50名以上の戦死者が出た。*

この鳥羽・伏見の戦い、勝敗を決したのは薩長軍が掲げた「錦の御旗」だったと言われている。この旗によって薩長軍が官軍、幕府軍が賊軍と決し、諸侯がなだれをうって幕府を裏切った。つまり今のあの駐車場と競馬場スタンドをつなぐ陸橋のあたりに、140年前、くれない地に金糸刺繍の鮮やかな〝菊〟がひるがえったわけである。


*戦死者が出た＝1966（昭和41）年の競馬場駐車場建設の際に亡霊の声が聞こえるという噂が出て、競馬場関係者と地元・妙教寺が合同で〝千両松〟慰霊碑をつくった。

最高敬語はほどほどに

2012年の秋天皇賞、エイシンフラッシュ*も見事な復活だったし、ミルコ・デムーロの「騎士のような騎手礼」もヨーロッパを感じさせたが、個人的には天皇・皇后両陛下登壇のときの「行幸啓《ぎょうこうけい》をたまわり」という案内アナウンスがどうにもひっかかっている。

めったに聞かない単語で驚いたが、その後いろいろ調べた。「行幸」とは天皇の旅行・滞在を言い、「行幸啓」とは天皇夫妻の旅行・滞在を言う。

今回は両陛下が臨席されたのだから「行幸啓をたまわり」で何も問題ないとも言える。しかし最近は皇室ニュースなどでも、めったに「行幸」とか「行幸啓」という言葉を聞かなくなった。「行幸」という言葉の重みを感じているからだと思う。「近代競馬150周年を記念して、両陛下が東京競馬場に行幸啓された」は、文章として〝行幸啓〟という単語だけが突出している。

JRAとしては最高敬語を使いたいという意図だったのだろうが、逆に言えば

*エイシンフラッシュ＝牡。藤原英昭厩舎。09–13年。27戦6勝。10年ダービー、12年秋天皇賞制覇。

（たとえばぼくなどには）、「競馬場に行くのに行幸啓はないだろう」という感覚がある。めったに使われなくなった最高敬語を使うことによって、逆に自分たちの立場を高めようとしたのではないかという、そういう悪意解釈すら浮かんでくる。「両陛下の臨席を仰ぎ」ぐらいでよかったんじゃないだろうか。

「日本書紀・孝徳《こうとく》天皇の章」にある一文を、書き下《おろ》し訳とともに引用する。

天皇幸有間温湯。（中略）天皇還自温湯、而停武庫行宮。
天皇、有間《ありま》の温湯《ゆ》に幸《おわしま》す。天皇、温湯《ゆ》自《よ》り還《かへ》りまして、武庫《むこ》行宮《あんぐう》に停《とど》まりたまふ。*

乙巳《いっし》の変*直後に即位した孝徳天皇は有間（馬）温泉が好きだった。帯同した小足媛《おたらしひめ》との間にできた息子を「有間皇子《ありまのみこ》*」と名付けたほどだ。

この文章の「幸《おわしま》す」がのちの「行幸」に通じる。

なんだ、難波宮《なにわのみや》（今の大阪市中心部）にいた天皇が有間（馬）温泉に行くのにも、やっぱり「行幸」を使ってるじゃないかとなるが、問題はその次の文にある「武庫行宮」*だ。難波宮から有間温泉に行幸するには、途中に逗留する場所が必要になる。

*『日本古典文学大系』（岩波書店）。
*乙巳の変＝645年。大化の改新のことを最近はこう呼ぶらしい。
*有間皇子＝のちに天智天皇によって謀殺されたと言われる。

その逗留する場所が武庫行宮である。
武庫行宮という飛鳥時代の仮の都はどこにあったか。現在の阪神競馬場の北あたりが有力地とされる。「美幸町」とか「御所の前町」という地名が競馬場近くに残るのはそのためだろうと言われている。

天皇が滞在する場所には、短期間のものから順に「行在所《あんざいしょ》（頓宮《とんぐう》とも）」→「行宮《あんぐう》」→「宮（都）」と名が付くが、行在所でも〝仮の宮〟と訳される。行宮ならもう立派な新都候補だ。天皇が3日も行幸すれば、都の民は「え？ ひょっとして新都をつくられる意図ではないか」とやきもきした。

たとえばNHKの大河ドラマ『平清盛』＊でも「福原遷都」が出てくる。1180年6月、わずか3歳で即位したばかりの安徳帝（平清盛の孫）を清盛が神戸福原に連れ出す。このときは「福原行幸」と言われ、11月に京都に戻るときは「還幸《かんこう》（天皇の帰還）」と言われた。それだけのことだが、この5カ月の天皇の福原滞在を〝遷都〟と呼ぶのか〝行幸〟と呼ぶのかは微妙だ。

先日、エリザベス女王杯の日、宇治に泊まって翌日、京都府南部木津川中流に面する笠置山《かさぎやま》を見に行った。

＊『平清盛』＝NHK大河ドラマ第51作。2012年放送。平清盛の生涯を中心に平家一門の栄枯盛衰を描いた。主演松山ケンイチのほか、中井貴一、中村敦夫、深田恭子、和久井映見などが出演。

1331（元徳3）年、後醍醐《ごだいご》天皇は京都から抜け出し、この片田舎の小山の頂上に籠もって、鎌倉北条氏に対する元弘《げんこう》の乱を起こす。わずか1カ月で笠置山は焼き落とされ、後醍醐天皇は捕縛、隠岐《おき》配流となったのだが、笠置山山頂にはちゃんと「行在所址《あんざいしょあと》」と記された石碑があった。この後醍醐天皇蜂起の端緒も笠置山〝行幸〟だった。

大昔の話だけではない。

たとえば明治維新の東京遷都だ。調べてみるに、京都旧勢力の動揺を心配してか、明治政府は「東京を首都とする」という言明や法令を一度も出していない。

明治2年、2回目の「東京行幸」が長引いて、ついに明治天皇の（京都への）〝還幸〟が行われなかっただけだ。明治5年に、「これからは京都への天皇移動も〝還幸〟（帰る）ではなく〝行幸〟（行く）と呼ぶ」という発表があり、これが通常〝新都宣言〟に変わるものとして受け止められている。

「首都は行幸か還幸かの呼称が決める」とも言えるし、「遷都ではなく、東京行幸が長引いていて、150年経っているだけだ」とも言える。

「行幸（啓）」という言葉は、行在所（頓宮）→行宮→新都の含意があり、「遷都」に近い意味すら持つ。安易に使うべきではないと思う。

ニイタカヤマノボレと紫電改

亡くなった父は岡山県の山中の水力発電所に勤めていた。酒好きで、夜勤明けにはよく同僚などを連れてくる。押し入れの奥の大きなカメで作っていたドブロク（当時の違法醸造）を客にふるまい、延々と与太話をする。いつも戦争話だ。

「ワシは北支に3年行っとったけえ。引き上げるときには曹長じゃった」などと客の一人が軍隊自慢をすると、父の闘志が燃える。

「ワシは予科練から海軍通信隊に入って、千葉の通信基地におった。真珠湾攻撃のニイタカヤマノボレはワシが行田《ぎょうだ》基地から打ったんじゃ。トン・ツー、トン・トン・ツー・ツーいうてな。作戦成功のおかげでワシは二階級特進、軍曹になったんじゃ」

と父は盃でモールス信号を打って大声で笑う。

父は真珠湾攻撃の年は18歳だ。18歳が太平洋戦争の開戦無線なんか打てるはずがない。それぐらい小学生でも分かる。でも客たちは「そうかあ」などと感心する。みんな「怪しいけど、まあいいか」みたいなことでドブロク飲んでいたのだ。

「お父ちゃんて軍曹じゃったん？」と母に聞いてみると、「いいや、お父ちゃんは終戦直前の招集で半年ほど入隊しただけじゃけえ。半年の入隊で軍曹なんかなれるもんかいな。二等兵のままに決まっとるが」とニベもなかった。

行田《ぎょうだ》（千葉県船橋市）の海軍無線基地はいまも痕跡が残っている。中山競馬場の手前、武蔵野線を挟んで向こう側に大きな円形の道路区画がある。区画の中には学校や公園、団地などがある。何だろうと思っていたが、それが通信基地跡で、確かに太平洋戦争開戦の打電はここから送信されたものらしい。

かつては中央に高さ２００メートルの巨大な主塔があり、それを支える副塔16塔との均衡*のために巨大円形状の鉄塔群になったらしい。１９１５（大正４）年に建設され、戦後は進駐軍に接収されたが、71（昭和46）年に解体されるまでは主塔が存続していた。* ２００メートルの主塔はスカイツリーには及ばないが、中山競馬場スタンドより遥かに高い。

最近、62（昭和37）年有馬記念のレースビデオを見た（ネットの威力は凄い）。オンスロート*とタカマガハラ*のデッドヒートだ。この2頭を追うカメラが2周目第3コーナーで一瞬引きになった。松林の向こう、白黒画面の遠景に巨大な鉄塔のようなものが見える。電波塔だ。北太平洋機動艦隊に「ニイタカヤマノボレ」を打電し

＊主塔と副塔の均衡＝巨大な主塔を支えるため周囲に16基の副塔を設置し、そこに鋼鉄線を延ばして安定を保った。バランスを取るため副塔は主塔から等距離でなくてはならず、そのため巨大円形状の鉄塔群になった。

＊１９７１年に解体＝中山競馬場が現在の地に設立されたのは１９２７年だから、40年余りにわたって第3コーナーの向こうに巨大な鉄塔が立っていたことになる。
１９１５年に武蔵野線などもちろんないから、海軍無線基地と、のちに中山競馬場となる巨大敷地は連なって存在していた。何か関係があったに違いないと睨んでいる。

＊オンスロート＝牡。中村広厩舎。59－63年。公営大井競馬から61年に4歳で中央入り。14戦9勝。現在のG－級2勝。特に62年有馬の勝利、タカマガハラとの激戦は有名。

たバカでかい電波塔が50数年前には確かにあった。

ぼくらが小学校低学年のころには「戦闘機漫画ブーム」というのがあった。零戦を描いた『ゼロ戦はやと』*、隼《はやぶさ》を描いた『大空のちかい』*、紫電改《しでんかい》を描いた『紫電改のタカ』*などが、少年サンデー、少年マガジン、少年画報などに掲載されていた。

終戦からほぼ20年、平和主義みたいなものは浸透していたと思うが、あのころの戦闘機漫画ブームというのは何だったんだろう？ 戦争へのノスタルジーか。戦闘機という先端メカニズムへの憧れだったか。

最近、城山三郎の『零《ゼロ》からの栄光』*という伝記作品で、〝紫電改〟を作ったのは川西飛行機、今の新明和工業だと知る。

阪神競馬場に追いやられて、武庫川河川敷に飛び出しそうになっている新明和工業。空港のタラップや、名神を走るコンクリートミキサー車のロゴを見て、「何を作ってんねん、このＳｈｉｎ Ｍａｙｗａという会社は」と疑問に思っていた会社。それが終戦間際、海軍から起死回生を狙った戦闘機の発注を受け、爆撃機B29や戦闘機グラマン・ヘルキャットを一瞬たじろがせた紫電改を作った会社らしい。

紫電改は戦争末期、関西総動員体制となり、１年で約４００機生産される。主工

*タカマガハラ＝牡。小西喜蔵厩舎。59－63年。公営大井競馬から60年に3歳で中央入り。35戦7勝。61年秋天皇賞勝利。62年有馬は2着。

*『0戦はやと』＝辻なおき作。昭和38－39年に週刊少年キングで連載。

*『大空のちかい』＝九里一平作。昭和37－39年にかけて週刊少年サンデーで連載。

*『紫電改のタカ』＝ちばてつや作。昭和38－40年にかけて週刊少年マガジンで連載。ぼくはこれが戦闘機ものでいちばん好きだった。人物の表情とか、戦闘シーンのスピード感とか、そういうのが他のものを圧倒していた。そんなに長い連載ではなかったが、主人公が紫電改に乗って特攻に出て行くシーンには涙が出た。

*城山三郎『零からの栄光』角川文庫

場・鳴尾浜一帯は工場と試験飛行場のための土地となり「日本一の競馬場」と称された鳴尾競馬場も姿を消した。

競馬場をなくし行き場を失った阪神競馬倶楽部は、戦後、焼け跡の中で、鳴尾の次の場所を探す。穴ボコだらけの鳴尾に競馬場を再生することはできない。

そのとき、川西飛行機の後身・新明和工業が、仁川《にかわ》の川西飛行機宝塚工場跡地はどうですかと提案した。「ここは爆撃被害も少なかったし、敷地も川西飛行機工場の中ではいちばん広いですから」と。

ぼくらはずいぶん長い間、阪神競馬場の拡張を「新明和」の工場が阻んでいると感じていた。でも事実は逆だった。阪神競馬場は、もともと新明和（その前身の川西飛行機）の土地だったのだ。阪神競馬場*は、紫電改が敗れ、川西飛行機が散り散りになった、その悔し涙の上に立っている。

ニイタカヤマノボレ打電の電波塔に隣接する中山と、最終逆転を狙った紫電改の慚愧《ざんき》の上に建つ阪神。

4月の桜花賞（阪神）と皐月賞（中山）。9月の神戸新聞杯（阪神）とセントライト記念（中山）。12月の朝日杯（阪神）と有馬記念（中山）――中山と阪神は開催時期がよく重なる。

＊阪神競馬場＝明治末、武庫川河口近くの空き地に鳴尾競馬場が設立され、大正年間には（甲子園球場が造られるまで）馬場内において「全国中等学校野球大会」も開催された。太平洋戦争激化に伴い、川西飛行機の製作する紫電改のテスト飛行場とされ、競馬開催は中止となる。

戦後1949（昭和24）年、川西飛行機（現・新明和工業）宝塚工場の空き地を国営競馬（現在のJRA）が買い取り、阪神競馬場として再出発した。第3コーナーから第4コーナーにかけてが長い、珍しいオムスビ型トラックである。

1995（平成7）年の阪神淡路大震災で大きな被害を受け、約一年間かけて改修工事を行った。その間、近隣の被災者を競馬場内厩舎に受け入れるなどの復興援助も行った。

昭和初期あたりまでは、陸軍の主力は騎馬隊と思われていたところがあって、国営競馬と軍隊の関係は深いものがあった。「広い場所（競馬場）を造る」ということ自体が、練兵やら飛行場とも大きく関わっていたと思われる。

府中に東京競馬場がある理由

明治末期に開設された目黒競馬場は、第1回と第2回の東京優駿（日本ダービー）が行われるころには手狭になっており、移転が決まった。

移転先候補地は羽田の埋立地（後に地方競馬の羽田競馬場ができたが、現在は飛行場の一部となっている）、小金井（現在のゴルフ場・小金井カントリークラブのあたり）、世田谷区用賀（現在の馬事公苑付近）、世田谷等々力など十数カ所あったが、最終的に府中に決まり、1933（昭和8）年秋に東京競馬場として開場、翌34（昭和9）年の第3回ダービーは府中で開催された。

なぜ東京競馬場は府中につくられたのか？　ぼくは二つ理由があると考えている。

第一の理由。昔《むかし》この地を駆けた馬たちが、東京競馬場を呼び寄せた。

いまから8千年前、*関東平野の大部分は海の底だった。古い江戸時代の地図などで、○○区のこの辺は水の下でした、などというのをよく見るが、そんな生やさし

＊8千年前＝海岸線は万年の単位で移動するが、いちばん最近、海水が浸入してきたのがおよそ8千年前で、一般に「縄文海進《じょうもんかいしん》」と呼ばれている。
「関東の縄文海進」でぼくが頼りにしているのは、小出博『利根川と淀川――東日本・西日本の歴史的展開』（中公新書）。

いものではない。東京23区なんか、ほとんど完全に海の底だった。

当時から陸地だったのは、鹿島台地*と大宮台地*と武蔵野台地*ぐらいのものだ。大森貝塚*が東京の品川区と大田区にまたがる場所で発見されたのは、そこが武蔵野台地の突端として海に突き出していた場所にあったからだし、さいたま市にある大宮氷川神社が武蔵国《むさしのくに》*の一宮《いちのみや》なのも、大宮から南がすべて海だったからだ。*

大昔から陸地であった武蔵野台地では、平安末期ごろから武蔵七党《むさししちとう》などと言われる騎馬豪族たちが勢力を強め、覇権を争っていた。弓と槍で行う当時の戦《いくさ》において、馬はきわめて貴重な存在であった。武蔵野台地は火山灰地で稲作に適さず、広大な牧草地があったので、馬の飼育に適しており、軍馬が多く育てられた。

この地を勇ましく駆けた豪族たちの軍馬が、現代の優駿たちを呼び寄せたのだ。


もちろん、呼び寄せたくても、それだけのスペースがなければ移転はできない。東京競馬場は日本最大の競馬場だ。*行くたびに感心するが、府中にはなぜあんなデカい土地とゆったりした杜《もり》が残っていたのか。

それは、府中には武蔵国《むさしのくに》の国府《こくふ》*が存在し、武蔵国の総社《そうしゃ》*である大国魂《おおくにたま》神社があったからだ。武蔵野台地の神聖なる神社は（水田耕作に適さないこともあって）広大な牧草地を有し、競走馬の飼育と調教に適していた。これが第二の理由だ。

＊鹿島台地＝霞ヶ浦と太平洋に挟まれた土地。いまにも水没しそうに見えるが、8千年前の縄文海進に耐えた。

＊大宮台地＝関東平野中央部の台地。この名前は埼玉の人には常識らしいが、一般にはどうか。NHK「ブラタモリ」で、タモリも聞いたことがなかったと言っていた。

＊武蔵野台地＝関東平野西部、荒川と多摩川に挟まれた台地

＊大森貝塚＝縄文時代後期の貝塚。大昔のゴミ捨て場で、貝以外にも動物の骨・土器・石器など様々なものが見つかっている。

＊武蔵国＝現在の埼玉県、東京都、神奈川県の一部（川崎市・横浜市）を含む。かなり広い。

＊すべて海だった＝まったくの個人的推論だが、関東の文化の中心は、陸地だった①鹿島台地（香取神宮）→②大宮台地（氷川神社）→③武蔵野台地（大国魂神社）の順で変遷したのだと考えている。

関西の競馬場にはない、見るたびに羨ましくなる府中競馬場の杜は、たまたま開発を免れた空き地だったのではない。あの杜*は大国魂神社の杜なのだ。

数年前、ダービーの帰り、競馬仲間10人ほどで府中駅前で飲み会をやった。店に向かう途中、「武蔵国の国府跡を見よう」と提案した。

大国魂神社のすぐ脇で、回り道とも言えないほどの近さだから、みんな諸手を上げて賛成するかと思いきや、「えーっ!? 何それ?」とブーイングが起こる。案内板に「武蔵国・国衙《こくが》*跡」などと出ていたので、「この漢字は何と読むでしょう?」とクイズっぽく聞いて場を盛り上げようと思ったのに、ヤツら見てない。

「興味あるのは馬券と酒だけ」などと、あらぬ方《かた》を向いている。それだけならまだいい。一人寂しく「武蔵国・国府跡」を楽しむことになっても、それは妄想競馬ライターの宿命でもある。

しかしその日は、編集者も参加していて、「乗峯さんのコラム、競馬ファンのみなさんには面白いの?」などと酒席でみんなに質問している。ぼくにとっては新規ご贔屓《ひいき》筋獲得だってありえる問いかけなのだ。

「まあ、面白いときもありますけど。でも、特に歴史系とか、知ったかぶりしますから。あれには参りますね」

*日本最大の競馬場＝総敷地面積784万520・94平方メートル。芝コースの1周は2083メートル。直線部分526メートル。スタンドや周辺施設も含めて、とにかく広くて気持ちいい。

*国府＝奈良・平安時代の政治的中心都市。国府があったから「府中」。律令制衰退とともに所在不明になった国府もあるが、静岡市・姫路市・岡山市・大分市など都市として発展した国府もある。

*総社＝一宮《いちのみや》、二宮《にのみや》、三宮《さんのみや》を統合したもの。

*大国魂神社の杜＝地図を示せないので郵便番号で。大国魂神社〈府中市日吉町〉が〈183-0023〉で東京競馬場〈府中市宮町〉が〈183-0024〉。これぞ隣接である。

*国衙＝国府の中心部で、役所などがあった場所。

クッソー！　このヤロウ！　何年のつきあいや！　オレの歴史観はただの知ったかぶりか！　知ったかぶりじゃない歴史学者というのを連れてきてみろ。学者なら許すけど、素人は許さないということか。「まず讃めよ」が日本人の基本だって、知らないのか。

古来、遷都でいちばん大事なのは、都を遷した土地の精霊を慰撫することだった。それはいまも、引越後にはまず隣近所に挨拶に行くという感覚として残っている。

徳川家康も、江戸に幕府を開くと決めてまずやったことは（江戸幕府は遷都ではないが）、鹿島・香取・大宮など関東一円の土地の神様の社殿を立派にし、日枝山王《ひえさんのう》神社を比叡山から分祀《ぶんし》して上野寛永寺など徳川家菩提寺を建て、とにかく江戸の宗教的意義を高めたことである。*

中央競馬会（当時の国営競馬会）も、目黒から府中に〃遷都〃した後で、土地の神様を慰撫するために壽詞《よごと》（神に対する讃《ほ》め言葉）をささげたはずだ。*

「馬券と酒だけ」の競馬はダメだ。東京競馬場では、ただ勝った負けたではなく、土地の精霊を讃め、この地を駆けた昔の馬たちに思いを馳せなくてはならない。

＊江戸の宗教的意義を高めた＝徳川家康の江戸入城に関しては、鬼門である丑寅《うしとら》（北東）の方角に上野寛永寺を造り（平安京が丑寅の方角に比叡山延暦寺を造ったのと同じ）、鬼が丑寅から抜けていく未申《ひつじさる》（南西）の方角に日枝山王神社を造った（平安京が石清水八幡宮を造ったのと同じ）。日枝山王の「ひえ」は比叡山の「ひえ」から来ている。

それぐらい家康は（今から言えば）陰陽道《おんみょうどう》に気を遣った。武蔵国の総社である大国魂神社はことのほか優遇し、社領五百石を寄進し、社殿およびその他の造営に心力をつくした。

＊壽詞をささげた＝京都競馬場も京都の鬼門・未申《ひつじさる》（南西）を守る石清水八幡宮に捧げたに違いない。地鎮祭や完成報告、安全開業祈願などでは石清水八幡宮に頼っているはずだ。京都競馬場のあの位置で、石清水八幡宮を無視できるとは思えない。東京競馬場然り。

桜の季節に菊水賞

桜シーズンが年々早くなり、開花情報が伝わってくると、「桜花賞*までもつのかなあ」と、まずそれが心配になる。だが、阪神競馬場の桜というのは不思議と遅咲き*で、ここ数年の早い開花でも桜花賞日に散ってしまうということはない。

散りきってはいないが、しかし盛りはだいたい過ぎている。桜花賞を〝葉桜賞〟にしないためにも「満開の桜の下で入学式」というイメージを残すためにも、品種改良でもして、桜の開花を4月初旬に遅らせられないものかと思う。

いま関西で「花の盛りに行われるレース」は、桜花賞より、4月第1週にある園田菊水賞になっている。中央の皐月賞にあたる園田三冠*最初のレースだ。

でも、なぜ「桜の季節に菊水賞*」なのか。

「菊水」というのは楠木正成《くすのきまさしげ》の家紋から来る。上半分に菊の紋、下に「S字」を逆にした水の流れが印される。菊紋はもちろん天皇家の御印《おしるし》で、上半分だけこの菊紋

*桜花賞＝4月第2週に阪神競馬場で開催されるGⅠレース。

*遅咲き＝桜の各木の根元に保冷剤を置いて開花を遅らせているという噂も聞いたことがあるが、阪神競馬場職員の人に聞いたら「そんな事はしていない」と言われた。

*園田三冠＝園田ダービー、兵庫チャンピオンシップ、菊水賞。

*桜の季節に菊水賞＝その昔、サクラスターオーが菊花賞（10月開催）を勝ったときの杉本清アナの名調子、「菊の季節に桜が満開」を思い出させる。

を拝領したのは忠臣の鑑《かがみ》と認められたからだと言われる。

楠木家は代々河内の土豪（当時で言う〝悪党〟）だったと言われるが、駿河出身説や武蔵出身説もある。出自はよく分からない。

正成は1331年、後醍醐天皇の笠置山《かさぎやま》蜂起以来、一貫して天皇側部隊として鎌倉幕府軍と戦った。

天皇が隠岐島《おきのしま》から帰京した後も朝廷軍の主力として戦うが、1336年、九州で兵力を整えた足利尊氏《あしかがたかうじ》が大軍をもって上洛するという報を聞く。天皇を一時比叡山に退避させ、その間に京都で尊氏と雌雄を決する案を提言するが、天皇を京都に置いたまま尊氏の京都侵攻を阻止すべしと考える公家たちの、「正成、臆《おく》したか。帝《みかど》をお移しするなど畏《おそ》れ多いわ」という言葉に遮られる。

「もはや、これまで」と、正成は西下して尊氏を迎え撃つ覚悟を決め、旧暦5月25日、神戸湊川《みなとがわ》の戦いで敗死する。

ぼくの調べた限り、正成と兵庫県のつながりは、この最後の湊川の戦いの所しか出てこない。

九州に多く見られるクスノキを兵庫の〝県木〟とし、楠木家家紋の「菊水」を冠する重賞レースを兵庫県競馬組合が主催するほど、兵庫県と正成に強い縁があるようには思えない。

＊「桜井」という地名は全国各地にある。「桜の下の井（湧き水）」とか、「さ」は「さ夜」とか「さ霧」など語を強める接頭辞で「さ鞍」であり「窪んだ地の湧き水」という意味だなどと諸説ある。また「井」は泉ではなく、ただ「集落」を表すという説もある。たぶんこの「集落」ではないかと、希望的にそう思う。
　まったくの想像だが「桜井」は「別れ」に関連する地名ではないか。

ただ、この最後の死地・湊川に向かう前、正成は11歳の一子・正行《まさつら》を大阪島本の里、桜井*の陣に呼び、「再び生きて相まみえることはない。お前には河内長野の砦を頼む」と言い残して別れる。世に言う〝桜井の子別れ〟だ。

島本の桜井というのは、地図を見れば分かるが、ここで別れを告げても、淀川河口あたりまで一緒に行かないと別れられない。

別れを告げたあと何日も一緒にいるというのは精神衛生上よくない。おそらくこの時代には、桜井から現在の八幡市橋本に向けて橋があり、正行はこの橋を渡って泣く泣く河内に戻ったと思われる。

つまり、神戸湊川で楠正成が戦死したから「菊水賞」なのではない。

一子・正行と桜井で子別れしたから、その「桜井」を偲んで、正成は桜満開の現世に戻ってくる。そう考えれば「春爛漫の菊水賞」の意味がわかるような気がする。

大阪島本の桜井ももちろんだが、四国今治の桜井は鎌倉時代の遊行上人《ゆぎょうしょうにん》・一遍が親族に別れを告げて全国勧進に出て行く場所である。

さらに、奈良盆地南東部、現在の桜井市は、大神《おおみわ》神社や、卑弥呼《ひみこ》の墓とも言われる箸墓《はしはか》古墳などを含んで、日本一有名な「桜井」だが、やはり額田王《ぬかだのおおきみ》が「三輪山をしかも隠すか、雲だにも、心あらなん、隠そうべしや」（桜井の三輪山を雲すら隠してしまうのか、情けがあれば隠さないはずだ）と、桜井（または愛する大海人皇子《おおあまのみこ》）と別れて天智天皇に連れられて近江京《おうみのみやこ》に行く悲しさを詠《よ》んでいる。

なぜ有馬〝温泉〟記念ではないのか

「宝塚記念や鳴尾記念はちゃんと阪神競馬場でやるのに、なんで有馬記念だけは関東の中山競馬場でやるの？」という疑問には、「有馬記念の〝有馬〟は人の名前だ。温泉じゃない」と、われわれはついバカにしてしまう。

しかし実はこの疑問、深いところで本質をついている。

たとえば清水次郎長、国定忠治、吉良仁吉など、これらはすべて「清水（町の）次郎長」「国定（村の）忠治郎」「吉良（郷の）仁吉」である。苗字が地名から来ている。「有馬」は人の名前かもしれないが、その名前がそもそも有馬の地名に由来しているなら、有馬記念は地名由来ということになる。

渡世人が土地名を冠したのは、農民の出で苗字がなかったからだ、武士階級なら土地名じゃなく苗字で呼ばれていた、という反論がありそうだ。たしかにそれは定説だが、本当にそうだろうか？

「もともと称《とな》えごとは土地名から始まった」というのは、国文学の巨人・折口信夫《おりぐちしのぶ》

＊土地名は人名に先行する＝愛知県豊田市は挙母《ころも》という市名を戦後トヨタ自動車創業者・豊田喜一郎にちなんで改名した。地名が人名によって変えられた希有な例のようだが、豊田喜一郎の「豊田」は遠江国《とおとおみこく》・豊田郷から来ている。

＊「記念」18レース
●シンザン記念（京都）
◎京都記念（京都）
◎中山記念（中山）
●高松宮記念（中京）
◎目黒記念（東京）

の文芸発生論の根幹だ。「ひさかたの光」「あしびきの山」などという枕詞《まくらことば》も、祖型は「うまさけ三輪」「ころもで常陸」「さざなみ志賀」という、土地名にそれに隣接する地域や隣接する意味言葉をかぶせたところから始まった。各土地にはその土地独自の精霊がいてこれを慰撫《いぶ》するところから〝国治め〟が始まる。土地の枕詞には精霊を慰撫する「ライフインデキス」（生命指標）が潜んでいるからだ。この〝土地讃《ほ》め〟から歌やコトワザや文芸やすべてのものが始まったというのが折口信夫の説。卓見だと思う。

つまり、土地名は人名に先行する。*

JRAも潜在的に〝土地讃め〟に気づいている。現在年間18レースある「○○記念」*だが、そのうち13レースは土地讃めだ。

ここで論じたいのは、残る5つのうちの1つ、「有馬記念」だ。日本競馬会の2代目理事長・有馬頼寧《よりやす》から来ている、分かりきった話じゃないか、という声が聞こえてきそうだが、そんな簡単なものじゃない。ガッツン、ガッツン調べた。

ぼくの調査は、有馬頼寧三男にして作家の有馬頼義《よりちか》の書いた『虚栄の椅子』*の一節から始まった。こう書いてある（カッコ内乗峯）。

「（僕の先祖の）系図をたどると、赤松氏から別れた源氏直流だが、（中略）僕と、

◎鳴尾記念（阪神）
●安田記念（東京）
◎宝塚記念（阪神）
◎函館記念（函館）
◎中京記念（中京）
◎小倉記念（小倉）
◎関屋記念（新潟）
◎北九州記念（小倉）
◎札幌記念（札幌）
◎新潟記念（新潟）
●セントライト記念（中山）
◎福島記念（福島）
●有馬記念（中山）
（◎印が地名由来のレース）

*地名由来ではない記念レースの名前の由来。
●高松宮記念＝高松宮家
●シンザン＝馬名
●セントライト＝馬名
●安田記念＝日本競馬会初代理事長・安田伊左衛門
●有馬記念＝それを詳しく書いたのが本編コラムなんだけど、寝ないで読んでくれた?

*有馬頼義『虚栄の椅子―長兵衛と権八』（角川書店）。

僕の父（有馬頼寧のこと）が調べたところでは、何でも、ひとを殺して追放になり、播州有馬の里にかくれた。それが、有馬という姓のおこりだという。」

ぼくは〝有馬氏〟は九州だと思っていた。キリシタン大名有馬晴信は肥前（佐賀）の武将だし、有馬家ゆかりで、今も有馬頼義の子息が総代を務める日本橋水天宮は九州筑後川のほとりの久留米水天宮の分祀だ。

しかし、ここはそう簡単ではない。

実は有馬大名家には二つの系統がある。一つは瀬戸内の海賊藤原純友《ふじわらのすみとも》の末裔〝肥前有馬氏〟で、キリシタン晴信はこの系統だ。肥前有馬氏は江戸になって改封され、日向、越後、越前と移って幕末に至る。

もう一つが〝摂津《せっつ》＊有馬氏〟で、源氏嫡流一族が平安末期、播州佐用赤松村を根拠として赤松姓を名乗った（土地名は人名に先行！）。当主赤松則村《のりむら》（法名・円心《えんしん》）の時代に室町幕府成立に寄与して〝四職《しき》〟に入るが、赤松満祐《みつすけ》の時代、室町六代将軍足利義教《よしのり》を謀殺する大事件（嘉吉《かきつ》の乱）を起こす。室町幕府側からの猛烈な粛清によって満祐はじめ赤松一族は根絶やしになるが、そのとき満祐のいとこ赤松持家《もちいえ》は摂津有馬の里に逃れ、「うちは〝有馬〟です、〝赤松〟じゃありません」と、頭まで有馬の〝金泉《きんせん》＊〟に浸かりながら有馬ではないと言い張った。「有馬はここの地名だ。苗字

＊摂津＝現在の大阪府北部および兵庫県南東部に当たる。園田競馬場の重賞レース「摂津盃」は、競馬場がある尼崎市がかつて摂津国に属していたことから設けられた。

＊金泉＝有馬温泉の泉質は3種類。空気に触れ着色する含鉄塩化物泉（赤湯）は「金泉」、それ以外の透明な温泉は「銀泉」と呼ばれる。「金泉」「銀泉」という名称は登録商標。

と違うだろ！」と幕府粛清軍は言ったが、持家は「じゃあ赤松はどうなんだ？　あれだって赤松村の地名だ。有馬に住んでりゃ有馬が苗字になるんだ」と叫んだ。この赤松（有馬）持家が有馬頼寧の始祖だ。

　戦国時代も摂津有馬一族は巧みに生き残り、1615年、家康の命で久留米21万石に封じられる。大出世だ。これ以後、摂津有馬家は〝久留米の有馬〟として江戸・明治（廃藩後は伯爵）を生き抜く。

　壇ノ浦で入水《じゅすい》した安徳天皇を祀《まつ》る久留米水天宮も〝有馬家水天宮〟となり、江戸上屋敷にも分祀され、新政府下では日本橋の地に一般公開された。〝情けありまの水天宮〟の地口は、「有馬と水天宮は一体」という意味で明治にも残るが、しかし、もともとは全然別のものだったのである。

　日本の人名はほとんどが地名から来ており、人名を記した祝い事や（有馬記念に代表される）栄誉賞でも、元をたどれば地名が起源となっている。地名↓人名↓人名を冠したレース名の順序であることに注意してほしい。*

＊順序に注意＝有馬（地名）↓有馬頼寧（人名）↓有馬記念（GⅠレース）の順序が正しい。

「有馬記念」は「有馬温泉記念」の名前で、阪急六甲から15万の人間が坂道を歩き、ロープウェイに乗り、六甲山裏の赤湯に浸かりながら観戦するレースになっていてもおかしくなかった。

「よくこんな山の中に競馬場つくって2億円の賞金レースやれるなあ、おお、走ってる、走ってる、日本最高の18頭が。おい、おっさん、頭の上のタオルが邪魔や、ああ、馬券が湯に浸かってグチャグチャや！」と叫ぶ、そんな競馬風景が見られたかもしれない。

競馬場もある街

1月半ば、関西にその年最初の大雪が降ったころ、姫路に住む嫁の父親が死んだ。嫁の実家は熱心な真宗門徒なので、通夜・告別式に向かう際、岩波文庫の『浄土三部経』*と『教行信証《きょうぎょうしんしょう》』*をバッグに入れた。*この2つの本を持っていって、僧侶と一緒に読経《どきょう》したいと考えたのだ。*

義父にはよくしてもらったし、追悼の気持ちは多いにある。余計なことを考えるべきではないとも思ったが、葬儀の間、仏教葬儀への疑問が頭から離れなかった。なぜ「経《きょう》」を口語訳しないのか。書き下し、読み下しもしないで、なぜ漢音（あるいは呉音）のまま発声するのか。意味を知られると何か具合の悪いことでもあるんだろうか。

特に親鸞というのは、ぼくの勉強した限りでは、師匠・法然が比叡山など旧宗派から攻撃排斥された（建永《けんえい》の法難《ほうなん》）のち、越後から関東に渡り、下野《しもつけ》・常陸《ひたち》・筑波《つくば》などの北関東で（それまで放りっぱなしにされていた）死者の供養を行う〝念仏聖《ねんぶつひじり》〟と

＊「浄土三部経」＝法然から親鸞が受け継いだもので、無量寿経《むりょうじゅきょう》、観無量寿経《かんむりょうじゅきょう》、阿弥陀経《あみだきょう》の三経典をあわせた総称。

＊「教行信証」＝親鸞作。

＊一緒に読経したいと考えた＝浄土真宗の葬儀での読経は、「浄土三部経」か「教行信証」のいずれか、特に後者の一部の「正信偈《しょうしんげ》」から選ばれる可能性が高いだろうと考えた。

して布教し、名をなした。「庶民葬送の親鸞」なのだ。「あなたたち、お経の意味は分からなくていいのよ、ただわたしの声を聞いて黙って焼香しなさい」という宗教ではないはずなのだ。

義父の葬儀では、住職が具合悪いとかで、その奥さんの女性僧侶が読経していたが（真宗では女性僧侶はよくあることのようだ）、経本を読みながら発声するのによく間違うし、どの経なのかも分からないし、最低でも「○○経のどこどこを読みます」ぐらいは言うべきだろう。ほんとにこの人の読経で極楽浄土に行けるのか？　だいたいこの僧侶は本気で死者の極楽浄土行きを願っているのか？　それでも喪主によれば、この通夜・葬儀でウン十万の布施をするらしい。

無関係のようだが、ぼくは不意に山口瞳の『草競馬流浪記』*の一節を思い出した。公営競馬の街には2種類ある。「競馬場のある街」と「この街には競馬場もあります」という2種類だ。岩手県水沢は田舎町だけど「競馬場のある街」だ。兵庫県姫路はかなりの街で「城のある街」ではあるけれど、「ああ、そういえば競馬場もあります」という街だと山口瞳は言う。

ぼくは中学・高校を姫路で過ごしたが、「なるべくなら競馬場に触れないように」などと思っていた記憶がある。

*山口瞳『草競馬流浪記』（新潮社）

岩手県水沢競馬場の裏には大河・北上川が流れ、その向こうには宮澤賢治が少年のころ馬を追った種山ヶ原《たねやまがはら》がある。賢治の童話『ひかりの素足』＊はその種山ヶ原で炭を焼く父を、一郎と楢夫《ならお》の兄弟が訪ねる話だ。

兄弟は、「せっかくだが、吹雪が来そうなので、お前ら兄弟は、この〝炭俵を背負わせた馬〟と、その〝馬を曳《ひ》く人〟と一緒に家に帰れ」と言われる。半途《はんと》ぐらい行ったところで、3人と馬は吹雪に出会ってちりぢりになる。

一郎は風の鬼に強制されて「にょらいじゅりょうぼん・だいじゅうろく」と恐る恐るつぶやく。すると吹雪が止み、一郎は助かる。弟楢夫は冷たくなっていくが、「ひかりの素足の人を見た」とつぶやいてこと切れる。

「如来寿量品《にょらいじゅりょうぼん》・第十六」とは法華経《ほっけきょう》二十八品《ぽん》の中で、地の底から無慮大数の菩薩たちが沸きあがってくる中心部分である。楢夫が見た「ひかりの素足」とは、馬を曳いていた如来（法華経世界だからおそらく釈迦如来）であり、一郎はその炭俵を背負っていた馬に導かれて浄土に行く。

ほんと、わが第二の故郷、姫路には申し訳ないが、仏教信仰と馬への畏敬を呼び戻さないと浄土には行けないのではないかという気がしてきている。

＊宮沢賢治作・赤羽末吉絵『ひかりの素足』（宮沢賢治童話傑作選）偕成社

6

書を持って競馬場へ

競馬の文学

茂吉は故郷の馬を詠わず

山形県の上山《かみのやま》競馬場*も忘れられない競馬場だ。

秋の初めに行き、競馬場に続くだらだら坂を上り、途中ふっと振り向くと、一面のコスモス畑の向こうに壮大な蔵王がそびえている。「競馬場に通じる道」でこれ以上の景色をほかで見た経験がない。

書きたいのは斎藤茂吉《もきち》のことだ。

山形新幹線の通るＪＲ山形線には「茂吉記念館前」という駅がある。斎藤茂吉記念館は建物も立派で、茂吉の生い立ちからのすべてが展示されていて、いかに郷土の誇りとされているかが分かる。そこからタクシーで茂吉の生家に行ったが、申し訳ないぐらいの距離だったので、ちょっと待ってもらってそのまま上山競馬場まで行ったら、これはさらに申し訳ないほどの距離だった。*

もともと、茂吉記念館と茂吉生家と上山競馬場は上山金瓶《かみのやまかなかめ》*の〝三すくみ〟である。

*上山競馬場＝山形県上山市に存在した地方競馬場。財政難から、2003年に惜しくも廃止。たとえば福井県の三国競艇場と芦原（あわら）温泉がレジャーと温泉宿のセットで売っているように、上山競馬場もかつては上山温泉とセットでPRされていた。

*ＪＲ茂吉記念館前駅からの距離は、茂吉記念館が徒歩3分、茂吉生家は徒歩25分、上山競馬場は徒歩10分。

*金瓶は山形県上山市の地名。
上山競馬場（上山市金瓶字湯坂山）
斎藤茂吉生家（上山市金瓶北）
斎藤茂吉記念館（上山市北町）

茂吉の短歌は読むたびに驚かされる。

我が母よ　死にたまひゆく　我が母よ　我《わ》を生まし　乳足《ちた》らひし母よ
あかあかと　一本の道　とほりたり　たまきはる我が　命なりけり
自殺せる　狂者をあかき　火に葬《ほふ》り　にんげんの世に　戦《おのの》きにけり

「スゲエな、斎藤茂吉ってのは」といつも思う。〝近代短歌の巨人〟まったく異議なしだ。ただ残念ながら馬の歌が少ない。

なくはない。箱根に泊まったときの「馬追い」の歌とか、代々木練兵場や上海で見た軍馬の歌とか、九州霧島で見た馬の繁殖の歌とか、いくつかはある。しかし生涯1万8000首といわれる茂吉作品の中では圧倒的に少ないし、決定的なことは故郷上山の馬の歌がないことだ。

たとえば山口瞳著『草競馬流浪記』*や浅野靖典著『廃競馬場巡礼』*などを見ると、戦前から1955（昭和30）年頃まで、おびただしい数があった地方競馬場*（草競馬場）というのは、ほとんど例外なく馬の放牧地・集散地であり、牧畜農家（馬の飼い主）が「いっぺん競走してみっぺ」から競馬が始まっていることがわかる。

上山競馬場は1937（昭和12）年創設といわれていて、そのころ茂吉はすでに

*山口瞳『草競馬流浪記』新潮社

*浅野靖典『廃競馬場巡礼』東邦出版

*地方競馬場＝現在レースが行われているのは以下15場。
①帯広競馬場（北海道・帯広市）
②門別競馬場（北海道・日高町）
③盛岡競馬場（岩手・盛岡市）
④水沢競馬場（岩手・奥州市）
⑤浦和競馬場（埼玉・さいたま市）
⑥船橋競馬場（千葉・船橋市）
⑦大井競馬場（東京・品川区）
⑧川崎競馬場（神奈川・川崎市）
⑨金沢競馬場（石川・金沢市）
⑩笠松競馬場（岐阜・笠松町）
⑪名古屋競馬場（愛知・名古屋市）
⑫園田競馬場（兵庫・尼崎市）
⑬姫路競馬場（兵庫・姫路市）
⑭高知競馬場（高知・高知市）
⑮佐賀競馬場（佐賀・鳥栖市）
（中央競馬場は17ページ参照）

東京にいて、歌人として精神科病院長として名声を博していた。
茂吉の幼少のころから、蔵王のふもとあたりでは馬の放牧・集散の文化があったはずだ。なぜ茂吉は故郷の馬を詠わなかったのか。

宮澤賢治はわずか37歳で死んだが、童話や詩に「馬」が出て来ないほうが珍しい。種山ヶ原の牧場から逃げ出した馬を高田三郎と嘉助が追って異空間に行ったことから「風の又三郎」は出現した。種山ヶ原の馬の集散地がいまの水沢競馬場*だ。競馬場の向こうに桜並木と北上川があり、その川の向こうに、馬たちが群れる種山ヶ原がある。水沢は賢治の競馬場だ。

もし斎藤茂吉が折に触れて故郷上山や蔵王の馬のことを詠んでいたら、あれだけ立派な「茂吉記念館」を建てる市なんだから、上山競馬場（２００３年閉鎖）ももう少し存続していた気がしてならない。茂吉記念館と茂吉生家と閉鎖された上山競馬場は〝三すくみ〟だったんだから。

＊水沢競馬場＝岩手県奥州市にある地方競馬場。

小説は本当のことを書け

織田作之助の小説『競馬』*は文庫本20ページほどの短編だ。

〝オダサク〟といえば法善寺が舞台の『夫婦善哉《めおとぜんざい》』や将棋・阪田三吉を描いた『聴雨《ちょうう》』などを書き、大阪人情作家などと呼ばれるが、短編『競馬』は甘くない。

主人公寺田は三高から京大を出て旧制中学の歴史の教師になっていた真面目一方の男だが、ある晩入ったカフェで出会ったナンバーワン・ホステスの一代を忘れられなくなる。店の客などと数々浮き名を流してきた一代だったが、寺田の一途な申込みに結婚を受け入れる。しかしカフェのホステスと一緒になったことで寺田は実家から勘当され、中学教諭の職も失う。

好いて好いて一緒になった女房一代が、26歳の若さで乳癌から子宮癌を併発し、命脈尽きる日まで痛みに悶絶し続ける。のたうち回る女房の、注射続きでこぶのように凝り固まった腕に、寺田は麻薬鎮痛剤ロンパンを打ち続ける。

一代は体の痛みが増すと「肩や背中を噛んでくれ」と寺田に頼む。歯形がつくほ

*織田作之助『世相・競馬』（講談社文芸文庫）所収

惑がわく。

都蹴上《けあげ》の逢い引き宿に誘う。「こんな宿、どうして知ってるんだ」とまた寺田に疑

のだと寺田に悋気《りんき》が襲う。少しだけ体調がよくなると、一代は寺田の手を取って京

ど噛むと、一代は「ああ」と声を漏らして痛みに耐える。この性癖は誰から得たも

が舞い込む。

淀一等館*入口、去年と同じ場所で待っている、来い」という一代あての一通の葉書

そしてその年の秋、一代が明日をもしれない重態になったとき、「明日午前十一時、

は衝撃を受ける。

「来い」という高飛車な言葉から、一代を自由にしていた男からに違いないと寺田

「〝去年と同じ場所〟ということは少なくとも去年の秋、この男と一緒に競馬場に

行っていたということではないか。去年秋といえば、オレとの結婚直前じゃないか。

ひょっとしてその競馬遊びのあと、あの蹴上の逢い引き宿に二人して行ったのでは

ないか。結婚後のいまの新住所を男が知っているということは、一代は結婚後もま

だこの男と連絡を取り合っていたということじゃないのか」

のたうち回る妻を介抱しながら、寺田の頭は嫉妬で狂いそうになる。

真面目一方だった寺田は、妻の死後、猛烈に競馬場に通い始める。新しい勤め先

で預かったカネまで使い込み、〝一代〟の名前を慕って「一番」の馬ばかり買い続け、

＊淀一等館＝等級で分けられていた観覧スタンドのことだと思われる。日本で最初に競馬が行われた根岸競馬場（現在は鶴見森林公園）には一等馬見所・二等馬見所と呼ばれる観覧スタンドがあった。

周りにいる競馬客に、かつて妻と関係のあった男ではないかと狂気の目を向け続ける。

オダサクの実生活の妻は宮田一枝といい、やはり京都のカフェでホステスをしていた。一枝もまた乳癌から子宮癌になり、苦痛の上に昭和19年、31歳の若さで死んでいる。オダサクもその3年後、結核による大量喀血により33歳で死ぬ。

「〝一代〟の名前を思い、寺田はとにかく一番の馬ばかり買い続けた」という小説のくだりは、たぶん事実なのだろう。自分が一番の馬ばかり買い続けたということを書きたいために小説の中の妻の名にも〝一〟の字を付けたのではないか。

つまり、と思う。小説というのは本当のことを書かないといけない。自分や自分の家庭の秘密だけはバラしたくないとか、あの恥ずかしい話だけは書けないとか、そんなことを言っているから人に衝撃を与えられないのだ。

「あれだけは墓の中まで持って行こうと思っていた、あの事件のことを書いてみようか」と、そんなことをちょっと考えさせられる。

山本周五郎と菊池寛の夏の陣

今年（２０１５年）は大坂夏の陣*で大坂城落城・豊臣氏滅亡「元和偃武《げんなえんぶ》」（戦国時代終了）となって、ちょうど４００年である。

今年の春天皇賞、この「夏の陣４００年」の影響を受けないわけはない。

史実には詳しくないが、この時代を描いた馬をめぐる小説を２つ紹介する。

一つは山本周五郎『紅梅月毛《こうばいつきげ》』*だ。

慶長10年、伏見城で家康から秀忠への将軍譲世式があり、その晴れの席で、本多平八郎配下の無口で朴訥《ぼくとつ》な家来・深谷半之丞《ふかやはんのじょう》が見るも哀れな老馬を駆り、列席諸侯のあざけりのなかで見事に競《くら》べ馬《うま》に勝利するという話である。

月毛（クリーム色）に紅梅色の筋が入ったこの馬は、５年前の関ヶ原の戦いで活躍した名馬だったが、その後行方不明となっていたのを、半之丞がある農道で偶然見つけて買い受けたのであった。

＊大坂夏の陣＝「夏の陣」といっても旧暦での夏であり、戦いは旧暦4月末から近畿各地で始まり5月7日（新暦では6月4日）に終了している。

＊紅梅月毛＝山本周五郎『おごそかな渇き』（新潮文庫）所収

もう一つの小説は、菊池寛『忠直卿行状記《ただなおきょうぎょうじょうき》』*だ。

越前の守《かみ》・松平忠直は大坂冬の陣、夏の陣で華々しい活躍をし、徳川秀忠の覚えめでたく、秀忠の娘をめとるまでになる。武芸に熱心で、よく家中の者を集めて槍試合などを行う。

ある日、みずから出場した忠直は家来らを突き伏せる。しかしその晩、忠直が奥庭に出たとき、その突き伏せられた者たちが、「以前ほど、勝ちをお譲りするのに骨が折れなくなったなあ」「ほんとに、ははは」と話しているのを聞いて愕然とする。

これまで自分に注がれた賞讃は偽りであり、家臣の追従《ついしょう》だったのかという深い懐疑にとらわれる。

忠直はそれから暴虐非道を極め、人妻を犯したり、諫言する家臣を斬り棄てたりする。〝乱行〟の噂は幕府にも届き、67万石の土地を召し上げられ、その身は豊後府内にお預けとなる。*

ぼくは「あ、忠直卿とはつまりオペックホースだ、負け惜しみを言った家来とはつまりモンテプリンスだ」と思う。

オペックホース（1980年ダービー馬）は生涯41戦と、歴代ダービー馬の中で最

*菊池寛『忠直卿行状記』青空文庫（インターネットの電子図書館）で読める。

*太宰治は「忠直卿行状記」の話を「水仙」という小品で取り上げた。「ひょっとしたらこの殿様は独りよがりでも何でもなく、本当に剣術の達人だったのではないか？　家来たちの庭園の私語は、あまりに強い殿様に対する卑劣な負け惜しみだったのではないか？」と疑義を挟み、「実はわたしも」というところから小説を進める（「水仙」『きりぎりす』新潮文庫所収）。

も多く走った。しかしオペックホース*を有名にしたのはダービー優勝でも出走数の多さでもなく、ダービー制覇以後32戦も未勝利だったことにある。

そのオペックの同期にはモンテプリンス*がいた。80年には、ダービーでも菊花賞でも圧倒的1番人気となり、いずれも第4コーナー先頭、大名勝ちの態勢になったにもかかわらず、ゴール前でそれぞれオペックとノースガスト*に首差《くびさ》で差された。

ダービー勝利後の東京競馬場洗い場で、オペックはゴール前で差し切ったモンテの後ろを通り過ぎる。そのとき、モンテの囁《ささや》きが聞こえた。

「あいつ、実力で勝ったと思ってるだろうなあ。フフ」

「……〝あいつ〟ってオレのこと？」

オペックの胸に暗雲が広がる。

5カ月後の菊花賞でオペックは10着に沈み、淀の洗い場で、またしてもモンテの囁きを耳にする。

「フフ。オレの演技もなかなかだよなあ」

モンテはうつむき、前脚掻きながら自嘲の笑いを浮かべる。

〝殿・オペック〟は乱心する。

「真実はどうなんだ、お前ら本身《ほんみ》（真剣）でかかって来い」

*オペックホース＝牡。佐藤勇厩舎。79−84年。41戦4勝。9戦目の80年ダービー勝利後勝ちなし。

*モンテプリンス＝牡。松山吉三郎厩舎。79−82年。24戦7勝。82年春天皇賞、宝塚記念を勝利。不良馬場を大の苦手としたことから「太陽の王子」との異名を持つ。

*ノースガスト＝牡。二分久夫厩舎。79−82年。15戦4勝。80年菊花賞勝利。

*ターフを去った＝ぼくがトレセンに行き始めた92年ごろ（オペックはすでに引退していたが）、オペックを預かっていた佐藤勇調教師（当時73歳）に話を聞いた。騎手で500勝、調教師で1000勝という超人だが、新米ライターの質問にていねいに答えてくれた。

「ダービー馬が障害レースに出るのかって話題になったんだけどね。わたしとしては何とかオペックを種牡馬にはしてやりたくてね。障害レースでも何か称号が取れればと思ったんですよ」

その佐藤調教師が亡くなった翌

乱心オペックはダービー勝利後32回戦い、一度も勝つことなく引退する。

一方のモンテは、オペックに敗れたダービーの2年後の春天皇賞、。6歳にして初の勲章を獲得する。しかしぼくには、その姿は何だか寂しそうに見えた。

モンテは「終わったね」と苦笑する。

ダービー馬オペックは、モンテが大団円で引退した後も2年近く走りに走る。最後は障害練習までして（レースに出場するには至らなかった）、「ダービー馬が障害飛ぶの？」と嘲笑を受けながら寂しくターフを去った*。

大坂夏の陣400年の天皇賞は、山本周五郎の「紅梅月毛」と菊地寛の「殿乱心」、この二つが大きなカギを握る。

年の2000年、競馬雑誌から「日かげの種牡馬」という特集の相談を受けて、真っ先にオペックホースの名前を挙げた。

オペックホースは種牡馬にはなっていたが、ほとんど種付けの申し込みもない状態だった。小屋の片隅のような場所でかろうじて暮らしているのかと想像していたが、とんでもなかった。

日高の牧場で広い牧草地を独り占めして優雅に生活していた。わざわざ長距離を訪ねてきた取材者に「お前、誰や？」と見下すような雰囲気まであった。

種付けの収入があるわけでもないのに、功労馬として大事にしている牧場関係者に頭の下がる思いだった。そのオペックホースも05年、28歳という、競走馬としては長寿を全うして死んだ。

撃ちてしやまむ

神風の　伊勢の海の　大石《おひし》に
這《は》ひ廻《もとほ》ろふ　細螺《しただみ》の
い這ひ廻《もとほ》り　撃ちてしやまむ

これは「古事記」神武東征の段に出てくる久米歌《くめうた》と呼ばれるものだ。久米（来目とも書く）氏は神武東征時の軍事主力部隊であり、その戦歌（久米歌）がほとんど「撃ちてしやまむ（撃って終わろう・撃たずに終われるか）」で終わるところから、この最後のフレーズが太平洋戦争中の日本のスローガンとされたこともある。

前掲の久米歌、通常は「伊勢の海の大きな石に這い回っているシタダミ（巻き貝）のように、這い回ってでも敵を撃ち滅ぼしてしまおう」と訳される。

「敵をやっつけたい」という強い欲求がある。どれぐらいやっつけたいかというと、「這い回ってでもやっつけたい、そう、ちょうど、あの伊勢の海にいる巻き貝が波と共に岩を這い回るように」という比喩を使って表現されたと考える。「撃ちてしやまむ」を言うための、いわゆる序詞《じょし》という考え方だ。

これを折口信夫《おりぐちしのぶ》*という国文学者が転倒させた。大事なのは「撃ちてしやまむ」ではなく、その前の「伊勢の海にいる巻き貝が這い回るように」のほうであり、さらに大事なのは「伊勢」を修飾するための飾りのように思われている「神風の」という枕詞《まくらことば》だとする。なぜなら「枕詞にはライフ・インデキス（生命指標）があるからだ」というのが折口の大きな主張だ。

古代の歌謡というのは必ず「叙景」→「叙心」であって、その逆はない。自分の欲求を言うために、似たような景物をもってきて比喩として使うことはない。とりあえず、近くのもの、特に土地の精霊の宿るものから詠《うた》っていき、うまく自分の感情の高まりにつながっていけばいいし、つながらなかれば、それはそれで仕方ない、*とにかく景物から謡うしかないと、古代人は皆そう考えていたと言う。

安田記念が終わったいまも、まだ頭が先週のダービーから離れない。*そのダービーの数週間前、橋口弘次郎《こうじろう》調教師を取材した。

「横山（典弘《のりひろ》）君とは今回のダービーで22回目のGIになるんじゃないかな。勝利はまだない。2着は7回あるけどね」と橋口調教師は笑う。ローズバド*で3回、ツ

*折口信夫＝民俗学者、国文学者、国語学者。民俗学の基礎を築いた。釈迢空《しゃくちょうくう》と号した詩人・歌人でもあった。1887―1953年。

*つながらなかれば仕方ない＝気取った言い方だが、競馬コラムを書く際に一つ心がけていることがある。「競馬以外から話を始める」というものだ。
　これをやってみたかった。何だか分からない手近なものから話題にして、それで競馬にたどり着くという、そりゃ、うまくたどり着けないかもしれないが、それはそれで仕方ない、そんなコラムは無理だろうかなどと、大きなことを考えているのだが。

*先週のダービー＝これは2014年に書いたコラム。

ルマルボーイ*で2回、ハーツクライ*で2回の2着があるらしい。

これは知らなかった。ダービーに17回19頭を出走させるも2着が4回あるだけという橋口厩舎の戦績は調べていたが、そうか、横山典弘とのコンビに限っても惜敗が続いているのか。

「ダービーでまた内枠引いたらどうなるんですか？　またドンケツまで下げて大外ブン回しですか？　先生、ルメールとか呼べないんですか？」

などと、ぼくはとんでもなく失礼な質問をする。

「いやあ、横山くんはいろいろ考えてますよ。そりゃ彼は考えてるよ、いろいろとね」

と橋口調教師はそう何度も繰り返して微笑む。でも、その繰り返しは、ある意味、橋口調教師が自分自身を納得させるための呪文のようにも思えた。

「じゃあ、乗り方に注文は出さないんですか？　末脚《すえあし》*一本の乗り方はやめろとか」

「出しません。すべてお任せです。いや、横山くんは考えてますよ、いろいろとね」

とまた呪文が出る。

しかし、いまこうやって結果が出て、定年解散を前にして見事ダービー戴冠*、横山典弘好騎乗となると、ぼくはまた自分に引き寄せて勝手なことを考える。

橋口調教師は「土地の精霊の宿る景物を謡うことしかできない。それがうまく〝撃ちてしやまむ〟まで行けばよし、もし行けなくともそれは仕方のないことなのだ」


*ローズバド＝牝。橋口弘次郎厩舎。00−04年。26戦3勝。

*ツルマルボーイ＝牡。橋口弘次郎厩舎。00−04年。32戦7勝。GⅠは01年安田記念勝利。

*ハーツクライ＝牡。橋口弘次郎厩舎。04−06年。19戦5勝。GⅠ勝利は05年有馬記念、06年ドバイシーマ・クラシック。

*末脚＝ゴール前での馬の伸び脚のこと。ゴール前で鋭く伸びる馬を末脚の切れる馬〟ゴール前での粘りに欠ける馬を末脚が甘い馬などという。

という、つまり〝久米歌〟の調教をやっていたのではないかと。

神武東征というのは、日向《ひゅうが》（現在の宮崎県）から多くの苦労をして畿内へ入ってきたことを言うが、日向の国のどこであったかは大きく二説ある。宮崎県北部の高千穂峡と、宮崎県南部、霧島火山群の一角・高千穂峰《たかちほのみね》である。先日、宮崎県都城《みやこのじょう》市に行ってみて驚いたが、都城という街はこの高千穂峰に抱かれるように広がっている。地元で〝霧島〟といえば、この高千穂峰を指す。

みつみつし　久米の子らが　垣下《かきもと》に
植ゑし椒《はじかみ》（山椒）　口疼《ひび》く（うずく）
吾《われ》は忘れじ　撃ちてしやまむ

この久米歌も唐突に「撃ちてしやまむ」となる。

都城周辺からは、池江泰郎《やすお》、橋口弘次郎という大きな実績の調教師が生まれている。「山椒が辛い」としか言わない、よく意味の分からない〝久米歌〟を謡いながら、あるいはこれが「競馬界の神武東征」だったのかもしれない。

＊ダービー戴冠＝2014年ダービー。横山典弘騎乗ワンアンドオンリーが勝利。橋口調教師にとって通算20回目のダービー挑戦だった。1945年生まれの橋口調教師は2016年に調教師の定年を迎え厩舎は解散した。
　ワンアンドオンリー＝牡。橋口弘次郎厩舎→橋口慎介厩舎。13―17年。33戦4勝。14年ダービーを勝利。

言霊《ことだま》の幸《さき》はふ国

桜花賞を前にした金曜の夜にこの原稿を書いている。今の時点ではオッズも結果も分からないが、たぶん〝メジャーエンブレム*一強〟で他の馬がいかに崩しにかかるかという展開になるんだろう。*その点、その翌週の皐月賞は無敗の重賞馬が2頭いるし、2歳チャンプはいるし、ほかにも多士済々、下馬評段階から混戦ムードになるはずだ。*

桜花賞の皺寄せが皐月賞に来ている感じだが、それは幸せなことでもある。いや幸せと感じないといけない。「シワヨセがシアワセ?」と、ここは考えるべきところである。

数年前、台所の床の一部、50センチ四方ぐらいがフワフワし始めたことがある。見た目は何ともないが、そこの部分を踏むと、グニュッと湾曲して落ち込む。落とし穴にはまったような感覚だ。嫁は「自分の家に落とし穴ができるとは、ハハハ」

＊メジャーエンブレム＝牝。田村康仁厩舎。15−16年。7戦5勝。15年阪神ジュベナイルフィリーズ、16年NHKマイルズカップでGⅠを2勝。

＊2016年桜花賞＝結果は、1着ジュエラー、2着シンハライト、3着アットザシーサイド。メジャーエンブレム（ルメール騎乗）は4着に終わった。

＊2016年皐月賞＝無敗の重賞馬はマカヒキ、サトノダイヤモンド。2歳チャンプはディーマジェスティー。結果は1着ディーマジェスティー、2着マカヒキ、3着サトノダイヤモンド。

などと笑っているが、でも、これって笑い事か？

うちはマンションの5階だ。床に穴があくということはつまり4階の天井に穴があくということで「お鍋落としちゃった。すいませーん、4階の方、そのお鍋、天井に向かって投げてくれます」とか、そんなふうになるのか？　上下で筒抜けのマンションなんか聞いたことないぞ。*

たまらず業者を呼んで診てもらう。仕事熱心な職人オジサンで、あちこち、台所の床を叩いてまわる。

「ここ、いちばんみんなの通る所じゃないですか？」とオジサンが床に這いつくばったまま聞く。

確かにそこは狭い我が家のメインストリートにあたる。と言っても、いまはぼくと嫁しかいない。2人とも体重はそこそこある。って、え？　何？　床がフワフワしてるのはオレや嫁が太ったのが原因？　太ったっていっても、まさか象のようになったわけじゃないし。

「なるほどねえ」と職人オジサンはフワフワ床を押しながら深くうなずき、それからこっちを見上げて「そやから、ここにシアワセが来てるんです」

「は？」

「シアワセがここに来てるんです」

＊のちに台所の床板を張り替えることになったので、そのときマンションの床下というのを初めて見たが、コンクリートの下の階との仕切りにベタッと床板が貼り付けられていると思ったが、そうではなかった。

仕切りの上に50センチ間隔ぐらいで低いブロック塀のようなものが立ち、その低ブロックの上に木製の床板を渡してある。たとえ床に穴が開いたとしても、すぐに下の階と筒抜けになるというものではないようだ。当たり前か。

何だか新興宗教の家相予言を聞いているようだ。

「シアワセ？　この落とし穴が？」

「いやシアワセちゃいます。シュアワシェです」

「は？」

「シュワアシェじゃなくて、シュアワシェですがな」

禅問答のようだ。

オジサンは歯が抜けていて発音不明瞭だが、「シアワセ」ではなく「シワヨセ」と言いたかったようなのだ。

しかし日本語はもともと文字がなく、自分たちが話している音《おん》を勝手に漢字に当てて〝訓読み〟と称するものをつくった「当て字言語」だから、「漢字は全然違っても、発音が似ているもののほうが先祖が近い」ことはよくある。

たとえば「幸《しあわ》せ」と「幸《さいわ》い」は同じ漢字だし、意味もよく似ているが、「幸せ」→「仕合わせ」とさかのぼり、これは「仕上げ」とか「仕合ひ（試合）」に近い。*「幸い」は「幸《さき》はふ」→「先栄《さきは》ゆ」とさかのぼり、これは「咲く」「盛り」「栄《さか》ゆ」などの単語に近いらしい。

「言霊《ことだま》の幸《さき》はふ国」と言い、神様の前に行ったら、とにかくいい言葉をいっぱい並べないと幸せはやって来ないと考え、そこから祝詞《のりと》や寿詞《よごと》が生まれたのが日本であ

＊「また、いい加減なことを」と言う人がいるといけないので『古語大辞典』（小学館）でちゃんと調べた。

し‐あはせ【仕合わせ】シアワセ（名）①事のなりゆき。運。宿命。「功名を立てんと思ひたれば、何とやらん、——悪うて」〈中華若木詩抄・上〉。②仕打ち。やり方。または、いきさつ。始末。「出し抜いて参った段は言語道断憎い——でござる」〈和泉流狂言・二千石〉。③幸運。「それは誠に——でござる」〈虎明本狂言・末広がり〉。

「幸せ」は元をたどれば「仕合はせ」であり、当初は、事のなりゆき、運、めぐりあわせなどという意味であった。大まかに言えば〝仕（ぐあい）〟を〝合わせる〟という意味だ。本編にも書いたし、右の引用からもわかるように、初期のころは「幸福」というよりも、「仕上げ」「仕合ひ（のちの試合）」「仕事」のほうが意味が近い。

る。文字を使わないと現在まで残らないから、いまの「祝詞文献」は漢字がいっぱい使われているが、もともとは「音《おん》」だ。祝詞や寿詞は漢字伝来以前からあった。神守り《かみもり》（のちの神官）は聞き覚えで伝承していったはずだ。

古来から日本人は「シワヨセ」を「シアワセ」と考えていた可能性はある。

もしうちのような老朽マンションの台所の一隅に「幸せ」が来ていたらどうなるんだろう？　気づかずに踏んづけているうちに、幸せが嫌になって飛び去っていった可能性は高い。「オレんとこ、シアワセの落とし穴がある。はまってみる？」とみんなに触れて回らないといけなかったのだ。

言霊信仰の国の人間として、日本の競馬人間は馬券を買う前に「いい言葉」をもっと並べ立てないといけない。負け続けている人間はそこに気づいていない。

「桜花賞のシワヨセが皐月賞に来ている。うーん、シアワセ！」と一人競馬新聞を抱きしめて唸る気持ち悪いオジサンのところにこそ「幸《さき》はひ」はやってくる。

悲劇のランナー

安いチケットを買ったおかげで、7時伊丹発などというとんでもない時間の飛行機に乗るはめになった。朝9時半に東京競馬場に着く。「それじゃ競馬場で」と約束した友人たちは誰もいない。

正午過ぎ、ようやくポツリ、ポツリと顔を出し始める。「お前らなあ、ダービーを何だと考えとる」と言っていると、猛烈に雨が降り出した。通り雨だろうと思ったが、1時間経っても2時間経ってもこの雨がやまない。

2人ほど競馬初心者がいたので一言講義しておかないといけない。

「競馬というのは芝の上を走るという宿命がある」

「はあ」と初心者たちが応える。

「〃はあ〃じゃない。〃はあ〃などというウツロな返事ならボブ・ヘイズはなぜこの世に生まれてきたんだということになる」

「何ですか？」

＊円谷幸吉の遺書＝『芸術新潮』2000年12月号は「創刊50周年記念・世紀の遺書」特集。100通ぐらい載っていて、よくこれだけ集めたなあと感心させられる。

この約100通の遺書の中で円谷幸吉の遺書は群を抜いている。遺書は漢語などを使わず、平易な言葉で、淡々と書いているものが胸を打つ。

あえて2位、3位を選べと言われれば、2位太宰治、3位正岡子規となる。

「思い起こせば1964年の東京オリンピック、原爆投下の日に広島で生まれた坂井義則が世界平和の聖火をともし、円谷幸吉《つぶらやこうきち》が父上様、母上様、昨日いただいた三日とろろおいしゅうございましたと、三日とろろっていったい何だ？　という世間の疑問をものともせず自刃《じじん》した、あの東京オリンピックだ」

「ツブラヤ？」

「コウキチ？」

　と初心者カップルは顔を見合わせる。円谷に驚いたんじゃない。顔見合わせる単語が欲しかっただけだ。お見通しだ、くっそー！

「父上様、母上様、干し柿、餅もおいしゅうございました。敏雄兄、姉上様、お寿司おいしゅうございました。克美兄、姉上様、ブドウ酒とリンゴおいしゅうございました。巌兄、姉上様、しそめし、南蛮漬けおいしゅうございました。喜久蔵兄、姉上様、ブドウ酒、養命酒おいしゅうございましたって、円谷幸吉にはどれほど兄弟がいて、どれほど食べ物もらってたのかということや。父上様、母上様、幸吉はもうすっかり疲れきってしまって走れません。幸吉は父母上様の側で暮らしとうございましたって、円谷幸吉の遺書*はそう結ばれているんや！」

　眼下の装鞍所にはダービー出走と思われる馬たちが出てきて、鞍なしのまま引き運動を始めるが、そこに目に見える軌跡を残して大粒の雨が降りかかる。

《太宰治》

いつもお前たちの事を考へ、そうしてメソメソ 泣きます。

美知様
お前を誰よりも愛してゐました。

子供は皆、あまり出来ないやうですけど陽気に育ててやって下さい。たのみます。

あなたをきらひになったから死ぬのでは無いのです。

小説を書くのがいやになったからです。

(整理すればこんなふうになる。美知というのは本妻。字はきたないし、行もバラバラだ。でも文人が最後にこういう文章を遺せるところが凄い。)

《正岡子規》
・取らざりき をととひの へちまの水も
・糸瓜咲て 痰のつまりし 佛かな
・痰一斗 糸瓜の水も 間に合わず
(実際の改行はもっと意味が取りづらい。「へちまの水」というのは痰切りの妙薬らしい。病状と糸瓜《へちま》のことしか書いてないじゃないかという絶筆である。)

「ボブ・ヘイズは東京オリンピックで10秒0の世界タイ記録で優勝、世界最速の男誕生、前途洋々と報道された。しかし次のメキシコ・オリンピックを前にプロ・フットボールに転向し、そりゃヘイズ、脚は速いがボールには慣れてない、〝ダラス・カウボーイズのぽろり男〟とあだ名されて引退、零落、酒におぼれ、失意のうちに死んでいった。オリンピック100メートル金メダル男がだぞ。

　すべての原因は東京・アンツーカーからメキシコ・タータン・トラックへの転換にある。円谷幸吉の自刃もこれに影響された。〝メキシコではタータン・トラックなのか〟と過度に心配した。マラソンは東京でもメキシコでもアスファルト一般道を走るんだから、競技場のトラックがどう変更されようとほとんど関係ないのにだ」

「……で、今日のダービーですけど」

「ああ。芝*だからな、ダービーってのは。アメリカじゃ全天候型ポリトラックってのが導入されてるらしいけど……」

　気がついたらまた周りに誰もいなくなった。みんなダービー買いに行ったんだ。ぼくも慌てて都合5時間居座ったレストランを出る。結局09年大雨ダービーは一人きりで見て、一人で馬券破った。

＊芝＝ダービーに限らず、芝のレースでは、傷んだ芝を調整する作業がレース間に行われる。競馬客から〝芝叩きおばちゃん〟と呼ばれる人たちが出てきて、。ＪＲＡの馬場造園課職員の指導のもと、傷んだ箇所に芽土《めっち》を入れ、長い柄の〝木製ふとん叩き〟のようなもので、その上をバッタンバッタン叩く。
　だいたいがピンクの作業着を着て、ツバ広の帽子をかぶり、帽子からは日焼け止めの白布が垂れ下がっている。だから顔はほとんど見えない。「どうせおばちゃんだろ」とファンの多くはタカをくくっているが、ひょっとしたら木村佳乃のような美女だっているかもしれない。特に夏開催のときは「暑いだろうなあ。ちゃんと水分取ってね」と心配することにしている。

忘れて日が暮れりゃあ明日になる

阪神大震災*のとき、ほんとに個人的かつ下世話な体験で申し訳ないが、今も忘れられない光景がある。

神戸灘区に住む姉の家が半壊したので、卓上コンロや飲料水・牛乳などをリュックに入れて、大阪・豊中の自宅から出掛けた。鉄道不通となっていた西宮北口から神戸までは歩くことにする。距離にしたら10キロぐらいだろうか。でもナメたらいかんと思った。倒壊した家のガレキは歩道まではみ出しているし、信号はなぜか全然青にならないし、帰りは絶対バスに乗ろうと決めた。

しかし帰りのバスがまた強烈だった。渋滞で進まない上にギューギュー詰めだ。「歩いたほうがましだったか」などと後悔しているとき、ある停留所で二十歳《はたち》ぐらいの女の子が降りようとした。そのとき女の子が振り向いて「人の尻さわってるんやないで、オッサン！」と捨てゼリフを叫んだ。ごく普通のおとなしそうな女の子だったので、その金切り声とのギャップに乗客全員が驚く。驚いたあと、みんな一

＊阪神大震災＝正確には「阪神・淡路大震災」１９９５年1月17日未明に発生し、６千人以上の死者を出した。
91年に全面改装された阪神競馬場スタンドも大きな被害を受け、95年1月から同年12月まで全面再改築を余儀なくされた。
ぼくも競馬をやっていない競馬場に初めて取材に行った。被害の大きさにも驚いたが、競馬場付厩舎地区に自宅が倒壊した近隣の人を多数受け入れていたいたのには感動した。

斉にオッサン（ぼくじゃないからね）のほうを向いた。

オッサンはドギマギし、「え、あ」などと意味不明の声を発したあと、「この非常時に何言うとんねん、なあ、ははは」などと首を回して、逆に乗客に同調を求める。

不謹慎なようだけど、ぼくが阪神大震災でいちばん忘れられない光景は、このときの痴漢オッサンの態度だ。

「この非常時にお前こそ何しとんねん、オッサン」というのが、もちろん乗客側の感想だ。とんでもないオッサンだ。

でも、ほんとに微妙なところだけど、ドラマなどで見る、戦時中の「この非常時に」よりはいいような気がした。

戦時中の「この非常時に」は、だいたい憲兵が言うか、割烹着《かっぽうぎ》にタスキ掛けした隣組《となりぐみ》のおばちゃんが言う。言われたほうは、ほぼ言い返せない。しかし震災後バスのオッサンの「この非常時に何言うとんねん」は、「お前こそ、この非常時に何しとんねん」と言い返せて、わけの分からないことに発展する。だからいい。

戦前戦後に活躍した長谷川伸《しん》の戯曲は、人情に厚いやくざ渡世人が、生き別れの家族や恋人に再会するが、義理を重んじて去っていくというストーリーだ。画一化・安定路線だ。でもよく考えるとわけの分からないセリフが出てきていて、そこが長谷川伸の魅力になっている。

たとえば『関の弥太《やた》っぺ』*では、常州生まれの関の弥太郎は旅の途中で和吉と小夜という父娘を助けるが、旅籠《はたご》に同宿しているとき、懐《ふところ》の50両を和吉に盗まれる。

弥太郎にとっては女郎に身を落としている妹を身請けする大事なカネだ。和吉を追いかけて取り返すが、和吉は「自分はどうせ娘に迷惑かけるだけの男だ」と言って、その場から激流に身を投げてしまう。

弥太郎は小夜を、小夜の母親の実家〝沢井屋〟まで連れて行くが、その旅籠の玄関で邪険にされるので、懐の大事な50両を投げ出して「宿の客としてこの小夜を預かってくれぃ」とタンカを切る。そして小夜の肩を抱いて言う。

「お小夜ちゃん、この娑婆《しゃば》には辛えこと、悲しいことが沢山ある。忘れるこった。忘れて日が暮れりゃあ明日になる。明日になってお天道さまが顔を出しゃ、また上天気だ、ははは」と笑って別れる。

これが関の弥太っぺの名ゼリフと言われるが、わけが分からない。「忘れるこった。忘れて日が暮れりゃあ明日になる。ははは」って、そんなことで何か解決するか？

ぼくが言いたいのは2008年秋華賞のことだ。11番人気ブラックエンブレム*頭固定の3連単で、ヒモに10頭引いた。90点買いだ。8番人気ムードインディゴ*も、

*『関の彌太ッペ』＝大河内傳次郎、長谷川一夫、中村錦之助で映画化されているが、ぼくが観たのは中村錦之助版。小夜は20歳のころの十朱幸代《とあけゆきよ》だ。
　どうでもいいが十朱幸代は若い。ぼくが小学校に上がるか上がらないかというときに、NHKの「バス通り裏」という生放送ドラマでデビューした。いまは70代半ばだが、最近でもCMとかに出ていて、きれいだなあと思ったりする。恐ろしいことだ。

*ブラックエンブレム＝牝。小島茂之厩舎。07年－09年。10戦4勝。08年秋華賞を11番人気で勝ち、G1史上初の3連単1千万馬券を出現させる。

*ムードインディゴ＝牝。友道康夫厩舎。07－10年。24戦3勝。08年秋華賞で8番人気2着。

もちろん押さえている。でも3着に来たプロヴィナージュ*がない。

「プロヴィはあなた、ブラックと同じ小島茂之厩舎だぞ。ブラック、プロヴィの小島勢に、友道さんとこのムードさえ挟めば1098万だったんだ。オレは秋華賞の水曜*に栗東・関東出張馬房に行き、ブラックエンブレムを見せてもらった。でも小島さんは朝イチ調教のあと、すぐに北海道の牧場に出かけて留守だった。あのとき、あと30分早く行ってたら、茂さんはきっと〝プロヴィもいいよ〟と情報くれたはずだ。1098万だぞ。万札積んでも10・98センチだぞ！」

「そんな昔の話をいつまでもくどくどと。目前に、一年後の今年の秋華賞があるという非常時なのに」

「非常時だからこそ、昔のことを考えないといけないんだ。ブラック頭固定ヒモ10頭の3連単馬券持っていったら〝あらあら、それは大変な事情でしたねえ〟と、せめて10万でもいい、くれたらどうなんだ。関の弥太っぺだって50両、身も知らぬ宿のおかみに投げつけたんだぞ」

「忘れるこった、お小夜ちゃん。忘れて日が暮れりゃあ明日になる。明日になりゃカラリと晴れて上天気だ、ははは」

「オレはお小夜ちゃんじゃねえ。明日が上天気になったって一銭にもならん」

震災直後の痴漢オッサンと、長谷川伸と、3人で秋華賞行ってみたい。


*プロヴィナージュ＝牝。小島茂之厩舎。07－12年。30戦4勝。08年秋華賞で16番人気3着に入る。

*水曜＝レース前の「追い切り」は水曜日に行われることが多い。普段より激しい調教で、このときのタイムがレースを予想する材料となる。

上品と下品の表裏一体

2月に入って、アマゾンや楽天から「バレンティンのために」というメールが頻繁に来る。

ヤクルト・スワローズのバレンティン*か？　そりゃ、日本でホームラン新記録を達成して勇躍フロリダに戻り、「やったぜ、ハニー！」と叫びながら家に入ろうとしたら鍵がかかっていて、「オレだぜ、ハニー、日本でヒーローになった亭主の凱旋だぜ！」と叫んだら、「もう嫌なの、好きな人ができたの」と言われた日には、あの豪腕だ、キッチンの窓蹴破って押し入っても仕方がない。

しかしアマゾンや楽天が「可哀想なバレンティンを励まそう」とキャンペーンを張るのはどうなんだ。相手は超高額所得者だぞ。憤慨しながらメールを開いたら、チョコレートの写真のオンパレードだ。なんだ、「〝バレンティン〟のために」ではなく「〝バレンタイン〟のために」だった。

*バレンティン＝ウラディミール・ラモン・バレンティン。2013年にホームラン60本を放ち、王貞治の55本を抜いて日本プロ野球シーズン最多記録を樹立した。オランダ領アンティルのキュラソー島出身。

「バレンタイン・デー」の聖バレンタイン（Valentinus）は3世紀ローマ帝政下のキリスト教聖職者だが、名前を現地音主義で表記すれば「ファレンティヌス」（あるいはヴァレンティヌス）となる。

一方、ヤクルトのバレンティン（Balentien）はカリブ海に浮かぶキュラソー島の出身だが、この島はオランダ領、バレンティンの国籍もオランダだ。名前を現地音主義で表記すれば「ファレンティン」となる。*

日本語式に読めばバレンタインとバレンティン、現地音式でもファレンティヌスとファレンティン。つまり「聖バレンタイン」と「本塁打王バレンティン」は同名なのである。「聖バレンタインの愛の日」は「本塁打王バレンティンの愛の日」と言っていい。


「ガラスを蹴破って入室し、妻を寝室から引きずり出す男のどこが愛だ」とワイドショー好きの日本人は言う。じゃあ聖バレンタインのほうは何をしたのか。

異国を制圧しに行くローマ兵は、故郷に思いを残させないという理由で皇帝から結婚を禁じられていたが、聖バレンタイン（禁教だったキリスト教宣教師）が秘密裏に結婚させていた。

「オレは来週から戦争に行く。弓や石で人を殺したりするわけよ。ワイルドだろ？」

＊バレンティンはファレンティン＝オランダ語の「ba」は日本語の「ファ」に近い。杉田玄白が訳したオランダの医学書『Tabel Anatomia』はカタカナでは『ターヘル・アナトミア』（日本語タイトル『解体新書』）と表記される。「be」が「へ」になっていることが分かる。バレンティン（Balentien）は「ファレンティン」である。

「私そういうの苦手なの。ごめんなさい」と女は部屋に引きこもる。このときローマ兵士は聖バレンタインに詰め寄り、「あれ？　宣教師さんよお〝女はワイルドに弱い〟って、あんた話が違うじゃないか！」と不平を言う。聖バレンタインは少しも慌てず、「理解薄き未熟兵士よ、女が〝イヤ〟と言って部屋に籠もるのは、〝来て〟の意味だ。やっちゃいなさい！　結婚しちゃいなさい！」と言った。＊

似てるでしょ？　バレンティンと。〝DV本塁打王バレンティン〟が〝聖バレンティン〟である可能性は高い。

言いたいのは、つまり愛の上品・下品は表裏一体ということだ。

競走馬を「1匹、2匹」と数えると、「匹はいけない。下品だ。1頭、2頭と数えなさい」と言われる。

でも、厩舎と競馬場の間を行き来する馬運車に「馬匹輸送」と書かれているのをご存知か？　これ何と読むでしょう？　ぼくは辞書引いたぞ。「バヒキ輸送」ではない。「バヒツ輸送」と読む。

では「馬匹《ばひつ》」とは何か？

これもしっかり広辞苑を引いた。「馬のこと」とある。

あれ？　「馬匹＝馬」だとしたら「匹」はあってもなくても同じということになる。

＊結婚しちゃいなさい＝バレンタイン（ヴァレンティヌス）は密かに兵士たちを結婚させるという違法行為により牢獄に入れられたが、信念を曲げなかったために処刑される（269年）。この殉教が民衆の心をつかみ、ローマ帝国内にキリスト教が拡大する契機となった。殉教の44年後の313年、コンスタンチヌス大帝は自らキリスト教に帰依し、キリスト教をローマ帝国の国教とした

だが、古来そんな漢字は一文字も存在しない。漢文を書き下すときに無視する文字（漢文授業で言う〝置字《おきじ》〟）は訓読（日本語訳）しにくいというだけで、中国人はちゃんと発音するし、意味もある。広辞苑は「馬匹＝馬のこと。〝匹〟に意味はあったと思われるが、今となっては不明」と書かないといけない。

「匹」はもともと馬を代表とする家畜を数える単位として生まれた。たぶん「馬匹輸送」には、単なる「馬輸送」と違い、「馬という家畜を輸送してます」という意味が若干含まれる。「頭」も家畜を数える単位だが、こちらのほうが新しい。

下品・上品で言うと、「匹」より「頭」のほうが上品だ。* でも下品がダメかというと、それはまた別問題だ。

聖バレンタインがローマ兵に「やっちゃえ」と言ったように、本塁打王バレンティンが「報奨金5億を愛するお前にやる」と言って妻を部屋から引きずり出したように、下品にこそ愛がある場合もある。

「ダッチ・カレッジ（オランダ人の勇気）」という英語がある。一時的激情のことだ。バレンティンたちオランダ人を若干バカにしている。漢語↓日本語では「匹夫の勇（つまらぬ激情）」に当たる。

「ダッチ・カレッジ」に「匹夫の勇」、どっちも下品だが愛情はある。バレンタインデーに使って欲しい。

＊「匹」より「頭」のほうが上品＝漢字には「好字《こうじ》」（リスペクトを含む）と「卑字《ひじ》」（軽蔑を含む）の区別がある。個人的想像だが、「匹夫《ひっぷ》（取るに足らない男）」などという言葉があるように「匹」は卑字で、「頭」は好字だろう。「頭」は平安時代の官職であり、「守」「督」などと並んで「カミ」と訓読した。しかし馬を「1匹、2匹」と数えるのは間違いではない。匹はそのために生まれた漢字なのだから。

馬名を問わぬ者、馬名に泣く

GⅠ週には有力馬の調教師・騎手の記者会見が行われる。

これを見始めてもう20年になる。

司会者は代表質問後、必ず「何か補足質問は？」と聞く。そこで積極的記者たちが「カイ食いは？」とか、「位置取りは？」とか、「距離延長はどうか？」とか、どうでもいいことを（失礼、どうでもいいことではありません、競馬ファンがいちばん知りたいことです、はい）聞くのだが、ぼくも20年間のGⅠ会見で何度か手を上げたことがある。

95年有馬記念のときは「（マヤノトップガンの）*菊花賞ゴール後、十字を切りましたが、田原《たばら》（成貴《せいき》）騎手ってクリスチャンですか？」と訊き、09年ジャパンカップのときには「ウオッカの*Tシャツに VODKAって書いてあるんですけど、ウオッカじゃなくてヴォドカの発音が正しいんじゃないですか？」と訊いた。

自分では結構いい質問だと思うが〝そんなこと、大レースの前に訊くことか〟と

＊マヤノトップガン＝牡。坂口正大厩舎。95－97年。21戦8勝。95年の年度代表馬。GⅠ5勝。

＊ウオッカ＝牝。角居勝彦厩舎。06－10年。26戦10勝。130ページ参照。

いう雰囲気が会場全体に充満し、回答者からもにらまれて終わった。

２０１０年の桜花賞のときも手を上げた。この日、有力馬オウケンサクラ*の会見には音無秀孝調教師と共に、めずらしくオーナー（40歳ぐらいの若い人だ）が同席した。司会者や記者の質問は調教師に集中したが、ぼくは以前からの疑問を投げた。

「オーナーの方に。オウケンというのは、オウケンブルースリ*もそうですが、どういう意味ですか？　王様の権力の〝王権〟ですか？」

馬名には〝冠〟と言って、そのオーナーの所有馬と分かる一語を入れることが多い。たとえば北島三郎の馬なら「キタサン」、松本好雄なら「明石の松本」からくる「メイショウ」、森中蕃《しげる》なら「シゲル」が必ず馬名に付く。

「オウケン」の付く馬も、菊花賞を勝ったオウケンブルースリや、そのほかオウケンブラック*、オウケンマジック*など、かなりの数がいるが、オーナーは福井明という人で、名前とは関係なさそうだし、どういうところからの〝冠〟なのか分からない。

記者たちがいっせいにフリーライターのほうを振り向き、「こんな稚拙な質問をする記者は見たことがない。あきれたやつだなあ」という雰囲気が会場に漂った。

でもオーナーはていねいに「桜に拳《こぶし》で、オウケンです。桜、拳、桜でオウケンサクラなんです。わたし、格闘家なもんで」とにこやかに答えてくれた。

グッド・クエスチョンだった。でもＧＩ会見でこんな質問をする記者は他にいな

＊オウケンサクラ＝牝。音無秀孝厩舎。09－13年。31戦3勝。10年桜花賞では3番人気2着。

＊オウケンブルースリ＝牡。音無秀孝厩舎。08－12年。27戦5勝。08年菊花賞勝利。

＊オウケンブラック＝牡。田中剛厩舎。13－現役。33戦4勝。

＊オウケンマジック＝牡。音無厩舎。08－11年。27戦3勝。

＊馬名＝カタカナで9文字以内という決まりがある。個人的な好みを言わせてもらえば、〝冠〟がなく、1語で（たとえばディープインパクトなら2語）、特に固有名詞（地名や人名）の馬名が好きだ。イメージというのは固有名詞のほうが広がっていく気がする。
「人名・地名競走馬」の主な勝利レース、引退年次を書いてみる。

人名では、リンカーン（阪神大賞典など、06年）、ステンカラージン（ロシア農奴解放動乱指導者。メルボルントロフィーなど、07年）、ガリバルディ（イタリア

い。会見が終わると早速、知り合い数人が寄ってきて、「あの質問はないよなあ」「皆知ってることだし」とクレームを付けた。悔しい！

しかし翌朝のスポーツ紙を見ると、何紙かに「桜拳桜」の文字がベタ記事で出ていた。ほら、やっぱりいい質問だったんじゃないか。

東京新聞の〝官房長官会見食い下がり記者〟じゃないけど、頑張って〝変なこと〟を聞くことで新たな展開が生まれることは多い。記者会見では記者はもっと「何？　それ？」と呆れられるようなことを聞かないといけない。

しかし、概して調教師も騎手も馬名＊に興味をもっていない。われわれ競馬ファンのほうがよっぽど拘泥《こうでい》している。「これはいい馬名だ、この馬は走るぞ」と言う調教師にはめったに会わない。

角居《すみい》勝彦調教師が開業し、お祝いがてら厩舎に行って、ぼくがまずした質問は、

「センターフレッシュ＊は〝真ん中新鮮〟でいいですか？」

「スカイアンドリュウ＊は〝空と竜〟ですか？　それとも〝空飛ぶアンドリュウ（王子）〟ですか？」

だったが、センターもスカイも解散した二分《にぶん》久夫厩舎から引き継いだ馬だったこともあり、新調教師は「さあ？」と首をひねるばかりだった。

の革命家。中京記念など、現役）、アレキサンダー（現役）、ピタゴラス（02年）、アルキメデス（朝日チャレンジCなど、14年）、ネロ（京阪杯など、現役）、ゲバラ（12年）など。あと、スサノオ（11年）、タケミカヅチ（ダービー卿チャレンジなど、10年）といった日本古代神話の神様の名前も面白い。

地名では、レニングラード（アルゼンチン共和国杯など、04年）、ゲティスバーグ（リンカーンの子、11年）、イスタンブール（13年）、ジブラルタル（94年）、アリューシャン（05年）、スエズ（白嶺Sなど、14年）、ケルン（12年）、シャンティ（古城と競馬場で有名。14年）、ミラノ（01年）、フィレンツェ（須磨特別など、08年）といったあたりが思い浮かぶ。

＊センターフレッシュ＝牡。二分久男厩舎→角居勝彦厩舎。97－04年。29戦7勝。

＊スカイアンドリュウ＝牡。二分久男厩舎→角居勝彦厩舎。00－03年。9戦4勝。

ラジオの予想番組に出たときには、「松田国英厩舎のプルピット産駒《さんく》の高額馬はロシアの農奴解放の英雄にちなんでステンカラージン*と名付けられたんです」と言って胸を張り、「♪醒めしーやステンカラージン、眉根ぞ悲し」とロシア民謡まで歌ったが、アシスタント女性の「ステン・カラージンなんですか？　それともステンカ・ラージンですか？」という質問に虚を突かれ、急に無言になって帰ったこともある（ステンカ・ラージンが正しいらしい）。

２０１３年夏、新潟でデビューした藤原英昭厩舎の期待馬はガリバルディ*というが、良血2歳馬で、わがＰＯＧ*グループでも上位指名された。

これも「ガリバルディって、あのガリバルディか？　♪ガリバルディや、いま如何《いかん》、のあれか？　与謝野鉄幹作詞の。♪ああ我ダンテの奇才なく、バイロン・ハイネの熱なきも」と歌ったのだが、司会者は「何ですか、それ？」とにべもない。「とにかくシェンク*の２０１１年産駒でいいですね。では次」などと言う。

頭に来て「♪*妻をめとらば才たけて、ミメ麗しく、情けある。友を選ばば書を読みて」と歌い続けたら「うるさい。静かにせえ」と怒られた。しょうがないから「♪シェンク２０１１、いま如何」と小さく歌って涙をぬぐった。

*ステンカラージン＝牡。松田国英厩舎。03－07年。37戦5勝。

*ガリバルディ＝牡。藤原英昭厩舎。13－現役。27戦6勝。16中京記念勝利。父ディープインパクト、母シェンク。11年生まれ。

*POG (Paper Owner Game)＝参加者が仮想馬主として馬を選び、獲得賞金を競うゲーム。「ポグ」または「ピーオージー」。

*シェンク＝牝。繁殖のために英国から輸入。96年生まれ。ガリバルディ以外にも、マルカシェンク、ザレマなどの重賞馬を産む。

*「人を戀ふる歌」
妻をめどらば才たけて
顔うるはしくなさけある
友をえらばば書を讀んで
六分の氣四分の熱
（中略）
妻子をわすれ家をすて
義のため耻（はじ）をしのぶとや
遠くのがれて腕を摩（ま）す
ガリバルヂイや今いかん
（後略）

恐れるな、わたしだ

2003年ジャパンカップ（JC）に、フランスから芦毛《あしげ》のアンジュガブリエル*という馬が出走した。

「アンジュ」はフランス語で「エンジェル」である。「アンジュガブリエル」なら「大天使ガブリエル」ということになる。聖書の中にちょこまか出てきて、重要な動きをする天使だ（これを馬名にするということは、日本で言えば「観音菩薩」と名付けるようなものだ）。

聖書のアンジュガブリエルは、まず祭司ザカリアの前に現れる。驚くザカリアに向かい、「恐れるな。わたしだ*」と言う。初めて会うのに「わたしだ」もないもんだ。

「祭司ザカリヤ、きみの妻エリザベツは子を産む」

「は？」

「は？　ではない。あんたの妻が子どもを産む。名をヨハネ*と付けよ」

「え？　でもわたくしも妻も、もう60歳を過ぎておりまして」

*アンジュガブリエル＝前年の香港ヴァーズや直前のフォア賞などを勝っていたし、このころはまだ外国馬のほうが強いという幻想もあって、ぼくは2週前ぐらいから「ガブちゃん本命」と触れ回っていた。池山心《こころ》さん司会のグリーンチャンネル番組にも「歓迎ガブ様ご一行」というタスキをかけて出演した。しかし重馬場の影響もあったか、JC本番ではまったくいいところなく7着に終わった。勝ったのはタップダンスシチー。

*「わたしだ」＝聖書にはこの「わたしだ」がよく出てくる。イエスも布教時代に連発している。

*ヨハネ＝長じてイエスに洗礼を授ける預言者となる。

「かまわぬ」

「は？」

「大丈夫だと言っておる。わたしを誰だと思っている。大天使ガブリエル*だ。信じねえんなら口きけないようにしてやるぞ」と言って、ザカリアはヨハネが生まれるまで口がきけなくなる。

そのあとガブリエルは、ナザレという町のマリアという娘のところに行く。

「おめでとう。大当たりです」と言う。たまに電話やメールが飛び込んでくる〝大当たり詐欺〟に似ている。

「え？　何がですか？」と戸惑うマリアに、ガブリエルは「恐れるな。わたしだ」と得意のセリフを言う。これなんか「オレオレ詐欺」（いまは振り込め詐欺という）そのものだ。つまり詐欺と奇蹟は紙一重だということだ。

「〝わたし〟って、誰？」

「大天使ガブリエル」

「知らなーい」

「し、知らない？　まあ、とにかく受胎告知に来た」

「じゅ、じゅた？　何？」

「腹の中にすでに子ども、神の子どもがいるということだ」

＊大天使＝日本人は「天使」と聞けば、森永キャラメルに出てくるような背中に羽のある無垢な子どもを想像するが、たぶんあんなものじゃない（聖書には天使の容貌については何も書かれていない）。たぶんオッサンで、けっこうエゲツナいこともする。

「え、何？　わたしまだ誰ともやってないのよ」とマリアは自分の腹を押さえて言う。

「処女懐妊だ。生まれて来る子はイエスと名付けよ」

60過ぎた女性に懐妊させるのと、処女に懐妊させるのと、どちらが奇蹟だろうか。

いやしかし、言いたいのはそこじゃない。

先日、松田国英厩舎の食事会があり、『競馬ブック』＊の海士部《あまべ》彰《あきら》トラックマンと極めて近い席になる。ぼくはかねてから海士部さんにひとこと言いたいことがあった。

「京都丹後半島の東端、天橋立《あまのはしだて》を渡ったところに〝籠《かご》〟の字を書いて籠神社《このじんじゃ》と呼ぶ社《やしろ》があります。この神社、めちゃくちゃ古いんですよ。で、ここの神官が代々アマべ氏で、二千年にわたる系図が遺されてます。

ひょっとしたら天皇家より古い系図かもしれないという人もいるし、古事記・日本書紀で抹殺された邪馬台国・卑弥呼らしき女性の名も載ってるんです。この系図、昭和50年頃に国宝に指定されたんです。

ぼくは調べたし、この前は出雲にも行きました。うちの嫁なんか〝あんたの古代史の話は芸能人の離婚話よりつまらん〟とか言って、宿でも飛行機でもグーグー寝てばっかりいたんですが、海士部さんにだけは聞いて欲しい。

＊『競馬ブック』＝競馬新聞の中でとくに関西で高いシェアを誇っているのが『競馬ブック』紙である（詳しく調べたわけではないが）。
競馬ブック社は『週刊競馬ブック』という週刊誌も出しているが、これはほとんど競馬のことを書かない物書き（乗峯などという名前だ）のコラムを長期連載するなど度量の広い雑誌だ。

古代の、少なくとも3世紀ぐらいまでは、大陸からの文化は瀬戸内海じゃなくて、日本海を陸伝いに伝わってきたんです。蒸気機関も帆もない、手漕ぎの時代のちっちゃな船ですからね。九州宗像《むなかた》から出雲、丹後半島、若狭湾と伝わってきて、そこから河川路をさかのぼり、琵琶湖の岸伝いに漕ぎながら大和に入ってきたんです。馬なんかも日本海を船に乗ってやってきたんです。

海士部さん、あなたは九州系天皇家に並立する〝国つ神〟大国主命《おおくにぬしのみこと》系の末裔です。世が世なら出雲大社の大ヤシロに祀《まつ》られるべき人なんです」

そう一気に語ったが、海士部さんは、

「いや、ぼくは××の出身で丹後とは関係ないし」

などと言いながら隣りと酒を注ぎあったりしている。

ぼくは「大当たりです。おめでとう」と言う。

海士部さんが「え、いま何か言いました?」と聞いてきたとき、「恐れるな。わたしだ」と言ったんだけど、声が小さかったのか、海士部さんはちょろっと首を傾げただけで、また飲み始めた。

あなたの隣りにいる神の使い

仏教では、仏は如来《にょらい》・菩薩《ぼさつ》・明王《みょうおう》（不動明王、愛染《あいぜん》明王など）・天（帝釈天《たいしゃくてん》、弁財天《べんざいてん》など）にランク分けされている。それぞれのランク内の仏は多種多様であり、それぞれの仏の根拠となる聖典（経）も無数に存在して、決して一元的ではない。

その点、キリスト教では聖典は聖書一つであり、「父なる神」、「子なる神」（イエス・キリスト）、「聖霊なる神」の基本線はまったくゆるぎがない。

ただ、われわれ日本人にも馴染みがあると思われる「天使《エンジェル》」は、分かるようで分からない。キリスト教圏でも「天使とは何か」はっきりしていないように思える。

メグ・ライアンとニコラス・ケージの『シティ・オブ・エンジェル』という映画がある。そんなに評判の高い映画ではない。最後に主役のメグ・ライアンがあっけなく死んでしまう暗い映画なので敬遠されているようだ。でもぼくは見るたび、「そうだよな、そうかもしれないいな」と頷《うなず》いている。

この映画では〝エンジェル〟はどういうわけか、みな中年男だ。でっぷり太って心臓病を煩っているのにアイスクリームばかり食っていたり、よれよれの黒マントを羽織って泣きそうな顔で瀕死の人間のそばに張り付いていたりする。日本人には〝死神〟や〝疫病神〟と言ったほうがぴったりくる感じだ。

ニコラス・ケージのエンジェルも思いっきり貧相だ。汚いコートを着て、図書館の本棚の陰からじっとメグ・ライアンを見ている。ほとんど屈折陰湿のストーカーだ。

女医のメグ・ライアンがたまらず「仕事は何？」と聞くと、ニコラス・ケージは「メッセンジャー」とボソリと言う。

「ああバイク便の？」

「いや、違う、つまり神の」

ニコラス・ケージはそう言ってメグ・ライアンに苦笑される。苦笑されても相変わらず、ニコラスは泣きそうな顔をしているだけだ。

「天使は神からのメッセンジャー」という考え方はあるようで、「あんた、神の子を妊娠してるで。神の子を」と告げに来るメッセンジャーも大天使カブリエルだし、死にゆく人に天国に行きなさいというメッセージを伝える（仏教の阿弥陀如来に似ている）のもエンジェルということだろうか。

この『シティ・オブ・エンジェル』（１９９８年制作）は、その10年前、まだベルリンの壁が存続していたころに制作された西ドイツ映画『ベルリン・天使の詩』*のハリウッド・リメイク版だ。

ヨレヨレのコートに手を突っ込んだ中年男のエンジェル2人が、詩の一節のようなことを交互につぶやきながら、ベルリン郊外の川や森をだらだら歩く。

この思わせぶりな〝天使の（つぶやく）詩〟には閉口したが、天使が終始うらぶれてイジけているのは『シティ・オブ・エンジェル』と同じで悪くない。

『シティ』の場合は天使ニコラス・ケージが女医のメグ・ライアンに惚《ほ》れ、『ベルリン』の場合は天使ダミエルがサーカスの女曲芸師マリオンに惚れて、「人間になりたい」とつぶやく。この設定は2つの映画ともまったく同じだ。

『シティ』の場合は、人間になったニコラス・ケージがメグ・ライアンと郊外の別荘で幸せな一夜を過ごすが、翌朝自転車でパンを買いに行ったメグ・ライアンがダンプカーにはねられてあっさり死ぬ。しかし訪ねてきたエンジェル仲間にニコラス・ケージが「たとえ一夜でも人として生きられたことの幸せ」を語るところで映画が終わる。『ベルリン』の場合は、マリオンの空中ブランコ練習のときに元天使が支え綱を持ったりして、〝ヒモ〟のごとく甲斐甲斐しく嫁さんを支えるところで終わる。

それまでの全編の明るさ暗さとは逆に、『シティ』は死別、『ベルリン』は将来へ

*『ベルリン・天使の詩』＝ヴィム・ヴェンダースが西ドイツに帰って撮った映画である。ヴェンダースといえば、我が青春の憧れの女優ナスターシャ・キンスキー主演の『パリ、テキサス』の監督でもある。

ぼくは『パリ、テキサス』も『ベルリン・天使の詩』も途中で寝てしまった。ヴィム・ヴェンダースという監督はとにかく客を寝させる。しかし途中で寝たからといってダメな映画かというと、そうではない。ダメな映画ではないが、そうワクワクするということもない。映画を見て寝てしまうというのはそういうことだ。

の展望で締めくくられる。

そして『ベルリン』では、エンドロールの最初に「すべての元天使、特にヤスジロー、フランソワ、アンドレイに捧ぐ」と出る。「フランソワ」はフランソワ・トリュフォーだろう。「アンドレイ」はソ連時代の有名監督アンドレイ・タルコフスキーらしい。そして最初に出てくるヤスジローは小津安二郎*である。

つまり重要なことは、尊敬したり影響を受けた人はすべて〝元エンジェル〟であり、〝メッセンジャー〟だと定義できるということだ。横で大イビキをかいて寝ている古女房が元天使（神からのメッセンジャー）であることも十分ありえる。

「今日のメインレース、とっておきの情報がある、絶対ここだけの秘密なんやけどな」とボソボソ寄ってくる人が競馬場にはときどきいる。こういうオヤジ、99％は怪しい。

でも、そのオヤジが、よれよれの背広を寒そうに重ね合わせ、「こんな荒唐無稽なこと言ってごめんね」と言ってきたら要注意だ。ほんとに神からのメッセンジャーかもしれない。

＊小津安二郎＝調べてみると、『ベルリン』の監督ヴィム・ヴェンダースは大変な小津安二郎ファンで、小津の『東京物語』を追体験するドキュメント『東京画』という映画を作ったり、『東京物語』の第二の舞台となった尾道を撮影して写真展を開いたりしている。

7

人生に必要なことは競馬で学んだ

競馬の心理学

日常にひそむ意味不明

ちょっと前だが、京都の小学校に包丁を持って乱入した男がいて、「警察の取り調べに対して〝火星から来た〟などと意味不明の供述をしている」という報道があった。しかし、「火星から来た」って意味不明か？　よく分かるじゃないか。

「犯人は意味不明のことを言っている」というのは、「訴状が届いてないのでコメントできない」とか、「国税局と見解の相違があったが、すでに納税した」とかいうのと同じで、ニュースの常套句になっている。

でも「意味不明ってほんとに意味不明なのか？」と思う。

案外分かるんじゃないか？

「ただいまハイジャック犯が操縦室に乱入し、〝口向《くちむ》き＊が悪いんや、Dハミ＊を使え〟などと意味不明のことを叫んでいます」と乗務員が報告しても、もし乗客が競馬関係者の団体だったらどうだ。「いや、意味分かるよ」「私も分かる」「私も」と、ほとんどの人間が「意味分かる」のほうに手を上げるだろう。

＊口向き＝馬の口には前に12本の切歯があり、その奥に臼歯（奥歯）があるのだが、切歯と臼歯の間に、かなりの幅で歯のない部分がある。ここにハミ（馬銜）をかける。「口向き」とは一言でいえばハミ受けの状態のこと。口向きを良くするための調教は最も大切なこととされている。

＊ハミ＝馬の口に噛ませる棒状の金具を馬銜《はみ》という。騎手は自分の意思を手綱の操作によってハミに伝え、馬の意思をハミと手綱を介して感知する。ハミは騎手と馬が意思を伝え合う接点である（84ページ、馬の歯についての脚注参照）。

「〝飛行機の座席は外枠*絶対有利や。揉まれずに千歳まで行ける〟などと意味不明のことを」と報道されても、「それも一理ある」と、7割方は「意味分かる」のほうに賛同するはずだ。

ほんとの〝意味不明〟というのは、もっと日常の中にひっそりと潜んでいる。

先日フジ系CS「プロ野球ニュース」の女性司会者が、「新人選手たちの今後の期待に活躍したいと思います」と言った。その場のおじさん解説者たちは誰一人ツッコまないし、番組もそのまま進行した。

〝期待〟と〝活躍〟の順序を間違えただけだ、などと勝手に解釈して納得している。これは危ない兆候だ。もしかしたら、この女子アナは本当に、「新人選手が今後抱くであろう期待を読んで、その中に私が入って活躍したい」と、つまり新人選手ではなく、自分が活躍することを誓ったのかもしれないじゃないか。いいのか、そこを明確にしなくても。

NHK女子アナは「台風は強い勢力をたまったもも上陸の気配です」と言ったことがある。〝溜まった桃〟と聞いたからには、「強い精力」を内部に溜め込み、はち切れんばかりの巨大な〝精力桃〟が、プシュプシュプシュと精力を噴き出しながら上陸してくるイメージしか浮かばなくなってくる。台風情報なのに卑猥なことしか

*内枠・外枠＝近代競馬は芝の上を競走するところから始まっている。しかし競技として、ただ遠くへ走らせるというわけにはいかないので、楕円形の柵を作って、一番早く回ってきたものを勝ちとする、ということになってくる。

この柵を内埒《うちらち》と呼ぶ。「ラチが明かない」とか「ラチもない」というフレーズはここから来ている。

人間の陸上競技と違って、競馬はセパレートコースにはできない（馬が線と線の間を走るのは至難の技だ）から、必然的に内枠からスタートし、内ラチ沿いを走るのが距離的には最も得になる。

しかし内ラチ沿いは各馬が走りたい場所だから、レースが続くと芝が荒れたり、馬が殺到してスペースが空かない場合もある。段違いに力があれば、外の広いところを自由に走って各馬を置き去りにすることができるが、それができるか騎手には分からない。

かつて武豊にインタビューしたとき「最終4コーナーで内ラチ沿いが空かないかと観察し、そこを狙っていくのは騎手の基本だ」と言っていた。

考えられなくなった無垢な視聴者をどうしてくれる。これを単なる言い間違いと処理していいのか。

フロイトは『精神分析入門』の中で、「錯誤行為には意味がある」という名言を吐いた。* NHK女子アナは心のどこかに必ず〝溜まった桃〟を抱いていたはずだ。

武蔵丸は横綱昇進を伝える使者に「心・技・精進、体《たい》します」と口上した。ハワイ出身の武蔵丸は日本語に不慣れだからと誰も問題にしなかったが、武蔵丸自身は「心・技・体はおかしい。心・技・精進がセットのはずで、それを体するのが横綱だ」と考えていたのかもしれない。本人に聞かなきゃ分からないじゃないか。

フジテレビアナもNHKアナも武蔵丸も言い間違いでサラッと流され、〝意味不明〟として問題にされなかった。しかし三者とも、「ここで一発アンチテーゼやってやる！　常識にはとらわれねーぞ」と心に期すものがあったかもしれない。

意味不明は、社会を変えるキッカケの可能性を含んでいるのだ。*

グリーンチャンネル女性司会者にもドキッとした。「第4レース、障害未勝利戦に出る馬が入場してきました」と、これは言葉としてはごく普通だが、この女性司会者、なぜか〝障害〟の〝ショウ〟にアクセントを置く。

これを漢字で書くと「〝生涯〟未勝利戦に出る馬が入場してきました」となる。もちろん単なるアクセント間違いだろう。しかし、ひょっとしたら、そしてフロイ

＊フロイトといえば、自由連想法を提唱したことでも知られる。

たとえば「〝幼児虐待〟という言葉から自由に連想して」と患者に言い、女性患者が「エンピツ、路面電車、辛子明太子、ああもう言えない」と詰まったら「ははん、オレに惚れたな」と思え、それが正しい分析医の心構えだ、と「感情転移」という言葉を使って説明した。卓見だ。

「ズボンの前が開いてますよ」
「ははん、オレに惚れたな」
「気持ち悪ぅー、なに、この人？」
「ははん、また惚れたな」

というこの反応は、あんがい真理をえぐる洞察なのだ。

＊意味不明が社会を変える＝新約聖書マタイ伝第5章で、イエスは「誰かがあなたの右の頬を打ったら、左の頬も出しなさい。下着を取ろうとする者が現れたら、上着も取らせてあげなさい」と言った。

しかし同じく第10章では「地上に平和をもたらすためにわたしが来たなどと思うな。剣と戦いをも

ト錯誤理論によれば、「この馬たちは一生涯、未勝利戦にしか出られない馬なのよ」という悪魔のささやきが、この女性司会者の心のどこかにあった可能性もある。競馬界へのアンチテーゼを持っていた可能性も捨てきれない。

「意味不明は社会変革のキッカケ」という我が理論からして、どうしてもやってほしいことがある。〝ホースマン〟という言葉は馬に関わる誇り高き人間ということを意味するが、〝マンホース〟になると人間に関わる誇り高き馬ということになる。しかしマンホースマンならどうだ？　「人間に関わる誇り高き馬に関わる誇り高き人間」という意味にならないか？

競馬学校（騎手課程でも厩務員課程でも）の入学式では、校長はまず「諸君が目指しているのは①ホースマン、②マンホース、③ホースマンホース、④マンホースマン、さて、このうちどれだ？」というクイズを出してほしい。

万が一そこで、「校長、おっしゃってってっていることが意味不明です」とツッコみが入ればシメたものだ。競馬界発信の社会変革第一歩になる可能性がある。

たらすために来たのである」と言っている。「どうせえっちゅうねん！」と文句の一つも言いたくなる矛盾した言葉である。

仏教にも意味不明な言葉がある。いわ『善人なおもて往生をとぐ。いわんや悪人をや』。しかるを、世の人つねに曰く『悪人なお往生す、いわんや善人をや』と。この条、その謂われあるに似たれども、本願他力の意趣にそむけり」

従来、親鸞の言葉と言われてきたが、おそらく、師・法然の言葉を「歎異抄」で親鸞が弟子・唯円に伝えた言葉であろう。

「〝悪人OKなら善人はもちろんOK〟と世の中の人は言うけど間違ってます。〝善人OKっていうんだから、悪人はもちろんOK〟というのが正しい考えよ」と主張している。わけが分からん。

こういう意味不明のことを言う人が新しい救い、新しい宗教をもたらす。

当たれば自分の力、負ければ騎手のせい

2010年の根岸ステークス*、11番人気という低評価を覆しグロリアスノア*の小林慎一郎が初重賞を獲得した。2000年騎手デビューのコバシン、それまで勝利はおろか重賞騎乗機会にもほとんど恵まれなかった。オーナー、調教師の理解でノアという好伴侶を得た。よかった。

まったく個人的なことだが、コバシンはデビュー前から知っている唯一の騎手だ。ぼくは92年から競馬マスコミ末端に加わって栗東トレセンに行き始めたが、そのとき〝トレセン先導役〟をしてくれたのが小林常浩《つねひろ》調教助手（当時、浜田光正厩舎）で、そのコバツネの長男がコバシンである。

初めて会ったとき、たぶん小4だったと思う。小柄で、バク転なんかやる運動神経もあり、当時から「騎手になりたい」とはっきり言っていた。

今でも忘れられないのは96年桜花賞だ。コバシンは当時中2、すでに翌年の競馬

＊根岸ステークス＝東京競馬場で行われるGⅢレース。江戸時代末期1866年に日本初の近代競馬場として建設された「根岸競馬場」（横浜競馬場）を記念して開催される。

根岸競馬場は、ここに来れば各国要人と会えるということで、不平等条約改正をめざす明治政府にとって外交交渉の舞台でもあった。「エンペラーズカップ」（のちの帝室御賞典、現天皇賞）や「横浜農林省賞典四歳呼馬」（現・皐月賞）などを含め、1942（昭和17）年まで競馬が行われた。跡地は現在、根岸森林公園・根岸競馬記念公苑として整備されている。「馬の博物館」もここにある。

学校受験を決めていた。もし競馬学校に入れば競馬を一般席から見ることはたぶん一生ない。かといって調教助手の父親がスタンドに連れていくこともできない。

「うちの子、一度競馬場スタンドに連れていってくれないか」

と頼まれた。簡単なことだ。

桜花賞日の混雑した阪神競馬場で、5Rあたりから一緒に行動する。500万レースでも当然ながらぼくはマークカードのあちこちを塗りたくる。中2のコバシンは頬杖ついてそれを見て「けっこう買うんやね」と言う。え？「おじちゃんはなあ、歩く〝競馬エンゲル係数破壊機〟って言われてるんや！」などと意味不明のわめきを発しながら窓口に走る。

パドック*に一緒にいると、目の前の馬を見て「飛節《ひせつ》*の角度がよくない」とか「頭絡《とうらく》*からハミ*へのバインディングが甘い」とか、「きみはナニ中学生や！」とツッコみたくなるつぶやきを小声で言う。コバシンは厩舎にもよく行っていたし、数年間トレセン乗馬スクールにも通っていた。

でも10Rあたりでは子どもらしい表情も出す。こっちの顔を見上げ「ぼくな、払戻所という所もいっぺん見てみたい」

問題はここだ。確かに5Rから10Rまで一度も払戻所には行ってない。素直に聞けば、「払戻所という施設を見たい」という純粋見学意図に取れなくもない。でも

*グロリアスノア＝牡。小西一男厩舎。08－16年。16戦5勝。10年根岸ステークス勝利。

*パドック＝次レースに出走する馬が厩務員にひかれて歩いて周る場所。馬を落ち着かせ、客は馬の状態を確認することができる。数周回るが、最後の1周は騎手が騎乗する。大きな競馬場では、本馬場と地下馬道でつながっている。

*飛節＝馬の後肢にある関節。人間の踵《かかと》にあたる。腰・尻・後肢の筋力を地面を蹴る力に変えて推進力を生み出す。

*頭絡＝馬の頭部に装着する革ひもと金具から成る馬具。ハミを吊って馬の口の中に入れ、適当な位置を保つ。

*ハミ＝馬銜《はみ》。馬の口に噛ませる棒状の金具（84ページおよび250ページの脚注参照）。

今どきの中学生がそんなに純真か？　「おっさん、たまには払戻所にも行ったらどうや！」とケンカ売ってるのかもしれない。疑心暗鬼がむくむく沸き上がる。

　しかし本番桜花賞で、そういうのはいっぺんに吹っ飛ぶ。

　直線入口カネトシシェーバー*が先頭に立つが、あわやというところで10番人気・田原《たばら》騎乗ファイトガリバー*が強烈に差しきった。

　ぼくももちろん田原ファンだったし、中2のコバシンとふたり、「やったやった、田原や、田原や」と抱き合った。

　単勝2730円。馬連（当時は馬連しかない）1万4230円。もちろん全的中、総額20数万もらうために払戻所に向かう。

「見ろ、慎一郎、これが払戻所というところだ。パシャパシャパシャパシャ万札数えとるやろ。トロいねん、この払戻機が。はよせえや！」

と言いながら手を差し出すが、ふんぞり返りすぎて届かない。

「慎一郎、背中押してくれ、万札に手が届かん」

　でも背中は押されない。うん？　と思って見ると、慎一郎は出てきた万札の束を見詰め「田原さんのおかげやね」としみじみ言う。

　待て、慎一郎。「そりゃ確かに田原さんはよくやった、でも数ある出走馬の中でファイトを選んだのはおじちゃんや。おじちゃんのおかげというんや、こういう時

＊カネトシシェーバー＝牝。菅谷禎高厩舎。95－98年。35戦4勝。

＊ファイトガリバー＝牝。中尾謙太郎厩舎。95－98年。12戦3勝。96年桜花賞勝利。
　ファイトが桜花賞の2カ月前の紅梅賞を勝ったとき、カネトシ担当の矢作芳人《やはぎよしと》助手（現・調教師）が「ファイトガリバーっていう馬はお父さんのダイナガリバーによく似てるなあ」とつぶやいた。それを聞いてから、ぼくはとにかくファイトを追い続けていた。

は」と大声で説諭しようとするが、慎一郎はすでに確定板「田原成貴」の名を見上げてうっとりしていた。

　このとき以来、ぼくはときどき〝おかげ〟を考える。

「当たれば自分の力、負ければ騎手のせい」は競馬人間のスタンダードであり、外れレースの後で「××のヘタクソ！」「○○カネ返せ！」と騎手の名前を叫ぶのもごく普通のことだ。

　しかし、「当たれば騎手のおかげ、負ければ自分の未熟さ」と考えるような、そんな〝歩く観音菩薩〟のような謙虚人間も、探せばどこかにいるかもしれない。

　観音菩薩ならレース後、柵から身を乗り出して「俺のヘタクソ！」「わたしカネ返せ！」とわけの分からない叫びを発する。でもこんなふうに謙虚な人間は、そのうち競馬やらなくなるんじゃないかという危惧もある。競馬場が観音菩薩だらけになったら馬券売れなくて、これはＪＲＡも困る。

「根岸ステークスの大穴、取らせてもらったよ。これは騎手・慎一郎*とおじちゃんの両方のおかげです」

　と〝半分菩薩〟の乗峯は言う。

*ぼくと桜花賞を観戦した4年後、慎一郎はこのファイトガリバーの中尾謙太郎厩舎所属で騎手デビューした。

　同厩舎解散後はカネトシシェーバーの矢作芳人厩舎所属となり、2011年根岸ステークスで重賞初制覇を果たす。やっぱり96年桜花賞は因縁あるレースだった。

　慎一郎は2012年に騎手を引退し、現在は音無秀孝厩舎調教助手として働いている。

　ぼくのトレセン先導役であり、「うちの子、一度競馬場スタンドに連れて行ってくれないか」と頼んだ真一郎の父・小林常浩については「弱みを見せなかった男」（303ページ）に詳しく書いた。

競馬と女と車の運転

ぼくは競馬と、女性と、車の運転がほぼ同じぐらいの経歴だ。どれも30年以上になる。未だに自信がないのも同じで、たぶんこのまま終わるんだろう。寂しい。

しかし、客観的に見れば、たぶん3つともそう下手ではない。競馬だって言われるほど外れ続きではないし、女性だって、車の運転だって、まあ名人とまではいかないが〝中の下〟ぐらいのパフォーマンスはできる。

でも、言いたいのはそこじゃない。精神力のことだ。

精神分析家のR・D・レイン*は、精神病の淵源について次のように言っている。

「私はそんなこと少しも恐れていないし、私が恐れていると思わせる理由を少しも彼に与えないのに、彼が私を殺そうとしているといって私が彼を恐れていると彼が思う場合」*

わけが分からんでしょう（こんな翻訳が許されていいのだろうか）。想像するしかないが、つまり疑心暗鬼こそ精神病のすべてだと言っているのだろう。

＊R・D・レイン＝ロナルド・ディヴィッド・レイン。1927―89年。イギリスの医学者、精科医、精神分析家。統合失調症の患者を隔離して回復させようという当時の主流の精神医学を批判し、むしろ地域に解放し、地域の側の認識を変容させることで治癒させることをめざす「反精神医学」運動を展開。病的行動から患者の実存的境地・意味を理解しようと努めた。

＊R・D・レイン『引き裂かれた自己』（みすず書房）

ぼくの場合、「こいつ、俺のこと下手くそだと思ってるんじゃないか？」という疑心暗鬼*が一般の人よりやや強くあり、それが極端に卑屈な態度や、その反動としての逆上につながる。悲しいことだ。なんでこんな性格に生まれついたのか。これはたぶん技術ウンヌンより精神力の問題だ。でもすぐに矯正できないのが、これまた精神力の問題だ。

ぼくは人知れず30年前のことを思い出す。

「ま、これも経験だからね。次はうまくいくから。帰りに受付で3万円払っといてね」と初めて経験するその種の店で、ぼくは何もしていないのに3万払わされた。それだけじゃない。女というものは「ええっ!?」と極端に驚いたり、「ふん」と溜息ついたり、「あーあ」と嘆息したり、そういうことを、男が勝負を賭けている時にやる。「どうしたのよ?」と髪掻きむしったり、「もういい」とこっち撥ねのけてパンツ履いたり、そういうことしていいのか？　ああ、涙が出る。

わが運転は栗東トレセン行き帰りが用途の8割だが、最近は車中でずっとロッド・スチュアートを聞いている。何度も聞いていると歌詞の分かる所が出てきて、ウッと凍りつく。ロッド・スチュアートは「リラックス・ベイビー」と言っている。「リ

＊疑心暗鬼＝特に初めての同乗者を乗せて運転するとき、「こいつ、オレのこと〝運転ヘタクソ〟と思ってるんじゃないか」と疑心暗鬼が渦巻く。

　ヒニク屋で知られる某アナを初めて乗せたときはひどかった。車を見るなり、「わあ、すっごいベンツですねえ」と言うのだ。マフラーの折れた廃車寸前の国産車に対してだ。それだけですでに腕に微かな震えがくる。

　トレセンから草津駅までほんの3キロほどの距離だが、「あれ、黄色で止まる安全第一運転なんだ」などとも言う。もういけない。逆上だ。ほとんど信号を見ずに走った。某アナ「アワワワ」と言ってシートベルトにしがみつき、二度と同乗させてくれと言わなくなった。

ラックス・ミー」ではない。

「リラックス！」という掛け声は、自分や自分の股間に向けて言うものだと思ってきた。ベッドで横になる女に向けて「リラックス・ベイビー」などと、そんな掛け声、とんでもない。そんなこと言わなくたって、やつらは十分リラックスしている。「リラックス・ベイビーって、リラックスするのはあんたでしょうが！」とすぐに言い返してくるぞ、やつらは。

でもこれが欧米騎手と日本騎手の違いなのかもしれない。ゲートの中で欧米騎手は「リラックス・ベイビー」と言って馬の首筋を叩き、日本騎手は「リラックス・マイ・ベイビー」と言って自分の股間を見る。

人馬共同作業の競馬では、この掛け声の違いが結果に表れる。そこから、ワールド・スーパー・ジョッキーズ・シリーズ（ＷＳＪＳ）＊で日本人騎手が勝つための秘策が生まれる。

ＷＳＪＳでは欧米騎手も日本馬に乗る。日本馬がいつものように顔振り向けて、「リッラクスするのはお前のほうやろ、外国人騎手」とツッコめばいい。面食らったままゲートが開いて、これなら十分勝負になる。

30年前にぼくが泣いたあのツッコみを、外国人騎手に言いなさい、日本馬たち！

＊ワールド・スーパー・ジョッキーズ・シリーズ＝１９８７年から２０１４年まで、おもに外国人騎手8名、中央競馬騎手7名、地方競馬騎手1名、計16名の成績優秀騎手を集め、多くの場合、暮れの阪神競馬で行われていた。土・日に各2レースずつ行われ、４レースの合計ポイントで「騎手」が順位を争う。
通常のレースと異なり、騎乗する馬は抽選で決められる。運が左右するが、「騎手の実力を計る」という課題の宿命とも言える。

過去28回で、中央競馬騎手12回、外国競馬騎手12回、地方競馬騎手4回の優勝。

２０１５年からは「ワールド・オールスター・ジョッキーズ」と名前を変えて、夏の札幌競馬で行われている。「夏競馬の目玉が少ない」というのが主たる変更理由だろうと思う。過去３回すべて外国競馬騎手が優勝している。

人生は残りの5パーセントで決まる

姫路の外れの中学校に通っていたとき、隣りのクラスに、裾《すそ》が異様に開いたズボンを穿《は》き、おじさんのようなワニ革ベルトを締めた数人の集団がいた。

学校のバス旅行で、ぼくのクラスはその隣りのクラスと同じバスになった。どうか平穏な座席になりますようにと願ったが、何とそのグループのリーダーと隣同士になってしまった。

制服の下にナイフを常備しているという噂もあって、「ああ、いやだあ」とただうつむいていたら、「これ」などと言ってくる。

「うわ、何か話しかけてきた。どうしよう」と思ったが無視するわけにもいかず、顔を上げると、「この〝非常口〟という字」と、リーダーはバスの窓に書いてある、タテ書きされた〝非常口〟の文字を指差す。

「外から見ても〝非常口〟やな」

「はあ?」

「中から見ても〝非常口〟、外から見ても中から見ても〝非常口〟や」

タテ書きの「非常口」は左右対称だから、内から見ても外から見ても「非常口」だと言いたかったようだ。

「あ、なるほど。へえ」と相づちを打ったが、大いに疲れた。不良で売ってるコワモテ中学生が、何で〝非常口〟の文字なんかに興味をもつんや！


20年ぐらい前にも忘れられない出来事がある。初めてわが競馬単行本が出たとき、田原成貴《たばらせいき》（当時騎手）が「出版祝い」として料亭でご飯を食べさせてくれて、そのあと「お茶屋に行く」と言い出した。

「お茶屋って、あの芸妓さんや舞妓さんがウロウロしている所？」と聞くと、横にいる小林常浩（当時調教助手）が、「オッサン、つまらんこと聞くな」と叱責する。「でもお茶屋なんて初めてで」と言うと「田原がやるようにやりゃええんや」とまた叱責だ。たぶん小林おじさんもお茶屋経験はあまりないと思うのだが、とにかく自分が弱いと思ったら自分よりさらに弱い者を見つけて立場を保つのが小林常浩の得意流儀だった。

田原成貴が靴をパッパと脱ぎ散らして、店の女将に「昨日あそこで寝ちゃってさあ」などと座敷に上がるもんだから、ぼくも仕方なく、靴を脱ぎ飛ばして、「ぼくも二日酔いで」などとわけの分からないことを小さくつぶやく。

広い座敷に朱塗りの大きな座卓で、「あんたが主役だから」と床の間を背に座らされる。3人大きく離れて座って、横にそれぞれ芸妓さんが付く。

「もっと3人、近寄って飲もうや」と訴えるが、すぐに小林おじさんが「オッサン、無粋なことを言うな」と無言で厳しく首を振る。

こうなるともう飲んで緊張をほぐすしかない。芸妓さんは、ちょうど岩手わんこソバのおばちゃんが客のソバ碗を見るように、客が盃を空けるやいなや酒を注いでくる。息つく暇がない。だんだんフラフラになって、でも田原成貴を見ると、自分が飲むとシャッと水で盃を洗って芸妓さんに勧めている。「ああ、この桶の中の水は飲むんじゃないのか、盃を洗うのか」と悟り、ジャボジャボ洗って芸妓さんに渡すと、すぐに小林おじさんが「オッサンはアライグマか」と大声で叱責してきた。

いや、お茶屋初体験は緊張の連続だった。*


いや、言いたいのはそこじゃない。このお茶屋に行く途中、タクシーに乗ったのだが、田原成貴はぼくら2人を後部に乗せて、自分はさっと助手席に座る。トップジョッキーはすごいと感心した。

でも四条の有名な焼肉店の横を通ったとき、田原成貴が不意に後ろを振り向く。

＊緊張の連続＝締めくくりは帰りのときだった。
「さあ、そろそろ引き上げようか」というとき、もちろん田原成貴がもってくれるのだが、「いくら?」とか「勘定を」とか一切言わない。財布持って帳場に行った気配もない。ただ玄関に行って、きれいに並べ直された靴を履いて出て行くだけだ。店のおかみさんも「あの、お勘定を」とも言わないし、もちろん「食い逃げだ!」と叫ぶ者もいない。

あとで聞いたら、まとめて常連さんの所に請求が来るものらしいが、とにかく「お茶屋」というところに行ってカネの話をするのは無粋の極みらしい。「お銚子1本いくら?」とか「芸妓さん、1時間横についたらいくら?」とか、そんな質問をする客は下の下らしい。二度と行くことはないだろうが、富裕層カルチャーの一端に触れた体験だった。

「この天壇《てんだん》という店なんだけど……」

「何だ、何だ、この天壇という焼肉店に何かあるのか。何かいけないことでもあるのなら、及ばずながら」と思っていると、

「この〝壇〟は〝日〟に〝一〟の、一旦停止なんかの〝旦〟か？　それとも下まで続いてて、〝弁護士且《か》つ代議士〟なんかの〝且〟か？　どっちなの？」

と、片手の手の平を開いて、そこに字を書きながら、一生懸命聞いてくる。答えは分からないが、トップジョッキーのその姿にちょろっと感動してしまった。


評判の不良中学生が「非常口」にこだわり、ＧⅠ（級）15勝のトップ騎手が「壇」にこだわる。そこに感動するし、人間というのはもともとそういうものかもしれないと思う。

一流の人間は多くの能力や技能、興味や関心を持っているが、その一部が優れていて（不良中学生を一流というのは変かもしれないが）有名になっているんだ、きっと。

たとえばイチローや大谷翔平のような有名選手でも、サカムケに悩んだり、鼻毛切っていて鼻皮を挟んだり、耳掻きはどうして恐る恐るやってしまうんだと落ち込んだり、たぶん95％までは凡人と同じだ。きっと残りの５％に過ぎない、優れているのは。

ギャンブル依存症診断

『ギャンブル依存症』*という本を読んだ。この本、あちこちでズキズキする。とりあえず、文中の診断基準に若干の乗峯アレンジを加えて紹介してみよう。

①カネに困ったとき「何とかしよう」と競馬をしたことがある。
②競馬のために不眠になることがある。
③よいことがあると、競馬をやって祝おうと思う。
④一文無しになるか、レース終了でないと、競馬を終えられない。
⑤電車賃を残して馬券を買うと、卑怯なことをしている気になる。
⑥競馬をしていないとき、皆が馬券を買っているのに、自分だけが買っていないような幻想を持つ。
⑦新聞の出走表が目に入ると、知らぬ間に予想をしている。
⑧このままではダメだと教会へ行ったら、牧師が場立ちの予想屋に見えた。

*田辺等『ギャンブル依存症』(NHK生活人新書)

⑨「現場に行くだけならいいだろう」と競馬場に行き、「遊びならいいだろう」と自分を納得させて馬券を買ったことがある。

⑩家庭内詐欺、家庭内横領、家庭内窃盗して馬券を買ったことがある。

10点満点の自己採点で、乗峯はオール的中の満点獲得、「ギャンブル依存症・在校生総代」だ。しかし、競馬人間ならこの10項目ぐらいは常識だろう。

『ギャンブル依存症』は途中でアルコール依存＊との比較を行っている。「なぜ酒飲むの？」と聞かれると、アルコール依存者は「恥ずかしいのを忘れるため」と答えるらしい。「何が恥ずかしいんだ？」には「酒飲むのが恥ずかしい」と答える。それがアルコール依存者のトートロジー（自家撞着）というわけだ。

ならば、「なぜ競馬をやり続けるの？」と聞かれたら、「競馬やるのが恥ずかしいということを忘れるため」と禅問答のように答えるのが真の〝競馬依存症〟である。

タイガー・ウッズが浮気・離婚問題ですったもんだしたとき、「タイガーはセックス依存症の治療を受けている」という報道が出た。これは衝撃だった。

タイガーが治療を受けるというのも衝撃だが、だいたい〝セックス依存症〟なる病気があること自体が驚きだ。タイガーはゴルフやってるときも、メシ食ってる

＊アルコール依存＝「アル中」について、ぼくが知っている中で一番鋭い意見は精神病理学者グレゴリー・ベイトソンの『精神の生態学』（思索社）の中に出てくる。ベイトソンはアル中克服には、次の2つが何より肝要だと言う。

①我々がアルコールに対して無力の存在であり、我々の生活がもはや手に負えないものであるのを認めること。

②我々より大きな〈力〉が、我々を正気に引き戻してくれることを信じること。

この2つの原則は「凡夫の我々は、ただ弥陀の本願によってしか救われない」という親鸞の言葉とよく似ている。「アル中」「ギャンブル中」の人は、これをよく心に留めておくことだ。

ぼくですか？　ぼくは必要とあらば酒もギャンブルも明日からでもやめられますよ。

ときも、「やりてえ、やりてえ」と考えてたわけか？　最低だね、そういうヤツは、と言いたいところだが、そう言い切れる男がぼくを含め、世の中に何人いるか。

　ぼくは昔、ウドン屋店主が目覚める小説を書いた。

「つらつら自分の頭の中を考えるに、8割は女の股ぐらのことだ。メシ食ってるときも、ウンコしてるときも、女の股ぐらを考えている。でもきっとキリストだって、アインシュタインだってそうだった。〝8割の女股ぐら〟に対して〝残り2割〟で隣人愛考えたり、相対性理論を考えたりしたから偉人となった。でも、残りの8割も総動員して〝セックス隣人愛〟や〝セックス相対性理論〟説いたら凄いことになったんじゃないの？　ワシはやる。〝セックスうどん屋〟だ。

〝当店はセックスを考えながらうどん食う店です〟と看板に書く。客には必ず質問する。〝お客さんいま何考えてます？　ダメ、嘘言っちゃ、セックスでしょ？　いいんですよ、うちはセックスうどん屋ですから、むしろセックス考えないお客さんのほうがお断りなんだから、ウフッ〟と微笑む、そういう店にする」

　こんな小説だったんだけど、文芸編集者に渡すなり、黙って突き返された。その編集者、自分の〝セックス依存症〟がバレるのが怖かったんだ、きっと。*

＊ここに〝セックスうどん屋〟のくだりを入れることを、本書の編集長も渋った。彼もエロを入れることに積極的ではない。しかし乗峯の書くものからエロを抜いたら、ほとんど何も残らない。編集長もそれはよく分かっている。分かっているが、それでも「乗峯本を出すか」と言ってくれる。ここにベイトソンの言う〝ダブルバインド〟が表れている。

①わたしはエロが書かれている本が嫌いだ。②「エロが書かれている本が嫌いだ」というわたしも嫌いだ——つまり編集長はエロ依存症であるということを告白することを逡巡している。

自分がエロに対して無力の存在であり、自分のエロ生活がもはや手に負えないものであるのを認めること——編集長、これを表明することがエロ依存症から抜け出す唯一の方法です。

ぼくですか？　ぼくはエロ依存など、その気になれば明日からでもやめられますよ。

以前、「8Rはケン（見送り）」と決めていたのに思わず買ってしまうのは、発売窓口から出てくる〝馬券買えウイルス〟を吸い込んだためだ、と主張したことがある。画期的新説だったが、誰一人同意しなかった。

しかし「依存症」の本を読んで考えが進んだ。つまり「伝染病」と「依存症」は同義であり、「人間、他人と同じことをするのはすべて依存症（伝染病）である」という結論である。

それは病原菌（ウイルス）が発見されているかいないかに関係しない。数万人が死んだと言われる奈良時代の天然痘も、野口英世渡航以前のアフリカ黄熱病も、誰も伝染病（依存症）とは考えず、〝神の祟《たた》り〟だと思っていた。伝染病＝依存症＝神の祟りは同じことを言っている。

ただ天然痘、インフルエンザ、それに覚醒剤のような死に至る伝染病と、セックスや恋愛や飲食や排泄のような、あってかまわない（どちらかというとプラス価値のある）伝染病の2種類があるということだ。

競馬は死に至る依存症なのか、あってかまわない依存症なのか、問題はそこにある。

キンシャサの奇跡

古い話だが忘れられない騎手のコメントがある。

2001年春天皇賞（オペラオー最後のGI勝利）の週、タガジョーノーブル*に乗る福永祐一《ゆういち》*は、「前走阪神大賞典の時は、逃げ馬に乗る時にやらなアカン事をつい忘れていた」と言った。その福永コメントを紹介するスポーツ紙記者は、「福永の言う技とは何か？　逃げの極意か？　考えると眠れなくなった」と書いていた。

ぼくは福永コメントを直接聞いたわけではないが、「やらなアカン事」が何なのかだいたい分かった。

この天皇賞の週、福永祐一はいつになく過激な言葉を吐いた。

「3000メートルを1分、1分、1分で駆ける」

「殺人的ペースで逃げる」

「誰も寄せつけない」

この天皇賞には、1年ぶりの復帰となる〝逃げの大家〟セイウンスカイ*が出る。

*タガノージョーブル＝牡。松元省一厩舎。97−03年。30戦6勝。長距離レースの逃げ馬と言われ、01年阪神大賞典（3000メートル）、01年春天皇賞（3200メートル）と逃げて、それぞれ4着、11着となる。

*福永祐一＝通算2093勝（本稿執筆時点）のトップジョッキー。18年ダービー勝利。父は983勝・年間最多勝利9回の実力を持ちながら落馬による大怪我で引退した福永洋一。

*セイウンスカイ＝牡。保田一隆厩舎。98−01年。13戦7勝。98年皐月賞、菊花賞で先行逃げ切りを果たし、ライバルであるスペシャルウィークを抑えて勝利。

そのセイウンへの牽制の意味もあったか。つまり、福永祐一の言う「逃げ馬に乗るときやらなアカン事」とは〝アナウンス〟である。別に競輪のトップ引きじゃないんだから、逃げ馬に乗る騎手が「殺人的ペースで逃げたい」などと思うわけがない。しかし逃げ馬に乗るときはこのアナウンスが要る。このとき福永祐一は〝キンシャサの奇跡〟のモハメド・アリの域に達していた。

1974年秋、32歳のモハメド・アリはチャンピオンのジョージ・フォアマンにアフリカ・キンシャサで挑戦する。＊徴兵拒否問題から3年のブランクがあり、すでに全盛期のスピードもパワーもないと言われるアリに対し、25歳の伸び盛り、40戦無敗のハードパンチャー・フォアマン。誰もが結果は明らかだと予想した。しかしアリはキンシャサで喋りまくった。

ほんと当時の映像を見ると、ボクシングそのものよりも、よくこれだけ言葉が速射砲のように出てくるもんだなあと感心する。でも、この喋りまくっているときから、すでにアリのボクシングは始まっていた。

「フォアマンはでかいミイラ男に過ぎん。オレは今ここでヤツを正式に〝ミイラ男〟と命名する」

「ジョージはパンチを読まれてるんだ、気をつけろ、左が来るぞ、バン！　今度は

＊アリがフォアマンに挑戦したころ、ぼくは大学にもほとんど行かず、昼も夜も真っ暗な東京大塚の部屋に籠もっていた。夜寝るとき、今日は何かしゃべったかなあ」と天井見上げてよく考えた。ああ、夕方、空蝉橋《うつせみばし》通りのカド屋食堂で「納豆卵焼き定食下さい」って言った、あれだけかなどと考える。

ぼくの部屋にはテレビがなく、このころの際だった映像は、すべてこのカド屋食堂のテレビで見た。「巨人軍は永久に不滅です」という長嶋引退セレモニーも、その1週間後の『キンシャサの奇跡』もカド屋のテレビで見た。

10月30日、キンシャサは早朝4時のゴングで、日本ではちょうど昼どきの中継だった。ぼくはまたカド屋食堂に出向く。隅っこの一番テレビに近い所に座って、いつもの納豆卵焼き定食を頼む。

でもテレビは別のチャンネルになっていた。何とかしなくてはと焦る。店の雪ちゃんに「チャンネ

右だ、バン！　覚悟はいいか、もう一度左だ、バン！」

「このキンシャサで市民全員に聞いてみろ、誰が世界一強い男か？ってな」

しかし試合は大方の予想通り一方的なものとなる。アリはただロープに詰まるだけ。アリのガードの上からフォアマンの丸太ん棒左右フックが打ち込まれて、ダウンは時間の問題に思われた。

しかしフォアマンが若干打ち疲れた。第8ラウンド、ロープを背負ったアリが一瞬反撃に出る。反撃といっても、ほんの4発ほど打っただけだ。でもフォアマンはもんどりうって倒れ、カウント8で起き上がろうとしてよろけて、もう一度倒れた。タイトル剥奪以来、アリにとっては7年ぶりの王者返り咲き、フォアマンにとってはプロ41戦目にして初の敗北となった。

「信じられません、キンシャサの奇跡です」とアナウンサーが絶叫した。

馬を走らせるのはレース中だけではない。騎乗戦5割、神経戦5割だ。

2001年春天皇賞は結果的に、横山セイウンと福永タガジョーの芦毛2頭が最後までハナ争いを演じ、最下位とブービーという典型的な共倒れとなる。しかし「殺人的ペースで逃げる」というレース前コメントと「絶対行く」という姿が、「福永、侮り難し」を印象づけた。


ル変えて」と言えばいいんだが、雪ちゃんに注文以外のことを言ったことがない。

万事に卑屈な穴居人は焦る。焦って何をしたかというと、自分の座っている丸椅子の上に立ってチャンネルをバチバチ回した。何という大胆な行動だ。

でも膳を持って出てきた雪ちゃんが「え！」と声を出すのと、食堂の客数人が拍手するのが同時だった。みんな、ボクシングが見たかったんだ。ぼくはキンシャサのアリのように小さくガツポーズする。

その雪ちゃんが、ある冬の晩、カド屋の近くの風呂屋の出口で待っていた。「さっき風呂屋に入っていくのが分かったから、ここで待ってた」と言う。それから「はい、クリスマスプレゼント」と言って、店の納豆パックの残りをビニール袋に詰めて渡してくれた。風呂屋の前で洗面器と納豆袋を持ち、ぼくは「北大塚2丁目の奇跡や」とつぶやいた。

それで思い出したのが、中学の理科の授業でよく聞いた、「この時ビーカーの重さは考えないことにします」とか「地面の摩擦は考えないものとします」といったフレーズだ。覚えている人も多いのではないだろうか。

でも「考えません」て何だ？　考えようが考えまいが、ビーカーの重さや地面の摩擦は存在するだろうが。

われわれ競馬ファンというのは、競馬場でレースが行われ、自分たちはそのレースと直接には関係ないところで馬券を買っていて、買った連中の中だけで当たったの外れたのと楽しんでいると考えている。

だが、その考えは間違っている。あなたの「オルフェーヴル勝てぇー！」という思いが微粒子と電磁波になってオルフェの大脳皮質に届き、最後の50メートルの伸びを生むことがある。われわれがどの馬を買うかはレースに決定的な影響を与える。＊

福永祐一が「殺人的なペースで逃げる」と言い、モハメド・アリが「世界一強い男は誰だ？」と問う、その一見相手と何の関係もないようなことが天皇賞やタイトルマッチの結果を変える。

「1番人気がオルフェで、2番人気がサダムで、3番人気がクレスコ？　でも、それってオレが馬券買う前の話だろ？」と、われわれがダービーを前にしてまず言うべきセリフはこれだ。

＊決定的な影響＝「ダービーで最低人気の馬は？　その馬にワシの小遣いを賭けたい」と男が窓口でたずねる。

窓口のおばちゃんが「最低人気はエーシンジャッカルですね。171倍つきます」と答える。

「そうか、じゃあ、エーシンに30億」と男は軽トラから万札入り段ボール箱を運び込む。

「すいません、エーシンジャッカル、1・2倍の1番人気になっちゃいましたあ！」とおばちゃん。

「なにぃ！　ワシの30億、いったいどうやったら最低人気馬に賭けられるんや」

と男が頭を抱えるという、そういうこともある。

野球部監督の秘めたる願い

もう40年近く前になるが、大阪の定時制高校に就職した。

大阪市内のアパートから泉南の高校まで1時間半かけて通う。学校に近い場所にも住めたが、場外売場が遠くなるのが嫌だった。電話投票もネット投票もまだない時代だ。土日ごとに往復3時間かけて馬券を買いに行くのは大変だった。*

深夜帰宅して、いつ日の目を見るか分からない原稿を書き、スポーツ紙を見て競馬予想する。退職までの丸4年、これが生活の2本柱だった。

でも赴任2年目に、ちょっとした事件が発生する。

土曜日の4限目、全生徒がどこかのクラブ活動に参加する時間があり、ぼくはソフトボールを担当していた。校庭に出ると生徒連中がタバコを吸っていたりする。新任教師の試金石場面だ。こういう時、ぼくの対応は終始一貫していた。見なかったことにする。「あ、蚊にかまれた」とか言ってうつむくと、生徒が気づいてタバコ揉み消す。阿吽《あうん》の呼吸だ。それから率先してラインを引き、審判をやり、球を拾っ

*馬券を買いに行くのは大変だった＝数々の場外馬券売場（現在はＷＩＮＳ）を回ったが、何と言っても強烈だったのは、２００２年に改装される前の旧大阪難波場外である。大学卒業後、大阪の定時制高校に就職したぼくは、自宅から一番近い難波場外に行ってみた。

駅に着くと、大勢の人間が南海ホークス難波球場に向かって歩いている。「何だ、南海ホースの試合はガラガラって、みんな言ってるけど、凄い人気じゃないか」と思っていると、その群衆はすべて野球入場券売場を素通りして外野に向かう。

そこで雰囲気が一変する。予想紙・スポーツ紙を売る出店が乱立し、怪しげなおじさんたちがコソ

て皆を鼓舞する。サッサと終わらせたかったからだ。

しかしこれが生徒たちに歪んで伝わる。「この先コウはすぐに生活指導にチクる古株と違って俺たちに理解があるし、スポーツにも情熱がある」と曲解された。

ある日こいつら数人に取り囲まれ「野球部つくろうや」と言われる。とんでもないことだ。定時制のクラブ活動は午後9時の終業から約1時間行う。

「お前ら、翌日も仕事なのに野球部なんて無理や。野球はそんな甘いもんやない」

ぼくには野球経験がなく、甘いか辛いか全然分からなかったが、ここは諦めさせるしかない。最大の危惧は試合で日曜が潰れることだ。日曜は競馬の日だ。時間外手当も出ない徒労仕事によって最大の楽しみを奪われてなるものか。


しかしこいつらがしつこかった。仕方なく、練習は週2回だけ、日曜は試合以外決して使わないという、〝勤労生徒のための〟制約をつけて顧問を引き受けた。*

しかし練習初日から壮絶な光景が広がった。野球経験者が3人いて、こいつらはよかったが、あとの6人が強烈、ゴロを取るのに膝を曲げるということを知らない。いやこんなこと、知る知らないの問題ではなく、ゴロが来たら自然に膝曲げるだろうと思うが、ヤツらはまるで前屈運動のように脚を伸ばしたままグローブだけ下げる。ぼくのような野球未経験者にも、この状況が悲惨だとすぐに分かった。


コソ話したり、ヨレヨレの服を着たおじさんがポケットから十円玉や五円玉を窓口に出して、おばちゃんと談判している。

　南海ホークス難波球場の外野の下が、ラビリンスの迷宮のように、あっちにこっちに、くり抜いてあって、そこに魔女の身の上相談のような暗い窓口が並んでいた。

＊顧問を引き受けた＝高校野球審判で有名な西大立目永《にしおおだちめひさし》の『必携・野球の審判法』（大修館書店）を買ってきて勉強もした。
　「言っていいかな？と思ったら言ってしまうこと」「ためらいがあるなら、ためらいの分だけ声を大きくすること」（ということが暗に言いたかったんだと思う）。

　これがこの本で学んだ人生の2大テーゼだ。これで何度失敗したかしれないが、いつか大穴大逆転があると信じている。

もちろんこれをノックで鍛えるのが監督の務めだ。「ほれセンター、大フライいくぞ」という大声と共にバットからは地を這うゴロが転がる。「フライが来そうにみえて強烈なゴロ、これが野球や」

「おーい、みんな上がれ、最後はキャッチャーフライや、ほれ」という声と共に打ち上げた打球がセンターに飛ぶ。センターノックの時には決して飛ばなかった見事なセンターフライだ。「センター何しとんや、取りに走らんか、キャッチャーフライに見えても、それをセンターがカバーするというのがオレの野球や」。

オレの野球も何もあったものではないが、大声だけはやめない。熱意からではない。「他の教師は帰ってんのに何で俺だけ残らなアカン」という悔しさのためだ。


1982年秋、初参加大会の1回戦は相手校を自校に招いてやった。恐れていた〝日曜つぶれ〟第1回が菊花賞の日だった。ハギノカムイオー＊断然人気だが、ぼくは小谷内《こやうち》秀夫騎乗のワカテンザン＊で勝負。朝イチに難波場外に行って買ってきた馬券を胸ポケットに忍ばせて部員を集める。

「ええか、バントはこう胸を触る。〝乳バンド〟や。〝待て〟はこう股を触る。〝待つボックリ〟やな。盗塁はこう人差し指曲げる。塁を盗むから」とサインを決める。

でもサインなんかどうでもよかった。定時制野球は7回制（21アウト）で、その

＊ハギノカムイオー＝牡。伊藤修司厩舎。82—83年。14戦8勝。83年宝塚記念勝利。華麗な血統を持つ期待の牡馬として、セリ市で当時の記録（5000万）を大幅に更新する1億8500万の高値を付け全国的に注目を浴びる。〝黄金の馬〟と呼ばれた。

＊ワカテンザン＝牡。戸山為夫厩舎。81—84年。20戦3勝。82年に皐月賞とダービーで共に2着となったのが光る。

試合、野球経験のある投手は17奪三振という離れ業を演じた。でも7対0で負けた。三振以外ではアウトを取れなかったからだ。

フライでもゴロでも前に飛んだら決してアウトにならない。「二塁ゴロ」と思っても二塁手がトンネル。「走者一塁か」と思うとライトもトンネル。あっという間に二塁ゴロが本塁打になる奇跡野球のオンパレードだった。

しかし、監督はその悲惨な試合を嘆いたかというと、これがそうでもない。校内巡回のラジオ下げた警備員のおっちゃんを手招きし「おっちゃん、ラジオ、競馬にして。今日菊花賞やねん」と監督はグラウンドを背に小声を出す。

「先生、コールド負けしそうです」とキャプテンが言ってきたら「これが野球の厳しさや」と返事して、監督はまた後ろを向き「え？　ホリスキー*、ホリスキーが勝ったんかいな、ワカテンザンは？」と小声を出してポケットの馬券を握りしめる。

彼らと結局3年間（定時制は4年制）つき合ったが、最終年にはさすがに上達してきて試合に勝ったりするので参った。

「よくやった」と握手しながら「来週はオークスで、その次はダービーやからな、次は絶対負けろよ」と念じていた。

＊ホリスキー＝牡。本郷重彦厩舎。82−84年。19戦5勝。82年菊花賞を当時のレコードタイムで勝利。
ちなみに、このレース、ぼくが買ったワカテンザンは7着だった。

8

汗と涙と恥の日々を語ろう

競馬ライター稼業

運転なんかしたくない

運転免許を取って40年になる。マイカーを持ってからでも35年だ。しかし岡山県北の実家に中国自動車道で帰省するとき以外は、ほとんど乗らなかった。ある年の正月、岡山から大阪に帰るときに兵庫県山崎あたりの山中で猛烈な吹雪になり、どの車も路側に停めてチェーン装着を始める。

「お父さん、この車、チェーンあるの？」と嫁が聞く。

「チェーン車載は道路交通法で義務づけられとる」

「じゃ装着したら？」

「何を？」

「チェーンよ。どの車も装着してるよ」

「ええか、チェーンのことは金輪際口にするな」

とハンドルにしがみつき、ワイパーの隙間から前方睨んで命を賭けた。免許取って40年間、一度もタイヤにチェーンを着けたことがない。自動車教習所で教えられた記憶があるが、そんなこと憶えているわけがない。

中古で買った車もだんだんガタが来て、マフラーが真っ二つに折れたのも中国自動車道だった。特に折れた後ろ部分が下に落ち、進行方向に対してつっかい棒のような形になり、暴走族のような猛烈な排気音は出るし、垂れたマフラーが路面と擦れてギギギギと音を出し、煙すら上がってきた。

「お父さん、煙出てるよ、どうすんの？」

「どうすんのって、お前は瑤泉院《ようぜんいん》＊か。クラノスケ、そちゃ、どうするのじゃ？　クッソー、このままインターまで行くんじゃ」

と言いながら、ほんとに車炎上して死ぬんじゃないかと思った。

とにかくできるだけ運転せずに生きていきたいと願っていた。


しかし26年前、スポニチの当時のレース部長が「とにかく栗東トレセンに行ってください。あなたのコラムはそれを売りにしますから」と言う。

「トレセンには愛駿《あいしゅん》寮というマスコミ用の宿泊施設がありますが、いつも一杯だし、申請面倒臭いし、それでも泊まりますか？」

「いえ、あ、ぼくは記者じゃないし」

「朝早く大阪の家を出れば間に合いますから。車は乗りますよね」

＊瑤泉院＝赤穂浪士の討ち入りで知られる赤穂藩主浅野長矩《あさのながのり》の妻。夫の死後、瑤泉院と称した。「ようぜいいん」（呉音）は誤読で、「ようぜんいん」（漢音）が正しい。

「はい」
「とにかく栗東インター出て、左へ左へ進めば標識出てますから」と言われる。怖かった。名神なんて走るのは初めてだ。「あ、ここは昔、大事故のあった天王山トンネルじゃないか」とハンドルにしがみつき、早く出口来いと祈った。*

栗東トレセン内、普段と違う所に車を走らせていたら、突然目の前に「進入禁止」標識が出現した。赤い大きな丸に白一文字の、一般道でもよく見るあの標識だ。

ここ、一方通行だったのか！ トレセン内の道路標識にどれぐらい効力があるのかよく分からないが、とにかく根が律儀なぼくは、「引き返さなきゃいけない」と猛然と切り返しを始める。でも車2台分ぐらいの道幅で車を反対向きにするのは大変だ。両側の縁石にぶち当たってほとんど立ち往生状態になる。パニックだ。

そこはちょうど、よく行く松田国英厩舎の裏だった。誰かが見ていたようで、「ノリさん、ちゃうんか」てなことで、同時に5、6人が一斉に飛び出してきた。

嬉しいなあ、さすが旧知の人たち、助けにきてくれたんだ、と思っていると、「写真撮れ、写真、こんな所で立ち往生する車、初めて見たぞ」と全員手にカメラ持って、バシバシ、シャッターを切る。それが済むと急激に全員引き返してしまった。あとは空しく一人、20回ぐらい切り返してやっと脱出した。だいたい厩舎の休憩室なの

*祈った＝クリスチャンではないが、敬虔なぼくはトンネルだけでなくガソリンスタンドでも祈る。

スタンドのレーンにやっと車を入れたと思ったら「いま混んでますから一度バックして隣のレーンに入ってもらえますか」と言われる。

なんでそんなこと言うんや？ 案の定バックの途中で壁際のコーンを3、4本なぎ倒す。「あ、係員がこっち見た。きっと〝ヘタクソやなあ〟とか思ってるんや」と得意の疑心暗鬼状態、もういけない、逆上である。

「キャップ開けて下さい」という声にレバーを引くと、「お客さーん、トランクが開きました」と大声。「そうや、俺は昔からトランクにガソリン入れるのが好きなんや」と意味不明の悪態をつく。

「点検しますのでボンネット開けてもらえますか。あ、お客さーん、ワイパーが動き出しました。あ、車が動いてます。お客さーん、サイドブレーキ引いて下さーい！」

に、なんでみんな、あんなにカメラを持ってるんだ。

しかし歳月というのは恐ろしい。相変わらずトレセンと帰省（今は墓参りになったが）ぐらいでしか車は乗らないが、豊中・栗東往復の道なら鼻唄歌いながら行ける。

しかし落とし穴もあった。ある夏の午前5時、大阪中央環状から名神吹田インターに入る手前、「遅刻するやないか、お前ら何トロトロしとんじゃ」とアクセル踏んだら道路脇で閃光が上がった。

「それはオービスというスピード違反取り締まりシステムだ」と教えられ恐々としていると、しっかり3週間後、吹田署から「お聞きしたいことがあります」という葉書が届く。

「おい、ついに警察署からもインタビューの申し込みが来たぞ」と葉書を見せながら嫁に言ったが、嫁は笑いもしなかった。

吹田署に出向くとお巡りさんが写真を出し、「きれいに撮れてるでしょ？」と言い、「ほんとに、ハハ」と微笑み合い、7万取られた。クッソー！

人生の不条理を噛みしめる

「あ、オヤジか」と、いつもの声で電話が掛かってきた。小林常浩（当時は安田伊佐夫厩舎の調教助手）からだ。

「いま、金沢からの帰りや。今日はよ、キソジゴールド*が1着でメイショウガイセン*が2着。まあまあやな」

安田厩舎の馬が1着と2着で上機嫌だ。すでに受話器から酒の匂いがする。

「はいはい、よかったね」

と、こっちは若干投げやり口調だが、これが愛情あふれる電話というものだ。

「ちょっと、隣りと替わるからよ」と言う。

常浩おじさん、酔った電話でいつも周りと交替する。こっちには誰だか分からないので、そのたび困惑する。

「ええ加減にせえよ、切るで」と吐き捨てていると、

「どうも、武豊です」

*キソジゴールド＝牡。安田伊佐夫厩舎。92−97年。60戦8勝。97年4月29日、オグリキャップ記念（岐阜・笠松競馬場）勝利。

*メイショウガイセン＝牡。安田伊佐夫厩舎。95−99年。32戦4勝。97年4月29日、ＭＲＯ金賞（金沢競馬場）2着。

「は？」

「武豊です」

「えー！」とメチャクチャ素っ頓狂な声が出る。*

「本物ですかあ？（声が高い）」

「ええ（と武豊の穏やかな笑い）」

「今日は？」

「1着でした」

「凄い、じゃあキソジゴールドで？」

「いやキソジは笠松です」

「そうか、じゃあいま笠松？」

「いえ金沢です」

「え、金沢で笠松勝ったんですか!?」

もう何が何だか分からない。


あとで調べると、この日、金沢競馬場のMRO金賞という交流重賞*で、武豊が騎乗したコーヒーブレイク*が1着、常浩おじさんが臨場したメイショウガイセンが2着だったらしい。だから2人が同じ場所にいた。キソジゴールドが勝ったのは、笠

*素っ頓狂な声＝ここだけ読むと、ぼくが相手によって大きく態度を変えているみたいだが、それは違う。相手が酔っ払いであってもスターであっても態度を変えないのがぼくのポリシーだ。家族は「突然天皇陛下が電話に出てきのかと思った」などと意味不明のことを言っていたが。

*交流重賞＝中央競馬・地方競馬の所属に関係なく出走することができる重賞レース。

*コーヒーブレイク＝牡。金田一昌厩舎。94－00年。59戦6勝。

松競馬場（岐阜）の交流重賞オグリキャップ記念だった。ちゃんと言ってくれないと分からんよ。

でも本当の〝わが金沢事件〟はその半年後、そのキソジゴールドを巡って起きた。木曜夜に草津で武幸四郎を囲んで、常浩おじさんと3人で競馬雑誌のための座談会。騎手が帰ったあと2次会で飲んでいると、「オヤジ、今日栗東のオレんとこに泊まって、明日、金沢・白山大賞典行くべ。ウチのキソジ使うんや、一緒に行くべ」

「いや、明日は予想コラム書く日だから、今日は帰らんとアカン」と言うと、おじさんは「う？」と首を捻り、

「あんた、まさかウチのキソジなんか負ければいいとか思ってないか？」

「そ、そんなこと思ってないよ」

「応援したくないとか思ってんじゃないか？」

「そりゃ応援したいよ」

「じゃ決まった」

「いや、明日は予想書く日やから無理なんや」

「予想、予想って、ショーモナイ、当たりもせんのに。今からチョチョッと書けばええやないか、どうせ鼻くそ飛ばして本命決めてんのに。ええか、明日、京都10時

＊人生の不条理を思った＝それを思ったのは金沢行きのときだけではない。

初めて小倉に行った92年のことだった。予想コラムを書いていたスポニチの旅費持ち取材である。喜び勇んで土曜朝、小倉に着くと台風襲来で「小倉競馬中止」という大看板が出ていた。

「どうしましょ？」と駅の公衆電話から大阪本社に電話すると「とにかく競馬場に行って下さい、記者がいますから」とレース部長にあっさり言われる。

仕方なく外に出ると、横殴りの暴風雨に体が押される。競馬場行きのモノレールは当然運休、タクシーを探すが見当たらない。オチョコになった傘を捨てて数百メートル歩き、ようやくタクシーを発見、通り過ぎようとするのを無理矢理止める。

「社命でどうしても競馬場まで行かないといけないんです！」とドアの外から絶叫する。社命でも何でもないし、第一ぼくは社員でもないが、この際何でもいい。

運転手は窓の中からズブ濡れのこちらの様子を眺める。

の雷鳥で行くからな」

その晩、小林家の寝室、グーグー高イビキのおじさんの横でコソコソと〝ショーモナイ〟想定予想を書いてファクスで送信、金沢へ帯同することになる。

でもこれはいい。地方競馬へ行くのは嬉しいことだし、多少苦労しても有り難い誘いだと言える。

しかし最大のショックは翌朝、タクシーに一緒に乗り込んだときに起きた。

隣のぼくを見て、おじさん「あれ？　あんたも金沢行くんか」と言った。

マジか？　すでに昨日の2次会以降は覚えてないのだ。

「あんた、今日はスポニチの予想原稿の日と違うんか。うん？」

「……」

「フーン、ワシら休日でも仕事で馬の臨場に行くわけやけど、あんたはバクチ三昧いうことか、フーン、ええ身分やな」

ワナワナ震えるコブシを押さえ、人生の不条理を思った。*


「あ、シートは濡れないようにずっと立っときますから」とまた叫ぶ。

「もう車庫ば戻るつもりでおったとが……」

「小倉じゃなかですか？　無法松の街じゃなかとですか？」

と急に九州弁を使って訴える。全く思いつきだったがこれが案外功を奏す。

「よかよ、乗りんしゃい」と運転手、無法松の口調でドアを開けた。

タクシーから降りて競馬場記者室に上がると永井晴二記者（現共同通信所属）がいた。ぼくは頭や袖からボッタンボッタン滴を落としながら安堵する。

「苦労したけどやっと着きました」と息切らせて報告すると、永井さん呆れた顔で「雨上がってから来たらよかったのに」と言った。

百万馬券は取ったけれど

「カップ麺ていくらって？　カップ麺ていったら400円ぐらいでしょ？　え？　そんなにしない？」と麻生太郎首相（当時）が国会で答弁して「総理には庶民感覚がない」とか何とか問題になったことがある。*

でもぼくなんか、考えてみれば、庶民感覚とおさらばしたいとそればかり願って生きてきた。カップ麺は170円が相場とか、そんなこと知っていたくない。

「カップ麺っていったら、あれはおいしいから4万円ぐらいするんじゃないの？　え、そんなにしない？　170円？　170円硬貨1つ分？　え、そんな硬貨ないって？　あ、そうなの」とか、そういうことを言いたい。

「お、奥さーん、えらいことですぅー！　おたくの廃品回収の中に狩野永徳の屏風と横山大観の掛け軸が入ってました、2つで時価1億ですーぅ」

と自治会の役員が慌てて言ってきて、

「あら、そーお、カビ来てるから、こんなの捨てちゃおうとか思って、うふふ、私っ

*調べたら2008年のことだった。麻生さんのコメント、最近ますます暴走ぶりに拍車がかかって目が離せない。
　だが、最近の政治家の発言でいちばん気になっているのは、安倍晋三首相（本稿執筆時点）が国会で行った例の有名な答弁だ。
「わたしやわたしの妻は（森友学園に関する）国有地払い下げに一切関わってないと断言します」と言った。「もし関わっていれば、総理はもちろん議員も辞めます」とまで断言した（のちに「収賄に関わっていれば」と得意の〝定義変更〟を行った）。

てほんとにウッカリ屋さんね」と頭掻くような、そんな身分になりたい。

サブプライム・ローン破綻とか、よく分からない理由で世界同時株安になり、世間一般、暗澹たる気持ちになった時期がある。株というもの、いまだによく分からないが、世の投資家が「そろそろ買いか、いや、まだ下がり続けるかもしれんぞ、ここはまだ様子見だな」などと自分の小銭稼ぎ（小銭といっても、そりゃぼくらの想像できない金額なんだろうけど）のために小賢しい智恵を働かせるからだめなんじゃないのか。

「そうか、世界の皆さんが暗い気持ちになっておられるのか、こりゃ一肌脱がにゃならんの、そうだろ銀蔵？」などとそばに控える番頭に目配せして、パンと下腹一発叩いて前に出る。「買って、買って、買いまくりじゃ、銀蔵。値が上がろうと下がろうと関係ない。今まで私に蓄えさせて下さった世界の皆さんへの恩返しじゃ。何があろうと買いまくるのじゃ、銀蔵！」

そういう〝小倉の無法松〟のような男が現れればいいんじゃないのか？　アメリカの〝ロスチャイルド無法松〟と、アラブの石油王〝モハメド無法松〟と、香港リー財閥〝カンフー無法松〟と、世界に3人、あとさき考えない無法松が現れれば、それで済む話なんじゃないのか。何百兆円資産があってもカネ持ちというのは下腹叩

「わたし」はいいとしても、「わたしの妻」のことをどうしてそんなふうに断言できるんだろうか？自分が一緒にいないときの妻のことをそこまで断言できるというのは、逆に「どんな夫婦なんだ。監視カメラでも付けてんのか？おかしいんじゃないのか」と言いたくなる。

かないものなんだろうか？
「カネ持ちっていうのはいったいどんなこと考えるんやろ」という疑問は昔からよく頭を巡っていた。ごく普通の一般競馬人間のころは、それでもそれはただの絵空ごとに過ぎなかった。でも37歳にして〝競馬マスコミ端くれ中途採用〟となってからは（ロスチャイルドやアラブ石油王とまではいかないが）カネ持ち族の行動の一端を垣間見る機会ができた。これはハードなカルチャー・ショックだった。

競馬予想を始めて4年目ぐらいのころ、京王杯スプリングカップでドゥマーニという人気薄（17番人気）の外国馬が勝って馬連《うまれん》8万6000円という高配当が出た。ぼくはこれを予想で当て、個人的にも1000円買っていて、単・複と合わせて100万というカネを獲得した。＊それまでの20年馬券生活で初めての大金である。

このときぼくは何をしたかというと、騎手・松永幹夫ら高収入人間の集まりの中でサッと両手を広げ、「ここの寿司屋は任せろ」とデカい声を出した。予想書いている新聞レース部には「いつも当たらなくて悪いね」などと皮肉の手紙を添えて祝儀10万贈った。

家に帰ると、折り込み広告の裏に坂を滑り落ちるトンボが描いてあった。「競馬アリ地獄に落ち、青空に向かって空しくクロールするトンボ」などと矢印を引いて

＊100万というカネを獲得した＝100万馬券などめったにあることではないが、ぼくはもっとあり得ない体験をしている。「お前にはそれしかないのか」と言われるほど何度も書いたが、元を取るにはまだまだ書き足りない。
　今は昔の96年、コラムのネタにするために自主的に始めた「GⅠ複勝コロガシ（当たったら払い戻しをすべて次のレースに注ぎ込む）」が、桜花賞からオークスまで望外の6連勝、千円の元手が63万まで膨れあがった。そのころになると、スポニチ（関西版）でも大きな扱いになり、7戦目のダービー前日に63万の馬券の写真が欲しいと言われた。
　前日は原稿や何やかやで忙しかったが、とにかく梅田WINSが閉まる午後5時までに行って、63万の複勝馬券を買わないといけない。オークスの当たり馬券の払い戻し63万をポケットにねじこみ、ダービー狙い馬（そのときはイシノサンデーを買った）の複勝を買った。買ったつもりだった。

注釈が書いてある（嫁が帰ってくる亭主に見せようとしているのだ）。

その横でいつものようにヨダレを垂らして嫁が寝ている。その鼻先に30万を差し出す。カネの匂いに飛び起きた嫁に「幸せになれ」と捨てゼリフを吐いた。

そして残りの50万は翌日ソソクサと自分の口座に預金する（つまりぼくの豪気は50万が限度だったということだ）。これが何を意味するかというと、事細かな使途明細を覚えているほど、それほどわが競馬人生において100万というカネは大きかったということだ。

しかしである。考えてみれば世の中には毎日百万あるいはそれ以上儲けている人間だっている。ぼくの親戚や友人にはいないが、競馬マスコミの端くれに加わってみると実感できる。騎手・調教師、さらにその上には〝なんぼほど儲けとんねん〟という馬主階層がいる。

たぶん日本には、あるいは世界には、そういう〝毎日百万〟の人間が腐るほどいるのだ。そしてそういう人間というのは、毎日、「この寿司屋は任せろ」と大手を広げたり、毎日「幸せになれ」と嫁に30万投げつけたりはしない。もっと日常的に、淡々と「あ、今日の百万ね、そこ置いといて」などと、書類から目を離さなかったりするんだ、きっと。それが悔しい。

庶民感覚から、一生に一度でいいから離れてみたい。

場内アナウンスは「間もなく窓口を閉め切ります」と繰り返すし、持ち慣れない大金を持っているし、すでに平常心ではなかった。

カメラマンとの待ち合わせの喫茶店に行き「やっと買えました。イシノサンデーの複勝」と、カメラの前に63万馬券を出す。しかしカメラマン、ふと首を傾げてファインダーから目を外し、「それ、単勝ですよねえ？」と馬券を指差す。複勝は配当は安いけど3着まで当たり、単勝は配当はいいが1着だけ当たりだ。

体から血の気が引くというのは本当にあるんだと、そのとき思った。あわててWINSに引き返したがシャッターが下りていた。

そうは言っても新聞コラムに書いている「複勝コロガシ」だ。複勝を買わないわけにはいかない。仕方なく、家のカネを総ざらえし、スポニチからも30万借りて、翌日、新幹線で東上、東京競馬場で63万の複勝を買い直した。

単・複合わせて126万の馬券は2分半で紙くずになった。

競馬新聞をはじめて買った日

競馬専門紙というのがある。その日の全レースの情報・予想が詳しく載っていて、同じく出走表・予想が載っているスポーツ紙より、やや値段が高いが、「スポーツ紙の競馬面を見て馬券を買っている人間より、専門紙を見て馬券を買っている人間のほうが競馬に精通している」というムードが若干漂う。

ぼくは初めて馬券を買ったのが１９７６年の「トウショウボーイ*とテンポイント*の一騎打ち」と騒がれたダービーだった。大学の友人が「あした競馬場にダービー馬券買いに行くけど、乗峯はどうする？」と聞かれて、俄然その気になる。競馬初体験である。*

「すまん、２千円だけ渡しとく。買い目は明日の朝、電話するから。ちょっと時間をくれ」と言う。ダービーの馬券を買う者が即座に買い目を言える訳がない。最低でも一晩は考えないといけない。

山手線大塚の駅前通りを下宿のほうに歩いていくと、本屋の店頭に「第43回日本

＊トウショウボーイ＝牡。保田隆芳厩舎。76－77年。15戦10勝。GⅠ級4勝。テンポイント、グリーングラスと共に「TTG時代」をつくり、「天馬」と称された。

＊テンポイント＝牡。小川佐助厩舎。75－78年。18戦11勝。GⅠ級2勝。

＊競馬初体験＝当時は成人していても学生は馬券を買ってはいけないとされていた（でも買ったわけだけど）。現在は成人していれば学生でも大丈夫です（念のため）。

ダービー」と大きく書かれた競馬専門紙が並んでいる。馬券を買う者は、まずこの〝競馬新聞〟というのを買わないといけないと信じていた。何も分からないから、そのうちの一つを掴んで、店の奥のレジに持って行く。「いくらですか?」とは聞けない。競馬新聞の値段を知らないようなやつが競馬をやる訳がない。

ぼくは悠然と50円玉を店のおじさんの前に置く。当時、一般紙の朝刊が40円、夕刊が20円だった。あの大きな新聞が40円や20円なんだから、この小さな競馬新聞は20円か、30円か、「釣りはどっちでもいいよ」と言う雰囲気で50円玉を出した。

店のおじさんは、老眼鏡をずらして「はあ?」という顔でこっちを見る。「しまった。50円より高いのか」と思い、「あ、こっちと間違えた」などと言って、慌てて１００円玉と取り替える。

「１５０円」とおじさんは冷静に言い放った。朝刊40円の時代に競馬専門紙は１５０円だったのだ。* ぼくはひっこめた50円玉もレジの皿に置いて合計１５０円にして、ひったくるように専門紙を下宿に持って帰って熟読した。

翌朝「やっぱりトウショウボーイ・テンポイントを買うしかない」と友達に電話し、前日渡した2千円と、想像以上に高かった競馬新聞代１５０円をただの紙くずに替えた(クライムカイザー*という、競馬新聞では誰も本命にしていない馬が勝った)。

*競馬専門紙の値段＝いま一般紙朝刊は１５０円、スポーツ紙は１３０円(または１４０円)の時代になり、競馬新聞は５００円である。でも、ぼくは競馬場に行ったら死ぬ気で競馬新聞を買う。それは、今でも「競馬新聞読んでるやつはスポーツ紙競馬欄を読んで馬券買うやつよりレベルが高い」という、〝当たる〟〝当たらない〟とは全然関係ない、迷信に近い言葉を信じているからだ。

*クライムカイザー＝牡。佐藤嘉秋厩舎。75―77年。21戦5勝。76年ダービーを4番人気で勝つ。

トウショウボーイは1番人気で2着、テンポイントは2番人気で7着だった。

競馬予想の舞台裏

競馬予想にはいろいろな〝流派〟がある。

①血統派——その馬の血統を重視する。

②タイム派（指数派）——過去のレースタイムを馬場状態などを加味して指数化し、それに基づいて予想する。

③パドック派——当日のパドックでの馬体の状態を重視する。

④出目《でめ》派——過去のそのレースの出目（当たり番号）や、その日の出目を重視する。誕生日と同じ番号の馬券を買うといった方法もこれに入る。

⑤予想家依拠派——自分では予想せず、「○○紙の××さんの予想のまま買う」。

ぼくの場合は、1980年代後半、テレビ録画機を買ってからは「中央競馬ダイジェスト」という番組を毎週必ず録画して、ビッグレースの前には、出走馬たちの

＊トラックマン＝競馬専門紙の記者を「トラックマン」という。スポーツ紙の競馬担当は「競馬記者」、一般紙は普通に「記者」とだけ言うが、競馬専門紙の記者だけはなぜかこう呼ぶ。

「trackman」の「track」にはいろいろな意味がある。

①人や物などの通った跡。軌跡。

②レール。鉄道線路。

③人が通ったためにできる小道。

④陸上競技場などの走路《トラック》。

競馬馬にもトレセンにもトラックがあるから「トラックマン」は④の意味から来ているのだろう。

だが、待てよ。野球やゴルフなどで、球の速度や回転などをコンピューターで事細かく分析する機

前走や前々走などを繰り返し見る。着順は悪いが、どこかで前の馬に進路をふさがれるような不利があったのではないかと、重箱の隅をつつくように検証する。名前を付ければ「⑥ビデオ派」である。

1988年菊花賞のスーパークリークや、1990年菊花賞メジロマックイーンは、それぞれの前哨戦である京都新聞杯や嵐山ステークスで大きな不利を受けていることを発見した。小躍りしながら馬券を買い、バッチリ当てた。ビデオ派の面目躍如だった。

仕事で栗東トレセンに行くようになり、有力馬の追い切り（レース前の最後の全力疾走）を見るようになったが、追い切りなんか見ても分からない。そりゃ毎週見ているトラックマン*のような専門家には分かるのかもしれないが、GI直前にだけ行って追い切りを見ても「速いなあ」で終わってしまう。どの馬も〝速い〟のである。

「競馬は深夜。一人でビデオ機をガチャガチャしながらやるもの」という信念は変わらなかった。

しかし、何年もトレセンに通っていると、微妙な変化が起きる。好きな厩舎、嫌いな厩舎ができる。

元来が緊張するタイプだから、取材依頼を受けるとガチガチになって調教師を訪

械があるが、この機械、「トラックマン」と呼ばれている。ミサイル開発で生まれた技術を応用した分析機器らしいが、ボールの〝軌跡〟を後追いする機械である。だとすれば、競馬のトラックマンも①から来ているのかもしれない。

走りの分析だけでなく、馬が生きてきた軌跡、騎手や調教師や厩舎スタッフたちの生きてきた足跡を細かく追跡取材して、馬の生き方、人の生き方を分析・探求する職種の人間なのかもしれない。

「あなた、どうして、わたしの過去がそんなに分かるんですか？」

「ふふふ、それはわたしが人の軌跡をたどるのを専門にしている〝トラックマン〟だからですよ」

ねるのだが、そのとき「誰だ、キミは」と門前払いする冷たい人もいるし、ごくたまにだが「ああ、あの乗峯さんか」と言ってくれる人もいる。もうこれだけで「この厩舎の馬は絶対本命にしない」とか、「ここの厩舎の馬は死ぬまで応援し続ける」などと決めてしまう。予想家としは致命的な欠陥だ。

最近は「レーシングビュアー」というJRAのネット配信システムがあって、月額500円払えば、過去のどんなレースも即座に見られる。いちいち録画する必要もなくなり、ビデオ派（ビデオじゃなくてネット配信なんだけど）の腕に磨きをかけられる時代になってきた。だが、どんなに過去レースでの、その馬の不利を発見したとしても、「残念、ここの厩舎の馬は本命にできないんだ」となる。

客観的であるべき競馬予想に、〝好き嫌い〟という私情、それもただ取材のときに親切だったかどうかだけの〝好き嫌い〟を持ち込む。ほんとに〝小者の予想〟なのだが、でも、もし好きな厩舎の馬が勝って大穴出したりしたら、馬券も儲かる上に、調教師と抱き合って祝辞を言い、GⅠ勝利グッズをもらえたり、祝勝パーティーに呼んでもらえたりする。こんないいことはないでしょう。

表向き「⑥ビデオ派」、その実「⑦厩舎の好き嫌いで決定する私情満載派」、これが乗峯予想の実体である。

フリーランスはどこへ行きゃいいんだ？

競馬の世界で取材したり物を書いたりする人たちには、いくつか呼び名がある。スポーツ新聞の競馬取材者は「競馬記者」と呼ばれる。一般紙にも競馬の記事が出ることがあるが、その取材をする人は単に「記者」と呼ばれている。テレビにも競馬番組があって、取材する人もいるが、これは「放送記者」だ（ディレクターやアナウンサーが取材することもあるが）。週刊誌にも競馬記事が出るが、その場合は「週刊誌記者」だ。競馬専門紙の取材者は「トラックマン」と呼ばれる。

ぼくはいずれにも属さないフリーランスだ。日本語の意味は「不自由業」とか「非正規雇用」だ。クッソー！

いや、呼び名はどうでもいい。もっと切実な悩みがある。

トレセンには調教師や厩務員、メディア関係者、一般見学者などのために建てられた「調教スタンド」という建物がある。栗東トレセンのスタンドは２０１７年11

月にきれいなものに建て替えられた。

老朽化した施設がきれいになって、それはいいのだが、個人的に困っていることがある。居場所がなくなったのだ。

旧スタンドは3階建て、新スタンドは4階建てだ。1階が騎手と厩舎スタッフの休憩室、2階が調教師の調教観察室というのは、新旧とも変わらない。変わったのはメディア用フロアだ。旧スタンドでは全メディア3階だったが、新スタンドでは、3階がスポーツ紙と一般紙の記者席、4階が専門紙のトラックマンとテレビ関係者というふうに明確に区分された。

フリーランスの居場所がない。わしゃ、どこへ行きゃいいんだ！

旧スタンドなら、3階の古びたソファなどに座って『週刊競馬ブック』でも読んでいれば、専門紙の人には「スポーツ紙の人間か」と思ってもらえるし、スポーツ紙の人には「専門紙の人間か」と誤解してもらえた。

しかし今度はそうはいかない。どっちの階に行っても、『あれ、こんなヤツいたっけ？」という視線を受けそうな気がする。これでも26年も栗東トレセンに通っている。いくら何でも「一般見学者」じゃないだろう。

不自由でたまらん。フリーライター席を作ってくれ！

困ったときは祈ればよい

佐藤淳調教助手（内藤繁春厩舎→安藤正敏厩舎→荒川義之厩舎）とは長年のつきあいだ。

ある宴会のあと一緒に路地裏で立ち小便していたとき、周りが真っ暗で二人してドブにはまったことがある。「なんでや」とぼくが騒いでいると「乗峯さん、ぼくらの人生はこんなもんですよ」と言って、淳ちゃんは驚きもせず、ずぶ濡れ、臭いままのズボンで平気で歩いて行った。

てっきり一生独身なんだろうと思っていたが、10年ほど前、ハワイ在住の女性（どこでどう知り合ったのか全然分からん）と急激に結婚する。子どもはつくらないんだろうと思っていたが、いまは小学生になる息子までいる。不可解だ。

昔、内藤厩舎にいたころは、96年の鳴尾記念を勝ったマルカダイシス*を持ち乗り*（調教と厩務を兼務）で担当していた。ユウ癖（体が揺れる）など特殊な癖があってなかなか未勝利を脱出できないマルカダイシスを、馬房内に畳を吊したり、リンゴ

＊マルカダイシス＝牡。内藤繁春厩舎→松村勇厩舎。96－00年。29戦5勝。96年未勝利戦から古都ステークスまでの4連勝が光る。

＊持ち乗り＝かつては調教助手と馬の世話をする厩務員は完全に別々の仕事だったが、世話も調教もする「持ち乗り調教助手」という役割が生まれた。
　厩舎に持ち乗り調教助手が増えると、10頭ほどが隊列を組んで一斉にウォーミングアップや調教、合わせ馬（何頭かの併走）を行えるようになる。馬はもともと群生動物なので、このほうが調教効率も上がるし、事故も起こりにくい。

のおもちゃを置いて注意をひいたりと様々な工夫をしながら矯正し、4連勝のあとGⅡ鳴尾記念を勝たせ、有馬出走まで果たした。わずか半年で未勝利から有馬までという馬はめったにない快挙だ。

当時はまだ20代半ばの若手だったこともあり、トレセン・スタッフの間で、「内藤既舎の佐藤ってやつ、マルカダイシス連勝でテングになってるらしい」という噂が立つ。

そんな、いくら口の悪いトレセンといっても、そんなことまで言わないでいいのにと眉をひそめて歩いていると、「やあ乗峯さん」と馬上から声がかかる。振り向くと「おはようございます、テング佐藤です」とテングの面をかぶった佐藤助手がマルカダイシスに乗っていた。訳が分からない。昔から、才能と不可解さを両方兼ね備えた男だった。

佐藤淳助手については、もう一つ思い出がある。安藤既舎所属時代の2005年、前ローマ法王が死去して次の法王をどうやって決めるかが延々報道されていた時期があった。「新ローマ法王選出コンクラーベは3分の2の指名を得られなければ延々と投票が続きます」というニュース解説を聞いて、大多数の日本人が「根比べやなあ」とダジャレをつぶやいた、あの時期だ。

「投票で決しないとき各国枢機卿たちは休んだり、祈ったりします」という解説には感心した。疲れて休むのは分かるが、祈るんだ、こういうときカトリックの偉い人は。「テメエ、何であんなヤツに投票した」とすごんだりはせず、祈っているうちに解決に向かうものらしい。

このとき安藤厩舎へ行って、「不思議な世界だよねえ」と話していると、佐藤淳助手、じっと天井を見て「ヨハネ・パウロ2世みたいな人が厩舎にいてくれたらなあ」と溜息をついた。

「あのね、淳ちゃん、投票の合間でも祈るんやで。困るやろ、そんな人が厩舎にいたら。馬洗ってカイバつけてくれと言われて、その前にまず今日の糧と世界平和のために祈りを捧げましょうって延々黙祷してたら、馬イラついて暴れだすで」

「勝った負けたの戦いの日々、家庭でも結局一人だし、新聞コラムにも〝佐藤は変態だ〟みたいなことを書く人もいるし(ひょっとしてオレ?)、ああ、ヨハネ・パウロ2世みたいな人がいたらきっと癒されるだろうなあ」

つぶやき続ける淳ちゃんの両手がさりげなく胸の前で組まれていた。このとき結婚3年目だった佐藤助手、何かあったのかもしれない。その後すぐ、「一生子どもはつくらない」と言っていたのに子どもができた。

ある厩務員と馬の物語

栗東トレセンに行き始めて、今年で26年になる。トレセン通いが長くなると、どうしても親しい人との別れが出てくる。病死、事故死、自死という、古来〝避《さ》らぬ別れ〟と言われるものにも遭遇した。それはもちろん辛いことだが、定年退職であっても、やはりトレセンで会えなくなることは寂しい。

ダイワスカーレット*を担当した斎藤正敏厩務員も、別れの寂しさを感じた一人だ。北九州出身で、阪神競馬場の渋川久作厩舎に入り、そこから長期にわたる厩務員生活を始める。シンザン*が三冠馬となる1964（昭和39）年、斎藤20歳のときの話である。

その6年後に、関西各競馬場付属の厩舎が新設の栗東《りっとう》トレセン（滋賀県）に集中移転することになった。斎藤は小原《おばら》伊佐美厩舎、小野幸治《ゆきはる》厩舎と異動する。

斎藤厩務員は松田国英調教師と30年来の知り合いだが、松田厩舎に所属することはなかった。2人の運命の再会は2002年の暮れだった。「斎藤さん、いま厩務

*ダイワスカーレット＝牝。松田国英厩舎。06－08年。12戦8勝。獲得賞金7億8668万円。

*シンザン＝武田文吾厩舎。63－65年。19戦15勝。GⅠ級6勝（グレード制以前のため「級」となる）。戦後初のクラシック三冠馬。戦前も含めるとセントライトに次いで史上2頭目の三冠馬。その走りは「鉈《なた》の切れ味」と形容された。

員探してるんだけど、うちに来てみない？」と松田調教師が声をかける。これが斎藤が厩舎生活有終の美を飾るきっかけとなる。斎藤正敏58歳、松田国英50歳のときである。

03年秋、ダイワエルシエーロ*という良血の牝馬が入厩してきたが、厩舎初の〝ダイワ馬*〟であり、松田調教師としても担当者を決めかねていた。そんなとき「先生、私そろそろ新しい車に買い替えたいんです」という、斎藤のよく分からないアピールが調教師の胸に届く。

もともと仕事の真面目さでは定評があったが、58歳新人の斎藤はただ黙々とエルシエーロの面倒をみた。そして翌04年5月、オークス（優駿牝馬）戴冠を果たす。斎藤正敏、厩務員生活41年で初めて手にしたＧＩである。それとともに、同じ〝ダイワ〟の縁でダイワスカーレットも担当することになる。

06年の夏、ダイワスカーレットは函館の出張馬房に入厩し、新馬戦・特別戦と快勝した。同期牝馬には強敵ウオッカ*がいた。ウオッカは牝馬ながらダービーを勝ったことで一躍有名になったが、3歳時の桜花賞、秋華賞、エリザベス女王杯（ウオッカは直前に出走回避）ではすべてスカーレットが勝っている。

スカーレットがＧＩで唯一ウオッカに負けたのは、4歳時の秋天皇賞だけ。「わずか2センチの差*」で、〝世紀の名勝負〟と謳われたレースである。

*ダイワエルシエーロ＝牝。松田国英厩舎。03—05年。13戦5勝。04年オークス（優駿牝馬）勝利。

*ダイワ馬＝馬名に〝ダイワ〟の冠が付く馬。つまり同じ馬主の馬であることを意味する。ダイワ馬は大城敬三オーナー。

*ウオッカ＝牝。角居勝彦厩舎。06—10年。26戦10勝（130ページ参照）。

*わずか2センチの差＝レース後、馬と騎手は後検量室前に戻ってくるのだが、長い写真判定が続いた。1着馬が入る場所にまずダイワスカーレットが斎藤厩務員に曳かれて帰ってきたぐらいである。

レース1週間後ぐらいに斎藤厩務員に会ったら、「大変なことになってしまいまして」と言う。「え、激走で故障でも起きたんですか？」と聞き返したら、「いや、1着の後検量場所に入ってしまって」と笑っていた。

だがその次のレース、08年末の有馬記念でスカーレットは牝馬として37年ぶりに勝利する。圧勝だった。

有馬圧勝のあと、明けて09年は、ダートのフェブラリーステークス（東京競馬場）を使って同じくダートのドバイ・ワールドカップ*へ、その後は凱旋門賞（フランス）かブリーダーズカップ・クラシック*（アメリカ）かと夢は広がった。

だが斎藤は3月末に定年を迎える。直前のドバイには行けるが、それ以後スカーレットは自分の手を離れる。そのあとの世界雄飛、それは斎藤にとって嬉しくもあり、寂しくもあった。

ところが終焉は、そのドバイの前にあっけなく訪れた。

スカーレットは脚の不安でフェブラリーステークスの出走を回避、その後の検査で左前脚の浅屈腱炎《せんくつけんえん》と診断された。09年2月12日、松田国英調教師は多くの記者を前に、終始立ったまま、淡々とスカーレットの状況を説明した。この時点ではまだ「引退」という言葉は出なかったが、その話しぶりから、軽い故障ではないことは十分読み取れた。そして3日後、正式に引退、繁殖入りが発表される。

斎藤正敏にとって、まさか自分の定年より早くスカーレットが引退してしまうとは、と万感の思いが迫る。スカーレットを見送った一カ月後、斎藤正敏も自身の定年を迎えた。

*ドバイ・ワールドカップ＝アラブ首長国連邦のメイダン競馬場で行われる世界最高賞金のレース（賞金総額1000万ドル）。施行日は「ドバイミーティング」と呼ばれ、当該レースを含め6つのGⅠが行われる豪華なイベントとなっている。

*ブリーダーズカップ・クラシック＝米国で行われる世界最高峰のレースの一つ。3歳以上のダート10ハロン（約2000メートル）を競う。競馬場は持ち回り。競馬主要国の中でダート競馬をメインに行っているのは米国のみなので、事実上の世界ダートチャンピオン決定戦と言われる。

弱みを見せなかった男

ここまで、この本では小林常浩には何度か登場してもらっているが、ここで改めて普通のプロフィール風に紹介してみる。

1958年、東京・台東区生まれ。馬事公苑長期騎手講習（現競馬学校騎手課程）卒業。東京・古山良司厩舎で下乗り*時代を過ごし、騎手になる一歩手前で師匠と喧嘩して、一度競馬サークルを飛び出す。知り合いの勧めで栗東の田中耕太郎厩舎に調教助手として復職する。吉永猛厩舎を経て、浜田光正厩舎に入る。

のちに菊花賞、天皇賞、宝塚記念などを勝つ名馬ビワハヤヒデが入厩してくる92年、スポニチ（関西版）に同時にコラムを書き始めた縁で、乗峯と親しくなる。

「おっさん（乗峯）はトレセンの中年転校生だからよ。まあ、オレが面倒見てやるよ」と言いながら、一升瓶片手にいろんな人を紹介してくれた。

わがトレセン仕事は小林常浩と共に始まったといってもいい。

浜田調教師は同じ東京出身であり、楽しく仕事しているように見えたが、浜田厩

＊下乗り＝騎手試験に合格するまで、見習いとして厩舎の仕事を手伝う。現在の競馬学校制度になってからは「競馬学校の厩舎実習」と呼ばれるようになった。

舎上昇の時期に突然また辞めて、増本豊厩舎に移る。しかし増本厩舎もどうも合わなかったようで、安田伊佐夫厩舎に移籍する。安田調教師は酒にも寛大なところがあり、ようやく落ち着き先を見つけたように思っていた。

しかし99年春、また突然出奔する。安田厩舎の知り合いから、朝7時に電話がかかってきて「小林さん、そっち行ってませんか？　調教に出てきてないんです」と叫ばれる。前の晩にどんなに飲んでも、調教には決して遅れない、というのを最大の自慢にしていた男なのに、これは変だ。

家族や調教師、厩舎スタッフなど、大勢で捜すが、携帯もつながらないし、まったく居所がつかめなかった。

しかし2週間ほどしたころ、突然電話が入る。

「いま札幌にいる。オッカア？　オッカアとは別れる。仕事ォ？　仕事もやめる」

「仕事やめるって、この不況の中、40過ぎた男が何やって食べていくの？　いまさらコンビニのレジ打ちや駐車場の交通整理はできんやろ」

「できん」と、ここは即座に答える。

「できんて、ほんじゃどうやって暮らすの？」

「しょうがないから物書きでもする」

これには多分に乗峯の影響がありそうだ。乗峯でも暮らしていけるのなら、オレにもできるだろうという影響である。まったく、物書きをバカにしてんのかと思ったが、乗峯には決して弱みを見せない男だった。

その後、日刊スポーツでコラムの仕事が決まったり、優駿エッセイ賞を受賞したりして、ほんとに物書きで何とか食べていたようだっだ。

「物書きってのはよ、乗さん、外から見てると楽そうに見えるけど、中に入ると、もっと楽だな、うははは」などと言われて、クッソーと歯ぎしりしたこともある。著書も『騎手という稼業』『厩舎稼業』（いずれもアールズ出版）と出た。

しかし乗峯と同じく、楽な生活ではなかったようだ。酒量も増えて、肝硬変に糖尿病も重なった。

２０１７年2月の寒い日、58年の生き急いだ生涯を終えた。

亡くなる2週間ほど前に病院で見た顔は土気色のようだったが、通夜の棺の中で見た顔は若いころの顔色に戻っていた。人間は苦しみを通らないと死ねないものなのかなどと思った。

ぼくにとっても、ほんとに色々あったトレセン仕事期間だったが、小林常浩が死んで、一区切りついたような気がしている。

それが質問？

古い話になるが、「『週刊朝日』の者ですが意見を聞かせて下さい」と電話がかかってきたことがある。新聞や週刊誌には、ニュースに添えて、よく〝識者の意見〟というのが出る。識者というのは、何か事件が起こると新聞や週刊誌から電話がかかってきて御意見を拝聴されるものらしい。*

「ご存じだと思いますが、今週、投資会社Nキャピタルの元社員が逮捕されました」

お、投資話か。投資は強いぞ、今月は50億ほど株買ったからな、などとつぶやくが、やや困る。得意分野ではない。

「その逮捕された元社員は95年から客の預託金を先物取引などに流用して、バブル崩壊で多額の穴をあけたようなんです」

バブル崩壊の話？　もちろん経済を語らないオレではないが、でもちょっと経済小辞典持ってきていい？　とりあえず「先物取引」だけ引いていい？　何？　先物取引って。

＊電話取材といえば、ぼくは、あの世界の『ワシントン・ポスト』紙から電話取材を受けたこともある。エヘン。
　ワシントン・ポスト東京支局発で〝忠臣蔵特集〟をやるらしく、忠臣蔵関連本の著者に次々電話していたようだ。前年に小説『なにわ忠臣蔵伝説』を出していたぼくもその縁で引っ掛かったらしい。
　電話の向こうで米国人支局長（たぶん）の英語が聞こえたあと、通訳者が話す。「忠臣蔵は願いを遂げたあと皆で切腹しましたが、悲劇なんでしょうか、ハッピーエンドなんでしょうか」
　「えー」と言葉に詰まるが、「英語圏の人間はみんな〝アー〟と考えます」という英会話教室の講師の言葉を思い出して、「アー」と

「その元社員ですが、約7億の横領の穴を埋めるために、98年春の天皇賞で最後の5000万を使って一点勝負したらしいんです」

「はあ」

「何を買ったんでしょうか？」

「は？」

「ですから98年春の天皇賞で、その元社員はどの馬を買ったんでしょうか？　長年の競馬人間・乗峯さんに推理してもらいたいんです？」

「それが質問？」

「それが質問です」

けっこう得意分野の話だった。

「5000万で単勝一点勝負したというのは検察からの情報で確かなんです」と記者は続ける。

「検察がそんなこと言うの？　〃単勝一点勝負です〃とかって？」

「はい、言います」

ふーん、検察ってそんなこと言うのかと思いつつ、ゴソゴソと本棚を掻き回して、98年天皇賞の出走表を取り出す。「1番人気・シルクジャスティス*・結果4着」「2番人気・メジロブライト*・結果1着」と来るレースだ。


うがいのような声を出す。

「日本には古来〃あえて花と散る〃という言葉があります」と、緊張が格調高い言葉をひっぱり出す。

「ええっと、花と散る、おーい、花と散るってどう言うんだ？」と通訳記者、周りに聞いている。

「たとえば南部坂雪の別れです」

「はあ……」

「では内蔵助、そちはどうあっても亡き殿のご無念を晴らす気はないと言いやるのか？（ここは女性の声色を使う）。はは、おそれながら瑤泉院さま、内蔵助、貧乏暮らしにはほとほと愛想が尽きましてございます。本日は他藩への仕官が決まりましたゆえ、ご挨拶に参ったまででござります（ここは武士の野太い声色を使う）。これはすべて瑤泉院の後ろに吉良方間者がいたためです。内蔵助はあえて逆臣のそしりを受けながら瑤泉院に別れを告げ、一人南部坂の雪道に出たのです……」

はじめ「ナンブザカ、スノウ・ディパーチャー」などと律儀に訳していた記者も途中から諦め「大体分かりました」などとそそくさ電話を切った。

「5000万一点勝負は一着のブライトを買ってたんじゃないね、たぶん。ブライト買ってれば当たったわけで、横領金いくらか穴埋めできたもんね」

「それは私のような素人でも分かります」と記者は素っ気ない。

「でもそういう意味でいうと、最後の大勝負で当てて結局犯罪が露呈せずに済んだっていうのも結構あるのかもしれないね。ぼくらはそんな、犯罪隠しに馬券買うようなやつはみんな逮捕されるって思うけど、最後の大勝負で穴埋めできた事件は世の中に出ないわけで、それはつまり死体が発見されない殺人事件と一緒で、われわれが知らないだけで、世の中には結構あるかもしれないね、ふーん」

「あのー、感心はいいんですけど、どの馬なんですかね？」

「どの馬なんやろ？　でも5000万の勝負かぁ」

とぼくは記者の質問には応えず、あらためて溜息をつく。98年春の天皇賞の単勝売上は10億3000万だ。このうちの5000万は元社員が転落と家族離散を賭けた血みどろのカネだったわけだ。

「この事件について乗峯さんの感想はどうですか？」と記者は、〝どの馬？〟の質問をあきらめ、別のことを聞いてきた。

「競馬人間としては一生に一度でいいからそういう勝負をしてみたい。穴場に5000万押し込み〝おばちゃん、カネなんて空しいよ〟とつぶやいてみたい」

＊シルクジャスティス＝牡。大久保正陽厩舎。96—00年。27戦5勝。97年有馬記念勝利。
＊メジロブライト＝牡。浅見秀一厩舎。96—00年。25戦8勝。98年春天皇賞を勝つ。

「それが感想ですか……」

と記者は落胆しながら電話を切った。


そんなことがあってから10年ぶりに、朝日からまた「識者質問」が来た。今度は女性記者だ。


「朝日WEBサイトのことばマガジンを担当してるんですが、いまNHK朝ドラの影響もあって〝鉄板〟*という言葉が流行っています」

お、今回は文化時評か？　などと前回の教訓を忘れて、またしても〝識者構え〟に入る。

「〝鉄板〟は競馬予想でもよく使われるそうですが、いつごろから誰が使い始めたんでしょうか？」

「え、それが質問？」

「それが質問です」と10何年か前と同じ問答を繰り返す。

これは逆に読者のみなさんに聞きたい。競馬予想の「鉄板」、誰がいつ使い始めたのか、答えられる人いますか？

ぼくは「それはじかに会ってでないと答えられません」と答えた。

理由は二つ。一つは相手が女性記者だから。もう一つは、当時ぼくは、大阪朝日

＊鉄板＝2010年のNHK朝ドラのタイトルが『てっぱん』。広島県尾道に生まれたヒロインが困難を乗り越えてお好み焼きの店を開店するという庶民派ホームドラマ。キャッチコピーは「かならず腹はへる。かならず朝は来る」。ちなみにぼくの息子の嫁の実家は広島県尾道で天ぷら・総菜の「のり子」という店をやっている。

新聞ビルのカルチャー・センターで「法然」「親鸞」の勉強をしていて*、帰り道、「昔、朝日新人文学賞*なんかもらったときには、ここで朝日学芸部記者なんかと会ったのになあ」といつも寂しく思い出していたからだ。

法然お勉強の帰り、朝日ビル地下の喫茶店で待っていると、くだんの女性記者が現れた。いやあ、今までの〝女性記者〟のイメージを覆す（競馬ブック山田理子女史に匹敵するぐらいの）綺麗な人で、ぼかあ喋りに喋ったね。

「〝鉄板〟、しょっちゅう使います。競馬始めた35年前から使ってます。〝銀行レース〟より使います。〝鉄板だと思ってたら大きな穴が開いてて、誰や、プレスで穴開けたやつは？〟もときどき使います。誰が使い始めたかは分からないけど、何なら〝乗峯が使い始めた〟と書いてもらっていいです」

コーヒーぐいと飲み干して、きっと〝鉄板のような凛々しい人〟と彼女に思われたはずだ。

＊法然・親鸞＝競馬雑誌に書いた調教師論では「松田国英は法然、角居勝彦は親鸞」という名言を吐けるところまで勉強を極めたぞ。

＊朝日新人文学賞＝１９９８年に「なにわ忠臣蔵伝説」で受賞した。単行本は朝日新聞社から出ている。たぶん品切れ重版未定という名の絶版状態。その新人賞受賞の際、「朝日新聞」名物の「ひと」欄に登場することになり、そのとき取材を受けたのが、この同じ喫茶店だった。

女子中学生がやって来た

若い女の子の声で電話がかかってきた。

「××中学2年の○○という者ですが、今度、学校で職場体験学習というのがあるのですが、私は将来作家になりたいので、作家の職場というのを体験させてもらえないでしょうか？」

近所の中学校では、「将来の職業選択のための職場体験学習」というのを実施しているらしい。うちの子も昔、近所の理髪店で世話になったことがある。しかし理髪店や食堂ならともかく、作家の職場を体験するって、つまりこの小汚い部屋で、中年男がゴロゴロするのを、メモ帳などを持ってで見学するということか？

「ぼくの場合は作家といえるかどうかも分からないんだけど」と言ってみると、

「先生も、困ったなあ、この近所には有名な作家はいないからなあと言ってました」

「あ、そう」

ムッとする。確かにそういうことかもしれない。しかし世の中には〝ものは言いよう〟という諺もある。「何をおっしゃいますか、あなたほどの方が」とか、そういう言葉だってあるだろうなどと考えていると、中学生は「×日と×日の2回でどうですか」と日時を指定してきた。

だいたい中学生のときから「作家になりたい」なんて、小生意気なヤツに違いない。キツく指導してやろうと決めた。

「1時間でいい？」

「え？」

「2日もあるんだから1時間ずつでいいよね」

「1時間ですか？　職場体験は普通の子は朝から晩までなんですけど」

と女の子は落胆したような声で渋々納得する。


約束の日に制服姿の、ポッチャリした無口な女の子が来た。〝職場〟はあまりに汚いので、座卓のある居間に通す。家にはぼく一人しかいない。時節柄、間違ってもセクハラと言われないよう、絶対1メートル以内には近づかないようにする。

「これ、履歴書です」と女子生徒が封筒を出す。

へえ、結構ちゃんとしてるんだ。

学歴・職歴欄に「平成×年3月××小学校卒業。平成×年4月××中学校入学」、

趣味欄に「読書」とだけ書いてある。拍子抜けしたが、考えれば当たり前だ。「5歳の時から働いてました」などと職歴がいくつも書いてあったら、そのほうが驚きだ。

しかし困った。何を話したらいいんだ?

履歴書を真ん中に沈黙が続く。

「今まで、何か書いたことはあるの?」

「はい、2ページぐらい」

「2ページ?」

「はい、ノートに。日記なんですけど」

ふたたび沈黙。

「あのう」と彼女が突然顔を上げる。

「作家ってどうやったらなれるんですか?」

これだけは聞こうと用意してきた質問なのだろう。彼女は筆記用具とノートを出して、先輩の話をメモしようとしている。

「うーん、どうやったらなれるんやろ?」

と先輩は不覚にも考えこんでしまう。

「最近はぼくも頼まれて原稿を書くようになった。原稿を送ると編集者は、〝ところで肩書きは何にしましょう?〟とたずねてくる。でもそういうとき、ちょっと寂しい。作家目指して30年、いつになったら作家になれるんだろうという気がする」

体験中学生は静かにノートを閉じ、また話が途絶える。

このまま帰すのもあんまりかと思い、「おじちゃんの部屋、見てみる？」と仕事部屋に案内する。

真ん中に座り机とパソコンがあり、両側の古い本棚に、本や雑誌が倒れかかりそうに積んである。競馬ＤＶＤがピサの斜塔のように積み上げられ、『週刊競馬ブック』やスポーツ新聞が散乱し、壁には「次走の狙い馬」と手書きしたメモが貼ってある。

改めて自分の部屋を眺めると、作家というより、ほとんど予想屋の部屋だ。

「競馬の予想の仕事をしてて、それでね」とぼくは頭を掻くが、女子中学生は立ったままグルッと部屋を見回し「想像してた通りです」

「は？」

「作家の部屋ですね」

ぼくは思わず女子中学生を振り返る。意外に観察眼が鋭いのかもしれない。

「実はオジサンには人には言ってない画期的なアイデアがある。作家はアイデアが勝負だからね。それでアイデアを思いついたとき、忘れないように、こうやってピンナップしとくんだ」と標語を説明して回る。*

「夜明けの来ない夜はない。ただし日蝕の日は別」

これ、分かるよね？

「雨降って地固まる。大雨降ったらなお固まる」

これも鋭いだろ？

「苦あれば楽ある。見たことないが、きっとある」

これも力づけられるよね？

「金銭ドナーカード」

これはね、つまり「馬券ヘタくそが」などとバカ呼ばわりされながら、それでも、その悪口を放つ恵まれない人に金銭を与えてあげるという、つまり「右の頬を打たれたら、左の頬を出せ」っていう、日本のマザーテレサっていうか、つまりそういうことで、などと説明していたら、体験女子中学生、すでに靴を履き始め、「じゃ、また来週」などと言って出て行ってしまった。

＊その他の画期的な標語
●勝ったら自分の眼力、負けたら騎手のせい。
●そうは言っても電車賃だけは残しておこう。歩いて帰る道は遠い。
●能力によって馬券を買い、必要に応じて配当を得る。競馬共産主義。
●決勝線は重力によって曲がっているはずだ。競馬量子力学。
●「今日はどう？」と聞いて「もうボロボロ、死にそうです」という人間だけが信じられる。
●「今日はどう？」と聞かれて、空のポケットに手を突っ込みながらゆったり微笑む自分に人間的成長を感じる。
●「今月どうやって暮らそう？」と思案するとき、嫁の罵声と戦う自分をイメージして凛々しさを感じる。

あとがき（または個人的出会いへの感謝）

ほぼ15年ぶりの単行本出版になる。

自費出版で最初の小説集を出したのが34歳のときだった。文芸誌に載った小説が2本あり、「とにかくうちから単行本デビューしてもらうから」と、そこの編集長も背中を押してくれたので、ひたすら信じて待っていたが、そのうち、こちらからの電話に居留守まで使われるようになった。あきらめて「自費で出す」と決心する。総計で150万ぐらい払っただろうか。その会社からは「売り上げの4割は返す」という条件をもらい、あちこち知り合いに頼んで買ってもらい、最低でも2千部は売れたと思うが、結局1円ももらえなかった。

しかし、その自費出版小説集が縁で、92年、スポニチ（関西版）連載コラムのオファーをもらい、競馬マスコミの隅っこに加えてもらった。37歳のときである。150万、ただ捨てただけではない。いいこともあった。

96年春、GI複勝コロガシの成功・失敗、63万買い間違い事件（本書288ページ脚注参照）などを起こして少々話題になったことがきっかけで、スポニチ・コラムを集めたものを白夜書房が本にしてくれた。初の出版社主導単行本である。うれしかった。『本の雑誌』編集長で、エッセイストの藤代三郎さんがこの本を評価してくれて、『本の雑誌』に〃競馬本大賞〃をつくり、第1回受賞という栄誉もくれた。

しかし本はほとんど売れず、約2年後、白夜書房から「あの本、断裁処分にしましたから」と連絡が入る。〝断裁処分〟という言葉を初めて聞いた。「え、あのオレが書いた本、プレス機で切り落とされたの？　断裁するんだったら、送料払うから、送ってくれたらいいのに」と落胆した。出版業界というのは厳しいんだと再認識した。

98年、朝日新人文学賞というのをもらい、朝日新聞社というメジャー出版社から本が出て、新人賞賞金はくれるし、8千部という破格の部数の初版印税を前もってくれるし、うわっ、いよいよ文筆生活だと思い始めた。

その新人賞に目を付けてくれた東京の長谷部聖司という親愛なる編集者が、「とりあえず、競馬コラムの単行本をうちでやらせてくださいよ」と、わざわざ大阪に来てくれた。イーストプレス、アールズ出版という、長谷部編集者が属する会社から合計6冊の競馬単行本が出た。だが、競馬系の本は、基本的に「こうすれば馬券は当たる」という指南本しか売れない。「馬券が当たらず、あれやこれや悲惨な目にあっている」という本が売れるわけがない。長谷部編集者に恩返しできず、申し訳ない気持ちだ。

その長谷部編集者とのコンビで出した最後の本から、ほぼ15年になる。

もちろん、ただ黙ってばかりいたわけではない。ダービーや天皇賞で上京するたび、作品抱えて大手出版社を回った。「あ、そこ追いといて」と旧知の担当者はパソコンから目を離すことなく、カウンターの上を指差す。原稿の束をそこに置いて、すごすご下りの新幹線に乗る。〝ダービー馬券負け〟と〝原稿？そこ追いといて〟は毎年の恒例行事だった。

10年ぐらい前、またしても「自費でもいい」と決心する。東京神田の、ある自費出版の会社が「最優秀賞になったら当社負担で出版、全国配本いたします」という小説コンクールをやっていて、そこで最優秀賞に次ぐ優秀賞になる（最優秀賞受賞者が実在したのかどうかも、ほんとは疑わしい）。

「惜しかったですねえ。でも素晴らしい作品なので、ぜひ当社から出させてください。通常は150万ほどかかるんですが、優秀賞なので80万で出せます。当社としてもぜひプッシュしたい作品なんでね」

80万でも持ち合わせがないと言うと、「ローンが組めます」と言われた。最終校正も終わり表紙も決まって、いよいよ「全国発売まであと2週間か」というときに会社に電話がつながらなくなる。「おかしいなあ？」と思っていると、会社からではなく、東京地方裁判所から通知が来た。「××出版社は○月○日をもって倒産いたしました。つきましては、債権者集会を開きますので×月×日に当裁判所においでください」

朝イチの新幹線に乗って裁判所に行き、集会で何やら叫んだ記憶があるが、「カネはない。ないものはない」という社長とその御用弁護士が壇上で繰り返すだけだった。本の形も中身も見ないまま、80万のローンを毎月少しずつ払い続けた。「もう金輪際、お前に本は出させない」という天の啓示だという気がした。

そのころ、スポニチ（関西版）も外部コラム陣の整理に入っていた。20年近く連載し、自分ではいつのまにかスポニチ社員のような気になっていたが、あらためて自分の立場を再認識する。「よく20年も使ってくれて、感謝しかない」とは思いつつ、暗澹たる気持ちになる。

そんなとき『週刊競馬ブック』の村上和巳編集長（週刊競馬ブックでは〝編集長〟とは言わないようだが）が、「うちで連載やってみないか」と連絡をくれた。「前からあなたの文章は面白いと思っていたんです」と、過分な褒め言葉ももらった。村上和巳さんと、その補佐としてサポートしてくれた水野隆弘さんに感謝したい。

どんな人も一生の間に多くの人と出会い、感動し、感謝し、あるいは恨んだり、憎んだりする。仕事や名誉や生活苦などということも確かにあるが、人生は何かといえば「人との出会いと別れ」に尽きる。

まことに個人的なことで申し訳ないが、競馬マスコミの片隅で生活させてもらったことに対し、名前をあげて感謝させてもらいたい。

まず最初のチャンスを与えてくれたスポニチ旧レース部長ならびにレース部の皆さん、ただオドオドしていた栗東トレセン訪問者に励ましとアドバイスをくれた松田国英調教師、橋口弘次郎前調教師、故小林常浩調教助手、田原成貴元騎手、そのほか多くの厩舎スタッフのみなさん。6冊もの本で伴走してくれた長谷部聖司さん。ウェブサイト「スポーツ・ナビ」でチャンスをくれた森永淳洋さん。「スポニチ・コラム時代からのファンです」と言ってメールをくれ、励ましてくれた読者の人たち。

そして最後に、ひとり出版社を立ち上げ、その第一弾にわが競馬コラム集を選ぶという蛮勇をふるってくれた、あおぞら書房の御立英史編集長に感謝したい。この本、編集長の損にならない程度には売れてほしいと、いまはそれだけを願っている。

2018年6月　第59回 宝塚記念を前にして

乗峯栄一

著者紹介

乗峯栄一（のりみね・えいいち）

作家・競馬コラムニスト。1955年岡山県生まれ。早稲田大学文学部卒業後、定時制高校教員生活を経て文筆に専念。1992年から20年間、スポニチ（関西版）に競馬予想コラム「乗峯栄一の賭け」を長期連載。それとともに始まったトレセン訪問取材は四半世紀を超えて継続中。

現在、『週刊競馬ブック』で予想抜きの競馬コラム「理想と妄想」、『スポーツ・ナビ』（スポーツサイト）で予想コラム「競馬巴投げ」を連載している。facebookにアップされるトレセン写真とぶっちゃけ裏話も好評。『本の雑誌』第1回競馬本大賞を受賞した『乗峯栄一の賭け』（白夜書房）、第9回朝日新人文学賞を受賞した『なにわ忠臣蔵伝説』（朝日新聞社）など著書多数。

競馬妄想辞典 言いたいのはそこじゃない

2018年 6 月26日 第 1 刷発行

著者……………乗峯栄一
発行者…………御立英史
発行所…………あおぞら書房
〒244-0804 横浜市戸塚区前田町 214-1 GMH 2-121
http://www.blueskypress.jp
メール：info@blueskypress.jp
電話：045-878-7627
FAX：045-345-4943
装丁……………吉林 優
イラスト………もとき理川
組版……………アオゾラ・クリエイト
制作協力………秋山 桃
印刷・製本 ……モリモト印刷

ISBN 978-4-909040-00-8
2018 Printed in Japan